KB275958

사회로 읽는 건축

사회로 읽는 건축

초판 1쇄 발행 2012년 11월 17일

지은이·홍성태
발행인·김영진
발행처·진인진
등 록·제25100-2005-000003호
본문 편집·김태진
주 소·경기도 과천시 별양동 1-14 과천오피스텔 614호
전 화·02-507-3077~8
팩 스·02-507-3079
홈페이지·http://www.zininzin.co.kr
이메일·pub@zininzin.co.kr

ⓒ 진인진 2012
ISBN 978-89-6347-080-1 03300

사회로 읽는 건축

홍성태

진인진

건축과 정치

건축과 기술

건축과 예술

건축과 도시

건축과 일상

건축과 여성

건축과 군대

건축과 상가

차 례

건축과 광장

건축과 조경

건축과 재건축

좋은 건축을 위하여

낙산에서 바라본 서울 도심

머리말

1.

이 세상에는 수많은 건물들이 있다. 건물들은 저마다 다른 모습으로 저마다 다른 느낌을 준다. 어떤 건물은 온화하고, 어떤 건물은 삭막하다. 어떤 건물은 차분하고, 어떤 건물은 요란하다. 어떤 건물은 부드럽고, 어떤 건물은 날카롭다. 어떤 건물은 화려하고, 어떤 건물은 초라하다. 어떤 건물은 아름답고, 어떤 건물은 추악하다. 어떤 건물은 안전하고, 어떤 건물은 위험하다. 어떤 건물은 품어주고, 어떤 건물은 내쫓는다. 어떤 건물은 꿈을 주고, 어떤 건물은 꿈을 뺏는다. 어떤 건물은 주변을 존중하고, 어떤 건물을 주변을 무시한다. 어떤 건물은 자연을 보호하고, 어떤 건물은 자연을 파괴한다. 어떤 건물은 사람을 배려하고, 어떤 건물은 사람을 천시한다.

건물은 단지 필요한 공간을 제공하는 시설일 뿐만 아니라, 공간을 아름답게 만드는 예술 작품일 수 있으며, 우리의 정신을 함양하는 문화 산물일 수 있다. 이 때문에 건축은 건물을 만드는 행위의 차원을 훌쩍 넘어서 여러 다양한 의미를 지닌다. 건물은 언제나 건물 이상의 의미를 지니고 있으며, 건축은 언제나 건축 이상의 의미를 지니고 있다. 좋은 건물은 좋은 사회를 위한 필수적인 요건이며, 따라서 좋은 건축은 좋은 사회를 위한 필수적인 실천이다. 흔히 우리는 건축의 결과인 건물에는 큰 관심을 기울이면서 정작 건축에는 별 관심을 기울이지 않는다. 그러나 좋은 건물을 위해서는 눈에 보이는 건물보다 눈에 보이지 않는 건축에 더 큰 주의를 기울여야 한다.

2.

건축은 무엇인가? 일본에서 만들어진 한자어 건축은 사실 '세우고 쌓기'를 뜻한다. 건축은 흙, 돌, 시멘트, 나무; 쇠, 유리, 플라스틱 등의 여러 재료들을 이용해서 사람들이 살고 쓰는 건물을 만드는 행위라는 것이다. 한자어 건축은 너무나 무미건조한 기능적 용어이다. 그러나 건축에 해당되는 영어 architecture는 라틴어 arcitectura에서 온 말로 '근본적인(archi) 기술(tectura)'이라는 뜻을 담고 있다. 건축은 우리의 생명을 지키기 위해 구현되는 근본적인 기술이다. 그리고 이 기술은 이 세상에 대한 종합적인 인식을 통해 구현되는 종합기술이다. 건축은 참으로 중요하고 건축가의 책임은 참으로 크다.

건축은 단순히 건물을 만드는 행위가 아니라 우리의 생명을 지키는 행위이며 우리가 살아가는 사회를 일구는 행위이다. 마르틴 하이데거는 건축에 해당되는 독일어의 어원을 살피면서 독일어에서 '건축한다'는 말은 본래 '거주한다'는 것을 뜻한다고 설명했다(Heidegger, 1951: 185~186). 이 설명을 통해 하이데거가 무엇보다 먼저 강조하고자 했던 것은 건축이 단순히 건물을 만드는 행위로 여겨져서는 안 된다는 것이었다. 그리고 거주한다는 것은 이 세상에서 살아가는 것을 뜻한다. 따라서 제대로 거주하기 위해서는 이 세상에 대해 잘 알아야 하고 이 세상을 잘 지켜야 한다.

건축은 건물을 만드는 것이기에 앞서서 이 세상과 그 안에서 살아가는 우리를 지키는 것이다. 이런 점에서 건축가 정기용은 하이데거의 말을 적극 받아들여 "거주한다는 것은 기본적으로 생존을 충족시키는 것만이 아니라 세계 내의 존재로서 우주의 질서까지 동시에 구축하는 것이다. … "거주할 줄 알아야 건축할 수 있으며, 건축 공간을 통해서 인간은 비로소 거주하는 것을 완성한다"라는 말은, 건축의 본래 의미가 건축물의 외적 '형상성'이나 '이미지'에 있지 않음을 강조하는 것이다"고 말했다(정기용, 2008: 362). 건축의 목적은 멋진 건물을 만드는 것이 아니라 사람들이 잘 거주하게 하는 것이다.

건축과 거주에 대한 하이데거의 설명은 깊은 울림을 갖고 있다. 건물을 향해 고정된 건축관은 목적을 상실하고 수단을 절대화한 도구적 근대성처럼 잘못된 것이다. 건축은 건물의 형태, 기능, 구조, 장식, 재료 등을 다루기에 앞서 거주에 대해 성찰해야 한다. 그리고 그것은 거주가 이루어지는 공간인 이 세상과 거주를 행하는 주체인 인간에 대한 성찰을 요청한다. 그런데 여기서 그쳐서는 안 된다. 하이데거는 인간과 세상을 다루면서 사회를 완전히 빠트리고 있다. 그러나 건축은 사회 속에서 사회적 관계를 통해 이루어지는 사회적 행위이다. 건축과 사회는 뗄 수 없는 관계를 맺고 있다.

3.

나는 사회에 대해 연구하는 사회학자이지만 건축에 대해 큰 관심을 갖고 있다. 그 이유는 건축 자체의 매력 때문이기도 하지만 건축과 사회의 뗄 수 없는 관계 때문이기도 하다. 공간을 변형하고 생성하는 활동으로서 건축은 사실 대단히 사회적인 실천이다. 건축은 사회의 영향을 강하게 받으며, 사회는 건축을 통해 생생히 드러난다. 좋은 건축을 원한다면, 좋은 사회를 추구해야 한다. 좋은 건축은 좋은 사회를 통해 제대로 구현될 수 있다. 좋은 사회를 위한 노력을 도외시하고 좋은 건축을 기대하는 것은 결국 무망한 것이다. 그러므로 우리는 좋은 건축을 위한 노력을 통해 좋은 사회를 향해 나아갈 수 있다.

나는 1999년 말부터 2002년 말까지 만 3년 동안 문화연대의 공간환경위원회에서 건축, 도시, 공간의 개혁을 위한 여러 활동들을 펼쳤다. 이 과정에서 나는 한국의 심각한 고질병인 난개발 문제에 깊이 공감하고 있는 건축가들이 적지 않다는 것을 알게 되었다. 나는 그들을 만나서 난개발 문제의 개혁을 위한 건축가의 사회적 책임과 역할에 대해서 많은 얘기를 들었다. 그 중에는 건축가들이 사회적 책임과 역할을 제대로 다 하고 있지 못한 데 대한 깊은 비판과 자성도 있었다. 난개발 문제를 해결하기 위해 누구보다 공간의 기술자이자 예술가인 건축가가 힘을 모아야 하지 않을까?

그러나 건축가가 이 중요한 과제를 도맡아 수행할 수는 없다. 건축가와 다른 분야의 전문가들 사이에서 활발한 소통과 연대가 이루어져야 하며, 나아가 여러 전문가들과 일반 시민들 사이에서 활발한 소통과 연대가 이루어져야 한다. 사실 현대의 대중-지식 사회의 관점에서 보자면, 한 분야의 전문가는 다른 분야의 일반 시민이다. 따라서 우리는 모두 서로 존중하며 소통하고 연대하기 위해 애써야 한다. 난개발 문제는 민주주의의 심화를 통해 비로소 해결될 것이며, 열린 소통과 연대가 민주주의를 추진하는 최고의 동력이다. 좋은 건축을 위한 꿈은 좋은 사회를 위한 꿈과 맞물려 있다.

이 중요한 소통과 연대가 잘 이루어지기 위해서는 건축가의 변화와 건축가에 대한 사회적 인식의 변화가 모두 필요하다. 우리는 공간적 존재이다. 건축가는 우리의 공간을 주조하고, 그 결과 우리의 형성과 변화에 큰 영향을 미칠 수 있다. 서양에서 건축이 '근본적인 기술'로 여겨지는 것은 이 때문이다. 건축가를 존중하는 사회는 그렇지 않은 사회보다 아름답고 우월하다. 건축가는 자신의 사회적 책임을 깊이 깨달아야 하고, 일반 시민들은 건축가의 사회적 역할을 깊이 존중해야 한다. 이런 인식이 사회적으로 더욱 더 널리 확산된다면, 건축을 넘어서 사회의 차원에서 난개발을 해결할 길이 활짝 열릴 것이다.

4.

이 책은 이런 '소통'의 시도이다. 나는 건축에 관한 전문적인 지식과 식견이 모두 크게 부족한 사회학자이지만 건축과 사회의 긴밀한 연관에 대해 여러 주제에 걸쳐 살펴보고 생각하고 싶었다. 건축과 사회의 연관은 뗄 수 없이 밀접한 것이어서 이에 관한 논의는 사회적으로 넓고 투명하게 이루어져야 한다. 사실 기술과 예술의 면에서도 건축은 결코 폐쇄된 전문성의 영역에 갇혀서는 안 된다. 건축은 우리의 생활이 이루어지는 공간을 만드는 행위이며, 이런 점에서 건축은 가장 일상적인 기술이자 예술이기 때문이다. 건축에 대한 관심은 우리의 일상과 사회에 대한 관심으로 커져야 한다.

이 책은 2005년에 초에 월간지 『이상건축』의 연재물로 시작되었으나, 곧 『이상건축』이 폐간되어 연재도 중단되었다. 그 뒤 '한국건축가협회'의 월간지 『건축가』에 2006년 가을부터 1년여에 걸쳐 12회를 연재할 수 있었다. 이 글들에 네 편의 글들을 더하고 모든 글들을 대폭 보완해서 이 책을 만들었다. 특히 '진인진'에서 이 책의 출판을 결정하면서 원고와 사진을 전면적으로 수정하고 보완했다. 이 자리를 빌어 '진인진'의 김영진 사장과 편집을 맡아 애쓴 김태진 씨에게 깊은 감사의 말씀을 전한다. 힘들게 여름을 보냈으니 즐거운 가을이 되기를 바란다.

2012년 8월 31일
북한산 비봉이 바라보이는 동네에서
홍성태

【참고자료】

정기용(2008), 『사람 건축 도시』, 현실문화

Heidegger, Martin(1951), '건축함 거주함 사유함', 이기상 · 신상희 · 박찬국 옮김
        (2008), 『강연과 논문』, 이학사

성 질스 언덕에서 바라본 윈체스터

건축과 사회

건축은 사회의 산물

공간의 근원성과 절대성에 대한 인식은 모든 건축의 출발점이다. 건축은 공간을 존중해야 하고, 사회는 건축을 존중해야 한다. 좋은 사회는 좋은 건축을 필요로 하고, 좋은 건축은 좋은 공간을 지키는 것으로 시작된다. 흔히 '공간을 생산한다'고 말한다. 그러나 사실 공간을 생산하는 것은 불가능하다. 르페브르가 제시한 '공간의 생산'이나 '사회적 공간'(Lefebvre, 1974)은 모두 혼란스러운 표현이다. 우리는 우주의 법칙에 따라 우리에게 주어진 공간을 변형할 수 있을 뿐이다. 그리고 그것은 언제나 우주의 법칙이라는 한계 안에서 이루어질 수 있을 뿐이다. 생태위기가 심화되면서 이러한 한계에 대한 인식은 더욱 더 중요해지고 있다. 생태위기가 더욱 악화되어 결국 생태파국에 이르고 만다면, 건축이 의미를 잃는 것은 물론이고 아예 사회가 사라지게 될 것이다(Gore, 1992; 홍성태, 2004).

건축은 공간을 변형하는 행위이다. 이런저런 목적을 위해 이런저런 재료를 이용해서 이런저런 모양으로 공간을 바꿔놓는 것이 바로 건축이다. 그러나 물론 건축은 단순히 공간을 변형하는 행위에 그치지 않는다. 그것은 공간을 기능적으로 유용하게, 미학적으로 아름답게 생성해서 이 세상을 더욱 풍요롭게 만들고 인간의 삶을 더욱 풍부하게 만든다. 19세기 영국의 자연주의 디자이너 윌리엄 모리스가 집을 가장 아름다운 예술로 제시한 것에는 합당한 이유가 있다고 하지 않을 수 없다. 건축은 공간을 변형하는 것을 넘어서 공간을 생성하고 사회를 주조한다. 유용하고 아름다운 건축이 자연스레 행해지는 곳에서 우리는 세상을, 서로를 존중하며 살아가기 쉽다. 이런 점에서 건축의 중요성은 본원적인 것이다. 건축을 무시하는 사회는 추하고 불행한 사회이기 십상이다.

공간의 변형과 생성이라는 점에서 보면 건축과 사회는 아무런 관계도 없는 것 같다. 사회야 어떻든지 간에 건축의 이런 일반적 성격은 바뀌지 않기 때문이다. 그러나 사회와 건축은 결코 따로 존재하지 않는다. 모든 건축은 사회 속에서 사회와 영향을 주고받으며 이루어진다. 건축은 그 구상과 실행의 모든 과정에서 복잡한 사회적 상호작용을 겪게 된다. 건축가의 창의력도 이러한 사회적 상호작용 속에서만 의미를 갖게 된다. 사실 건축의 사회성은 사회의 변화에 따라 건축이 계속 변해왔다는 것에서 쉽게 확인된다. 움막에서 초가집과 기와집으로, '일식집'과 '양옥집'으로, 그리고 거대한 '타워 펠리스'에 이르기까지 사회의 변화에 따라 건축의 변화가 계속 이루어졌다. 그리고 건축의 변화가 사회의 변화를 추동할 수도 있다. 건축은 사회를 물리적으로 구현하는 활동이기 때문이다.

모든 건축은 사회적 활동이다. 이 점을 조금 강조해서 좋은 사회가 좋은 건축을 만들고, 나쁜 사회가 나쁜 건축을 만든다고 말해도 좋을 것이다. 건축가의 편에서 보자면, 모든 건축은 개인적 활동이라고 해야 옳을지 모른다. 모든 건축은 건축가의 창작활동이기 때문이다. 그러나 건축가는 사회 속에서 생각하고 생활한다. 건축가의 창작활동 자체가 강한 사회의 영향 속에서 이루어지는 것이다. 또한 건축은 보통 건축가와 건축주의 관계를 통해 이루어진다. 그리고 이 관계의 바탕에는 복잡한 건축법이 자리잡고 있기도 하다. 건축 자체가 대체로 이러한 삼자로 이루어지는 특정한 사회적 관계 속에서 이루어지는

낙산에서 바라본 서울 도심
서울은 북한산(주산), 목멱산(안산), 인왕산(우백호), 타락산(좌청룡)의 네 개의 산(내사산)에 성곽을 쌓아 만든 도시였다. 그러나 아무 곳에서나 고층 시멘트 건물들이 들어서면서 이 아름다운 자연과 그곳에 깃들인 역사는 올바로 지켜지지 못했다. 서울은 건축의 무능과 타락을 깊이 성찰하게 하는 세계적인 장소이다.

성 질스 언덕에서 바라본 윈체스터
런던에서 한 시간 거리인 영국의 윈체스터는 원래 잉글랜드의 수도였던 역사도시이다. 지리적 크기는 서울과 비슷하지만 인구는 훨씬 적다. 성 질스(St. Giles) 언덕에서 바라본 윈체스터는 자연과 역사를 존중하는 아름답고 조화로운 모습이다. 인구와 경제의 면에서 보면, 윈체스터는 특히 한국의 중소 도시들을 돌아보게 하는 곳이다.

동시에 그 사회적 관계를 물질적으로 구현하는 것이다. 다시 말해서 건축의 물질성은 언제나 사회성을 통해 이루어진다. 그것은 사회성을 물질적으로 구현하는 '사회적 물질성'이다.

이렇게 건축이 사회의 산물이라는 사실에 비추어 보자면, 좋은 건축을 위해서는 좋은 사회를 만들어야 한다는 생각을 하지 않을 수 없다. 물론 나쁜 사회라고 해서 좋은 건축이 없지는 않을 것이다. 그러나 나쁜 사회는 좋은 건축이 이루어지기 어렵게 한다. 나쁜 사회는 좋은 건축을 가로막는 구조적 장벽인 것이다. 사실 좋은 건축을 장려하는 나쁜 사회는 현실에서는 있을 수 없다. 그러므로 좋은 건축을 꿈꾸는 모든 건축가는 반드시 좋은 사회를 만들기 위한 사회적 실천을 해야 한다. 건축의 사회성이라는 점에서 보자면, 사회와 무관한 좋은 건축이라는 것은 거의 불가능하다. 좋은 건축은 건축가의 창의성을 제대로 존중하고 구현하는 건축이기도 하니, 결국 건축가를 위해서도 좋은 사회를 만들기 위한 사회적 실천은 중요하다.

그런데 어떤 사회가 좋은 사회인가? 우리는 나쁜 사회를 통해 좋은 사회에 대해 생각해 볼 수 있다. 투기적 이득을 노린 상호가해적 개발이 당연시되는 투기사회, 격렬한 생존투쟁 속에서 난개발이 만연된 난민사회, 그리고 국토파괴와 혈세탕진과 부패촉진을 통해 경제성장을 추구하는 토건국가는 그 좋은 예이다. 불행히도 이 예들은 우리 사회의 일그러진 초상화이다. 그러나 이 세상에는 완전히 나쁜 사회도, 완전히 좋은 사회도 존재하지 않는다. 그러므로 우리는 어디서나 희망을 가질 수 있다. 희망은 인간의 근원적인 존재방식이다. 난개발이 횡행하는 한국 사회는 좋은 건축을 꿈꾸는 사람들에게 분명히 별로 좋지 않은 사회이지만, 그렇기 때문에 좋은 건축과 좋은 사회를 꿈꾸는 사람에게는 더욱 더 큰 희망을 품어야 하는 곳이다.

사회를 보여주는 건축

건축이 사회적 산물이므로 우리는 건축을 통해서 사회를 읽을 수 있다. 독일의 사회학자 노베르트 엘리아스는 『궁정사회』에서 주거 구조를 사회 구조의 지표로 제시했다(Elias, 1969: ch.3). 이것은 전근대 사회에서 특히 명백했지만 동서고금을 막론하고 건축은 사회를 보여주는 가장 구체적인 증거이다. '건축 읽기'는 '건축을 통한 사회 읽기'로 확장될 수 있으며, 이것은 다시 '사회를 통한 건축 읽기'로 나아갈 수 있는 것이다. 사회학자로서 나는 단순한 '건축 읽기'보다는 '건축을 통한 사회 읽기'와 '사회를 통한 건축 읽기'에 더 큰 관심을 가지고 있다. 나는 '도시 사회학'과 비슷하게 '건축 사회학'이 가능하고 또한 필요하다고 생각한다. 사회학에서는 많은 사람들이 모여 사는 도시에 대해서는 오래 전부터 큰 관심을 기울여왔지만 도시를 비롯해서 공간을 변형하는 활동인 건축에 대해서는 그렇지 않았다.

내가 건축에 대해 관심을 가지기 시작한 것은 아주 오래 전의 일이지만 그 개혁과 관련된 활동을 펼치기 시작한 것은 1999년 말부터이다. 나는 1999년 말부터 '문화연대'라는 시민단체에서 몇 년 동안 함께 활동했던 건축가 정기용으로부터 많은 것을 배웠다. 2011년 3월에 암으로 세상을 떠난 정기용은 평생 자연과 사회와 인간을 존중하는 건축을 추구했다. 나는 2006년 1월 초부터 그의 저작집과 작품집의 출판 책임을 맡아 진행했다. 이 작업은 그가 세상을 떠나고 4개월 뒤인 2011년 7월에 작품집이 출간되는 것으로 끝났다(정기용, 2008 ㄱ, ㄴ, ㄷ, 2010ㄱ, ㄴ, 2011; 정기용 외, 2002). 실무의 진행에는 건축계의 후학인 서정일 박사가 가장 고생했으며, 경기도의회의 최재연 의원도 많이 고생했고, 출판을 맡은 현실문화의 김수기 사장도 크게 고생했다. 정기용은 1945년 생으로 프랑스에서 건축을 공부하고, 1986년에 귀국해서 건축가로 활발히 활동하다, 2011년 3월에 암으로 세상을 떠났다. 2012년 3월에 개봉한 정재은 감독의 〈말하는 건축가〉는 그의 말년을 기록한 다큐 영화로서 정기용과 그의 건축에 대해 큰 반향을 일으켰다.

그런데 건축의 사회성은 어떻게 연구되어야 할까? 이를 위해 다음의 〈그림〉과 같이 크게 두 가지로 나누어 건축의 사회성에 대해 생각해 볼 수 있을 것 같다.

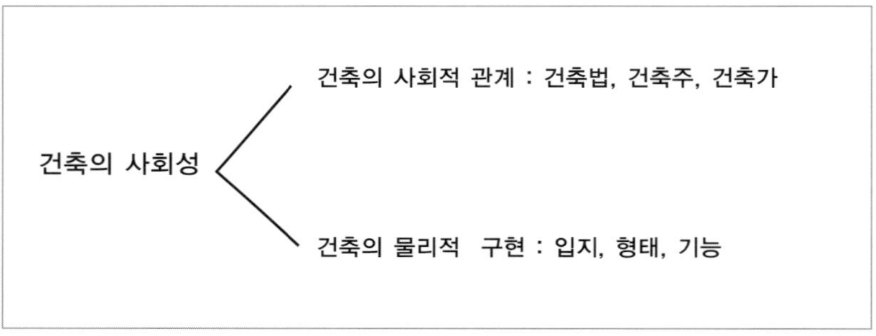

두 범주에서 우위를 차지하고 있는 것은 물론 사회적 관계이다. 이 관계를 이루는 세 구성요소는 원칙적으로 '건축법 : 건축주 : 건축가'의 순서로 이루어져 있다. 건축법의 규정 위에서 건축주와 건축가의 관계가 형성되는 것이다. 그러나 현실에서는 '건축주 : 건축법 : 건축가'의 순서인 경우가 많다. 이런 상황에서는 건축주가 이런저런 방법과 비리로 난개발을 하고 건축가를 그 도구로 이용하는 일이 쉽게 일어난다.

문화재로 지정해서 보존해야 했던 '화신 백화점'을 완전히 부수고 건축된 '삼성 종로 타워', 온갖 불법과 비리를 동원해서 개축되었다가 참담하게 붕괴된 '삼풍 백화점', 여러 불법과 비리를 저지르며 개축되고 있는 것으로 지적된 서울 강남의 '사랑의 교회' 등 문제의 목록은 끝이 없다. 건축법, 건축주, 건축가의 관계는 마땅히 '건축법 :

건축주=건축가'가 되어야 한다. 건축가는 건축주의 도구가 아니라 건축의 직접적인 주체이다. 건축가를 올바로 존중해야 한다. 물론 건축가가 건축주를 무시하는 것도 역시 잘못이다. 서구의 유명 건축가들이 세계 곳곳에서 열렬히 벌이고 있는 짓이지만, 건축가가 건축주를 우습게 여기고 이상한 건축을 하는 것도 큰 문제이다. 물론 여기서 전제는 건축법이 온당하게 제정되어 있다는 것이다. 건축법 자체가 건축을 왜곡하기 쉬운 내용으로 되어 있다면, 아무리 건축가가 열심히 올바른 건축을 하려고 해도 어렵게 마련이다.

또한 건축의 물리적 구현에서 직접적으로 주요한 구성요소는 입지, 형태, 기능이지만, 실제로 그 사회성을 평가하는 기준은 이 요소들의 '조화'이다. 모든 건물은 주위의 다른 건물과, 또한 주위의 자연과 조화를 이루어야 한다. 이런 점에서 입지가 형태와 기능보다, 그리고 형태가 기능보다 더 중요하다. 예컨대 한옥촌에 괴이한 형태의 현대식 건물이 들어서는 것은 조화를 거부하고 한옥촌을 망치는 것이다. 사실 난개발은 최대의 지대 또는 투기이익을 위해 꼭 지켜져야 하는 입지, 형태, 기능의 조화가 깨진 상태를 뜻한다. 개별 건축주의 사익을 우선시하는 난개발의 건축을 사회 전체의 공익을 우선시하는 조화의 건축으로 바꾸기 위해서는 어떻게 해야 할까? 최대의 지대 또는 투기이익을 노린 상호가해적 개발을 막을 수 있는 길은 정녕 없는가?

한국에서 난개발이 이루어지는 가장 큰 원인은 건축주가 건축을 좌지우지하는 것이다. 건축주는 크게 정부, 기업, 개인으로 나뉘는데, 정부는 정치적 목적으로 건축을 이용하고, 기업과 개인은 무엇보다 경제적 목적으로 건축을 이용한다. 조화의 원칙은 건축주의 개별적 목적에 의해 쉽게 무시된다. 건축법이 있다고 해도 제대로 지켜지지 않는다. 이명박 서울시장 때 서울 도심재개발과 '뉴타운' 개발을 둘러싼 논란에서 잘 드러났듯이, 서울시장처럼 힘센 건축주는 관련법을 고쳐서 자기가 원하는 건축을 강행하기도 한다. 이명박 서울시 장이 강행했던 청계천 주변지역의 재개발을 핵심으로 하는 도심재개 발계획의 변경은 그 대표적 예이다. 이에 따라 15층이었던 세운상가 를 35층까지 재개발할 수 있게 되었으며, 서울의 역사를 간직한 도심 에 20층에서 40층에 이르는 초고층 건물들이 들어설 수 있게 되었다 (홍성태, 2005). 이명박의 뒤를 이은 오세훈 서울시장은 동대문운동 장(1926년 준공), 구의정수장(1공장은 1936년 준공, 2공장은 1959년 준공), 그리고 심지어 서울시청사(1926년 준공) 등 서울의 근대사를 고스란히 담고 있는 중요한 문화재급 건물과 시설들을 마구 파괴했 다. 정부가 이런 식이면 기업이나 개인의 탐욕을 적절히 규제하는 것 은 불가능하다.

건축은 사회적 산물이며 그 결과인 건물은 사회의 구조를 드러내 보여주는 물리적 기호인 동시에 대단히 중요한 사회사 자료이다. 예 컨대 대한제국의 수립을 하늘에 알렸던 원구단을 없애고 그 부속시 설이었던 황궁우를 장식물처럼 만들고 원구단의 자리에 들어선 조선 호텔은 한국의 비극적 근대화와 난개발의 문제를 적나라하게 보여준 다. 원구단(圓丘壇)은 하늘에 제사를 지내는 건물이었는데 일제의 침 략으로 1914년에 철거되었으며, 그 자리에 처음에는 철도호텔(1914년 준공, 조선총독부 소유)이 들어섰고, 뒤에 지금의 조선호텔(1970년 준 공, 삼성재벌 소유)이 들어섰다. 황궁우(皇穹宇)는 원구단의 부속시설 로서 하늘과 땅의 모든 신령의 위패(位牌)를 모신 건물이다. 원구단의 시설 중에서 현재는 황궁우와 석고단이 남아 있다. 많은 사람들이 원 구단으로 착각하는 황궁우는 신위를 모신 곳으로 1899년에 건립된 8 각 3층 건물이다. 검은 돌로 세 개의 북을 조각한 석고단은 1901년 고 종황제 즉위 40주년을 맞이하여 원래 원구단 동쪽에 세웠던 것이다.

건물은 존재만이 아니라 부재로도 사회의 특징과 문제를 보여주는

동대문 운동장

구의동 정수장

서울시 구청사 (ⓒ연합뉴스)
2008년 8월 26일 오세훈 서울시장은
서울시 구청사의 전체를 보존하라는 문
화재위원회의 권고를 무시하고 기습적
으로 서울시 구청사의 대회의장인 태평
홀을 파괴해 버렸다.

황궁우와 원구단의 모습
왼쪽이 황궁우이고 오른쪽이 원구단이
다. 원구단과 황궁우를 이어주는 작은
홍예문은 아직도 남아 있다.

황궁우와 철도호텔의 모습
조선총독부는 원구단을 허물고 그 자리
에 철도호텔을 세웠다. 이것은 대한제
국의 패망을 보여주기 위해 건축을 이
용한 문화정치의 일환이었다.

황궁우와 석고단의 모습
오른쪽의 원구단 자리에 들어선 조선호
텔은 이곳을 후원처럼 활용하고 있다. 창
으로 이곳을 바라볼 수 있는 조선호텔 1
층의 찻집은 서울 최고의 맞선 장소로 손
꼽힌다.

생생한 증거가 된다. 이명박 서울시장이 관리방식을 바꾸는 바람에 이명박 대통령의 취임을 앞두고 불타 없어진 '국보 1호' 숭례문의 비극은 역사를 우습게 여기는 난개발의 문제를 입증하는 가장 참담한 예이다. 이렇듯 건물은 사회의 상태를 보여주는 중요한 물질적 기호이자 사회의 변화를 보여주는 사회사 자료이기 때문에 모든 건물은, 그것이 제 아무리 낡고 초라한 것일지라도, 나름대로 역사적 존재가치를 가진다. 이런 점에서 모든 (재)건축은 신중하게 이루어져야 한다. 물론 그렇다고 해서 '세운상가'처럼 급속히 퇴락한 '거대한 시멘트 덩어리'를 그대로 보존할 수는 없다. 신중하게 전면적으로 재건축해야 하는 건물이나 시설도 많다. 그러나 재건축은 장소성을 올바로 고려해서 이루어져야 한다. 세계문화유산 종묘를 바로 앞에 둔 '세운상가'를 초고층으로 재건축하는 것은 큰 문제이다.

조화의 원칙은 공간적으로 뿐만 아니라 시간적으로도 지켜져야 한다. 옛것을 무조건 없애는 것은 소중한 사회사 자료를 무조건 없애는 것과 같다. 우리의 역사는 다른 어디에서도 찾을 수 없는 우리만의 문화자산이다. 법에 의거해서 문화재로 지정된 것이 아니어도 문화재의 가치를 가질 수 있다. 이런 역사적 관점이 올바른 문화적 관점이다. 새것으로 옛것을 압도하고 무시하는 태도는 잘못이다. 건축적 가치라는 것은 반드시 사회사라는 맥락에서 재해석되어야 한다. 건축의 외형이나 기술만으로 건축적 가치를 따지는 것은 대단히 편협한 것이다. 철거하고 재개발해야 할 건물이나 시설은 늘 있게 마련이지만 그 작업은 언제나 신중히 추진되어야 한다.

건축의 사회성과 공공성

사회성은 공공성과 깊은 연관을 맺고 있다. 건축과 사회의 관계에서 우리가 무엇보다 주목해야 할 것은 바로 이것이다. 모든 건축은 사회적이며, 그런 만큼 공공적이다. 이것은 건축주의 개별적 이익이나 건축가의 개인적 야심보다 훨씬 더 중요하다. 그런데 공공성은 대체 무엇인가? 공공성(公共性, publicness)은 사람들이 함께 소유하고 이용해야 해서 사람들에게 영향을 미치는 성격을 뜻한다. 공공재는 공공성이 큰 재화나 용역으로서 공공재의 보존, 생산, 공급은 정부의 가장 기본적인 사명이다. 모든 사람들에게 영향을 미치는 자연은 가장 보편적인 공공재이다(홍성태, 2009). 건축은 자연의 기본인 공간을 변형하는 행위로서 본질적으로 공공성을 구현하거나 훼손하거나 하지 않을 수 없다. 요컨대 어떤 건축도 공공성을 무시하고 이루어질 수 없다.

건축의 사회성은 무엇보다 공간의 사회성에서 비롯된다. 모든 공간은 서로 연결되어 있다. 사실 공간에는 '틈'이 없다. 공간의 사유화가 일반화된 사회에서 살고 있기 때문에 우리는 나의 공간만 따로 독립해서 존재하는 것처럼 생각하기 쉽다. 그러나 실제로는 나의 공간

공원화를 마친 숭례문
2006년 3월 1일 이명박 서울시장은 사람들이 숭례문 공원을 건설해서 개방했으나, 경비를 소홀히 해서 누구나 숭례문에 쉽게 다가갈 수 있게 되었다.

만 따로 독립해서 존재할 수 있는 방법은 없다. 나의 공간은 언제나 다른 많은 사람의 공간과 이어져 있다. 이것이 바로 공간의 사회성이다. 사회성은 공간의 본질적인 속성이며 존재방식이다. 난개발이란 개발 주체의 무지나 이익 때문에 이런 공간의 사회성이 심하게 훼손된 상태를 뜻한다. 흔히 이것은 상호가해적 방식으로 이루어진다. 요컨대 건축주들이 건축에 따른 투기이익을 최대로 거두기 위해 공간의 사회성을 경쟁적으로 훼손한 결과물이 바로 난개발이다.

모든 건축은 공간적 실천이므로 크건 적건, 좋건 나쁘건 다른 사람에게 영향을 미치게 마련이다. 일조권, 조망권 문제처럼 두드러지는 예가 아니더라도 모든 건축은 공간적 실천이기 때문에 사회적 실천일 수밖에 없다. 따라서 누가 누구에게 어떤 영향을 미치게 되느냐에 주의해야 한다. 건축을 통해 부자가 빈자에게, 강자가 약자에게 나쁜 영향을 미치는 경우는 너무나 흔하다. 한국처럼 난개발이 그야말로

불에 타 무너진 숭례문
숭례문은 이명박 대통령의 취임 직전인 2008년 2월 11일에 불에 타서 사라졌다. 일산에 거주하는 69세의 채모라는 남자가 재개발 보상에 불만을 품고 숭례문에 불을 지른 것으로 밝혀졌다. 이전에 창경궁에 방화했던 전력이 있는 범인은 접근하기 쉬워서 숭례문에 불을 질렀다고 밝혔다.

보편화된 나라에서는 더욱 더 그렇다. 실제로 한국의 불평등 문제에서 가장 중요한 것은 바로 부동산 불평등이다. 건축의 사회성을 무시했을 때, 건축은 정치적 선전의 도구로, 경제적 이윤의 도구로, 문화적 야심의 도구로 전락해 버린다. 건축과 사회의 관계에서 무엇보다 중요한 것은 공간의 사회성에서 비롯되는 건축의 사회성이다.

건축의 사회성에 비추어 보았을 때, 모든 건축이 공공성을 갖는 것은 당연하다. 모든 사람이 함께 소유하고 이용하는 공적 건물이 아니라 개인(들)이 소유하는 사적 건물의 건축이라고 하더라도 그렇다. 제 아무리 '타워 팰리스'라고 해도 마찬가지이다. 아마도 '타워 팰리스'는 우리나라에서 손꼽히게 높고 클 뿐만 아니라 가장 폐쇄적인 주거공간일 것이다. 이것은 '타워 팰리스'가 그만큼 공공성의 원리를 가장 크게 훼손한 주거공간이라는 뜻이기도 하다. '타워 팰리스'는 주변 공간들을 대대적으로 위압하고 사람들의 접근을 적극적으로 억압한다. '타워 팰리스'는 공공성의 원리를 가능한 지키지 않기 위해 최선을 다하는 것 같다. '타워 팰리스'에 대한 사회적 평가가 좋지 않은 것은 이 때문이다. '타워 팰리스'는 건축의 공공성을 최대한 무시한 몰상식한 부자들의 성채로 여겨지는 것이다. 초고층 건물들은 주변 공간들을 위압하고 위해하는 문제를 지니고 있다. 고층 건물일수록 공간의 공공성을 크게 훼손하기 마련이다. 여기서 나아가 '타워 팰리스'는 행인들을 24시간 감시하고 통제한다.

내가 겪은 일을 잠시 얘기하고 싶다. 2004년 봄에 나는 '타워 팰리스' 옆 보도에서 대단히 불쾌한 경험을 했다. 보도에서 '타워 팰리스'의 사진을 찍고 돌아서서 가던 참인데 누가 뒤에서 '아저씨!'라고 불러서 돌아보니 '타워 팰리스'의 젊은 경비원이 잔뜩 인상을 쓰고 나를 보고 있었다. 왜 그러냐고 물으니 여기서 사진을 찍으면 안 된다며 아예 사진기를 빼앗을 태세였다. 왜 안 된다는 거냐, 길에 그런 안

양재 네거리에서 바라본 타워 팰리스 지역
단층 주택들을 없애고 고층 아파트들이 들어섰고, 고층 아파들을 제압하며 초고층 아파트들이 들어섰고, 또 다시 초고층 아파트들을 제압하며 초초고층 타워 팰리스가 들어섰다. 돈과 힘이 지배하는 한국 사회의 축도를 여기서 명확하게 보는 것 같다.

내문이라도 붙여 놓았냐고 따져 물으니, 아무튼 협박하는 표정으로 그냥 안 된다고 짧게 내뱉고는 '타워 팰리스' 안으로 들어갔다. 치미는 화를 참고 돌아오며 생각하니 경비원들이 행인들을 24시간 감시하고 있다가 나처럼 사진을 찍는 사람들을 제지하고 있었던 것이다. 안보와 관련된 특수건물도 아니고 일반 주거건물의 사진을 못 찍게 하는 것은 터무니없는 횡포가 아닐 수 없고, 행인들을 24시간 감시하고 있다가 자기들 멋대로 통제하는 것은 명백한 불법이 아닐 수 없다. '타워 팰리스'는 공간의 공공성을 해치고 시민들을 억압하는 초고층 감시탑이다.

한국과 같이 부동산투기가 만연된 투기사회에서는 건축의 공공성은 물론이고 공간의 공공성 자체에 대한 인식이 대단히 낮다. 많은 사람들에게 공간과 건축이 투기이익이라는 불로소득의을 챙겨 부자가 될 수 있는 수단으로 여겨지고 있기 때문이다. 이에 따라 경제성장과 함께 국민소득이 늘어나면서 공간적 삶의 질은 곳곳에서 오히려 심하게 훼손되고 말았다. 그야말로 전국 모든 곳에서 투기이익을 노린 상호가해적 개발, 즉 난개발이 더욱 더 격화되었기 때문이다. 나아가 건축가가 아니라 이른바 '복부인'이 공간의 전문가, 건축의 전문가로 여겨지게 되었다. 정권이 적극 투기를 조장해서 이루어진 경제성장에 따라 투기꾼이 공간과 건축을 지배하게 된 것이다. 진정한 선진화를 이루기 위해 박정희 개발독재의 중대한 역사적 결과인 이 문제를 하루빨리 극복해야 한다. 공간과 건축의 공공성을 살리는 것은 이 엉망진창의 상태를 바로잡기 위한 핵심과제이다.

건축가의 사회적 책임

건축은 특정한 사회적 관계 속에서 이루어지며, 모든 사람에게 영향을 미치는 사회적 실천이다. 공간의 전문가로서 건축가는 그 누구보다 이런 사실을 잘 알고 있어야 한다. 건축가는 단순히 공간을 물리적으로 변형하는 것이 아니라 사람들이 필요로 하는 공간을 생성하며 그렇게 해서 사회를 물리적으로 생산한다. 그러므로 건축가는 나쁜 건축을 강요하는 사회에 맞서 싸울 의무를 지니고 있다. 이 의무를 제대로 이행했을 때, 건축가는 좋은 건축을 마음대로 추구할 권리를 누릴 수 있다. 좋은 건축에 대한 건축가의 꿈은 좋은 사회에 대한 시민들의 꿈과 다르지 않다.

건축가의 사회적 책임은 건축가의 사회적 지위와 밀접하게 연관되어 있는 것 같다. 한국에서는 건축주의 힘이 압도적이기 때문에 건축가가 제대로 대접을 받지 못하는 것인지도 모른다. 물론 한편에서 '건축가의 신화화'도 확실히 우리의 현실이 되었다. 일부 유명 건축가들은 최고의 지식인이요, 기술자요, 예술가로 신화화되고 있다. 현실을 은폐하고 왜곡하는 이 신화화의 문제를 직시해야 한다. 이와 관련해서 다음과 같은 정기용의 질타에 주의깊게 귀 기울일 필요가 있다.

다만 우리는 사이비 신화에 속는 듯 사는 것이 편하고, 늘 모든 것을 신비화시키는 가치를 숭상하도록 권고받고 있다. 리얼리티가 없는 현실 속에는 허구로 가득한 신화만 있다. 일반 시민들의 일상만 그런 것이 아니다. 이 나라에서 지속되어온 건축교육과 한국의 현대 건축사가 그러하다. 도시공학과 도시계획 교육이 또한 그러하다. 건축에 관한 비평물들과 건축을 에워싼 글들이 또한 그렇다. 젊은 건축학도들의 꿈이 또한 그렇다. 시민들이 절실히 요구하는 문제들을 제쳐두고 '문화센터'나 '미술관', 또는 면적과 무관하게 과제로 내주는 단독주택 설계교육이 그렇다.
　현대건축의 대가들을 우상숭배하듯 가르치는 것이 그렇고, 우리 것을 알아야 한다고 하며 장님들과 같이 몰려다니는 전통건축 답사여행들이 그렇다. 도시의 인프라 시설을 계산하거나 구조역학을 가르치는 방식도 여전히 신비화 일변도다. … 건축가와 건축을 신비화하는 기사들은 도처에 있으며 이러한 글들은 건축문화 발전에 이바지한다기보다는 건축을 보다 난해한 것으로 몰고 간다. 난해한 척하고, 신비를 가장해서 젊은 세대를 윽박지르고, 자신도 제대로 하지 못하면서 학생들에게 '이것도 건축이냐'고 닦달하는 식의 교육은 건축의 본질을 왜곡시킨다. 건축가 교육을 제대로 받기 위해선 유학을 다녀와야 한다는 신념을 부추기며 결국 외국 건축교육에 대한 신화를 조장한다. 전통건축 속에는 '가장 한국적인 것'이 숨어 있는 것처럼 가르쳐서 마치 보물찾기하듯 과거의 건축을 신비화하는 태도는 학생은 물론 기성 건축가들의 마음에 큰 부담을 준다. … 나는 언젠가 서울건축학교 신입생 면접에서 가장 좋아하는 건축을 물었을 때 학생마다 예외 없이 르 코르뷔지에의 롱샹 성당이나 투레트 수도원 또는 루이스 칸의 솔크 인스티튜트라는 말을 들었다. 학생들에게 이 말을 듣고 동료 건축가들에게 이렇게 말한 것이 있다. "한국 건축의 발전을 위해선 우상숭배하듯 하는 이 건물들을 다 때려 부숴야 하겠다고"라고.
　이 세상에 좋은 건축이 있는 것은 사실이다. 그러나 우리는 그런 건축이 탄생하게 된 시대와 역사와 사람들과 정신세계를 알기 전에 남들이 모

두 좋다고 하기 때문에 자신도 아주 손쉽게 좋다는 결론을 내리는 경향이
있다. 우리는 현실과 그 속에 내재하고 있는 리얼리티의 진실을 내팽개치
고 오직 외형으로 연출된 신화를 맹목적으로 믿고 있다(정기용, 2008ㄱ:
258~259)

롱샹 성당 (1954년 준공)

솔크 인스티튜트 (1965년 준공)

정기용은 암으로 세상을 떠나기 넉달 전인 2010년 11월 11일에 서울의
'일민미술관'에서 열린 '정기용 건축전'의 개막 강연(이자 고별 강연)
에서 이러한 건축가의 신화화 또는 신비화를 또 다른 건축가의 타락
이라고 지적했다. 물론 이와 관련해서 가장 큰 문제는 서구의 유명 건
축가들이다. 서구의 유명 건축가들에게 일을 맡기기 위해서는 엄청난
돈이 필요하며, 따라서 그들의 건축주는 재벌로 대표되는 대자본가인
데, 이들의 영혼은 저열한 '식민성'에 젖어 있다. 그러나 사실 적지 않
은 한국 건축가들도 '식민성'의 늪에 빠져 있다.

　건축주가 건축가를 압도하고 건축가가 건축주에 맞서기 어려운 사
회적 상황이 강하게 고착되어 있어서 한국의 건축가는 기술자나 노
동자가 아니라 예술가를 지향하는 성향이 강한 것이 아닐까? 또한
한국의 건축계가 개방적으로 보이기보다는 자못 자폐적으로 보이는
것도 이 때문은 아닐까? 건축은 좋은 사회를 물리적으로 구현하는
사회적 활동이며, 따라서 건축가가 제대로 존중받는 것은 좋은 사회
의 핵심 요건이다. 건축주가 아니라 건축가를 기리는 '건축 실명제'
사회야말로 건축가의 사회적 책임을 강력히 요구하는 사회이다. 이

서울시 구청사 (2006년 8월 촬영)

조선총독부 청사의 철거 이후 경성부 청사였던 서울시 청사는 일제의 식민지 지배를 보여주는 가장 중요한 건축 유물이었다.

서울시 신청사 (2012년 7월 촬영)

서울시 신청사의 앞은 해괴한 유리 쓰나미 형태이고, 뒤는 대단히 낡은 시멘트 절벽 형태이다. 거대한 유리 온실과 비슷해서 내부의 상당 부분을 과열 방지 공간으로 써야 하고, 이런 식으로 공간을 낭비하다 보니 직원의 절반도 수용하지 못한다. 오세훈의 서울시는 무려 3000억원의 혈세를 써서 반경제, 반생태, 반역사의 건물을 지은 것이다. 그 자체로도 큰 문제이고 주변과의 관계도 큰 문제인 이 건물은 하루빨리 전면적인 개축을 해야 한다. 특히 설계심사와 설계변경(법적 설계사 삼우와 시공사 삼성물산) 등 건축행정에 대한 철저한 감사가 이루어져야 하며, 이에 대해 설계자 유걸도 설계변경에 대해 적극 항의해야 할 것이다.

런 점에서 건축가의 사회적 책임은 사회 구성원 전체의 책임이기도 하다. 잘한 것은 잘한 것대로, 못한 것은 못한 것대로, 건축가가 사회적 책임을 제대로 다할 수 있도록 모든 시민이 더욱 크게 노력해야 할 것이다. 그리고 이런 시민의 노력을 전문가인 건축가가 가장 적극적으로 지지하고 지원해야 할 것이다.

여기서 잠시 오세훈의 문제를 보자. 오세훈이 서울시장 때 이른바 '디자인 서울'을 내걸고 추진한 3대 건축사업으로 서울시 신청사(유걸 설계), 동대문 디자인 플라자(자하 하디드 설계), 새빛둥둥섬(김태만 설계)을 들 수 있다. 세 사업은 추진과정부터 큰 논란을 일으켰으며, 세 사업의 결과물도 역시 큰 논란을 일으켰다. 2012년 7월 12일에 발표된 새빛둥둥섬에 대한 서울시의 감사결과에 따르면, 오세훈의 지시로 시작된 이 사업은 서울시 역사상 가장 많은 절차 문제를 안고 있었다. 서울시 신청사와 동대문 디자인 플라자도 객관적인 설계를 통해 확정되었다고 하지만, 과연 그 설계가 서울시로부터 완전히 독립되어 투명하고 공정하게 추진되었는가, 소수 전문가들이 공공건물과 도시개발을 확정하는 것이 옳은가 등의 문제가 제기되었으며, 시민의 참여와 감시가 중요한 개혁과제로 제기되었다. 서울시 신청사와 동대문 디자인 플라자는 문화재로 지정해서 보존했어야 하는 곳이었고, 두 건물의 건축에 쏟아부은 혈세도 각각 3000억원이 넘는다. 이런 점에서 두 건물은 새빛둥둥섬보다 훨씬 큰 문제를 안고 있다.

현대 사회는 전문지식에 의해 작동되는 전문가 사회이다. 강 죽이기 사업에서 잘 볼 수 있듯이 전문가가 이익에 취해 거짓 자료와 논리로 세상을 속이면 세상이 망가지고 만다. 좋은 건축을 위해 사회 구성원을 일깨우는 것은 그 누구보다 먼저 건축 전문가인 건축가의 몫이다. 그것은 바로 건축가 자신을 위한 실천이기도 하다. 전문가가 사회를 위해 올바로 헌신할 때 비로소 사회는 전문가를 올바로 존중하게 된다. 자신의 권리 위에서 잠자는 자는 권리를 누리는 것은 고사하고 결국 피해를 입고 비난만 듣게 될 뿐이다. 권리를 누리는 것도 책임을 다 하는 것만큼이나 쉽지 않은 일이다. 건축가를 존중하고 기리는 사회를 만들기 위한 건축가의 실천이 활발히 펼쳐져야 한다. 그렇게 해서 더 많은 사람들이 건축과 건축가에 대한 올바른 인식을 하게 되고, 그 결과 이 나라에서 공간의 공공성이 제대로 구현되고 삶의 질이 크게 향상될 수 있게 될 것이다.

【참고자료】

정기용(2008ㄱ), 『사람, 건축, 도시』, 현실문화
______(2008ㄴ), 『서울 이야기』, 현실문화
______(2008ㄷ), 『감응의 건축』, 현실문화
______(2010ㄱ), 『기적의 도서관』, 현실문화
______(2010ㄴ), 『기억의 풍경』, 현실문화
______(2011), 『정기용 건축 작품집』, 현실문화
홍성태(2004), 『생태사회를 위하여』, 문화과학사
______(2005), 『생태문화도시 서울을 찾아서』, 현실문화
______(2009), 『민주화의 민주화』, 현실문화
Lefebvre, Henri(1974), 양영란 옮김(2011), 『공간의 생산』, 에코리브르

영월 선돌 아래 서강 모습

건축과 자연

생태위기의 시대

2004년 12월 남아시아에서 엄청난 환경재앙이 일어났다. 진도 9.0의 대지진에 따른 커다란 해일로 인도네시아와 주변 국가들에서 무려 23만 명이 넘는 사람들이 죽었다. 가족들과 친구들로 생각해 보면, 수백만 명의 사람들이 이 참사에 관련되었을 것이다. 그런데 이 끔찍한 재해에 대해 서울 망우동에 있는 개신기독교 감리교단 금란교회(아들에게 세습된 신도수 10만 명의 세계 최대 감리교회)의 김홍도 목사는 2005년 1월의 설교에서 '예수를 믿지 않는 사람들을 하나님이 심판한 것'이라고 말했다. 이것은 과학을 모르는 무식한 발언이자 피해자들의 고통을 짓밟은 무도한 망언이었다. 김홍도 목사의 망언은 한국의 개신기독교를 지배하는 보수적인 교회들과 인사들의 편협성, 배타성, 폭력성을 잘 보여주는 대표적인 증거로서 널리 알려져 있다.

대지진과 해일에 따른 경제적 피해도 말 그대로 천문학적 수준에 이르렀다. 건물, 시설, 도로 등이 파괴된 것은 물론이고 식량과 각종 물자들이 파손되고 사라졌다. 한동안 아무 것도 하지 못하고 그저 목숨을 잇는 것이 중차대한 과제가 되었다. 이런 자연재해들을 보노라면, 자연의 힘 앞에서 인류의 문명이라는 것이 참으로 하찮은 것이라는 생각을 다시 하게 된다. 문명의 첫번째 조건은 안정된 자연이다. 자연이 안정된 상태를 유지하지 않거나 자원을 충분히 공급하지 않는다면, 제 아무리 잘난 인류 문명도 그저 모래 위에 지은 집일뿐이다. 만일 도쿄나 LA에서 대지진이 일어난다면, 삽시간에 수백만 명의 사람들이 죽게 될 것이며, 화려한 문명은 처참한 몰골로 변모하게 될 것이다. 1994년의 일본 고베 시에서 일어났던 대지진은 이미 이런 사실을 생생히 보여주었다. 우리는 조심스럽게 자연을 대하고, 적극적으로 문제에 대처할 수 있을 뿐이다.

이런 점에서 '4대강 살리기' 사업이 토건국가를 극단화하는 '4대강 죽이기' 사업이라는 사실을 직시해야 한다. 그것은 생명의 원천인 강을 파괴하고, 강변을 콘크리트 제방과 자전거 도로로 포장하고, 강물을 콘크리트 댐으로 막는 사업이기 때문이다. 서울대 환경대학원의 김정욱 교수가 충분히 설명했듯이 그 결과는 파멸적일 것이다. 우리와 후손을 위해 빠른 시일 내에 전면적인 '4대강 재자연화' 사업을 펼쳐야 한다(김정욱, 2010; 최병성, 2010; 홍성태, 2010와 2011). 2012년 여름에 4대강 전역에서 발생한 '녹조 곤죽' 현상은 그 생생한 증거이다. 강물의 흐름을 막고 강변을 마구 파괴한 결과로 사상 초유의 '녹조 곤죽' 현상이 발생했던 것이다. 이와 함께 4대강 전역에서 측방침식과 역행침식이 발생하면서 거대한 4대강 수계 전체에서 파괴가 계속 진행되고 있다. '4대강 살리기'는 경제와 생태의 양 면에서 몰상식의 극치일 뿐이다.

'투모로우'(Tomorrow)라는 미국 영화는 그럴 듯한 '공상물'이 아니라 이미 우리가 겪고 있는 생생한 '생태위기'의 현실을 반영한 '현실물'이다. 이 영화는 지구 온난화

영화 '투모로우'의 포스터

에 따른 생태파국의 위험을 극적으로 제시했기 때문이다. 프리드리히 엥겔스는 그의 유명한 『자연변증법』(1883)에서 고대 메소포타미아 문명이 어떻게 사라졌는가에 대해 설명하고 있다. 메소포타미아 사람들은 풍요로운 메소포타미아 문명을 유지하기 위해 풍성했던 메소포타미아 주변 지역의 자연을 착취했다. 그러나 그 착취는 오래 갈 수 없었다. 메소포타미아 사람들은 많은 나무들을 베어 연료로 사용하고 각종 도구를 만들고 집을 짓는 데 사용했다. 그 결과 머지 않아 울창했던 숲이 사라지고 황량한 사막이 만들어지고 말았다. 메소포타미아나 마야 문명을 지탱했던 자연의 파괴와 함께 결국 메소포타미아나 마야 문명은 사라질 수밖에 없었다. 자연은 생명의 원천이며 기반이다.

현대 공업문명은 메소포타미아나 마야의 농업문명보다 수천 배, 아니 수만 배 더 자연을 착취하는 문명이다. 1948년에 싸이버네틱스(Cybernetics, 자동조절학)라는 새로운 학문을 창시한 노버트 위너(Norbert Wiener)는 현대 공업문명을 루이스 캐롤(Lewis Carrol)의 『이상한 나라의 앨리스』(1865)에 나오는 '미친 차 파티'에 비유했다(Wiener, 1952). 그 파티에서는 앉은 자리에서 그 자리에 있는 모든 음식을 다 먹어치우고는 다시 자리를 옮겨 또 그 자리에 있는 음식을 다 먹어치운다. 이런 식으로 금방 모든 음식을 다 먹어치우게 된다. 이런 파티를 계속 벌이게 되면 결국 이 세상의 모든 음식이 곧 없어지고 만다. 위너는 이 이야기에 빗대어 현대 공업문명이 진보나 발전의 이름으로 너무나 빨리 자연을 착취하고 있는 것의 문제를 지적했다. 그러나 '미친 차 파티'는 지금도 계속되고 있다.

현대 공업문명은 20세기에 들어와서 지구 전체를 급속히 공업화하면서 지구 전체를 전대미문의 거대한 위기 속으로 몰아넣었다. 메소포타미아나 마야 문명은 메소포타미아나 마야 지역의 파괴로 끝났지만, 현대 공업문명은 지구 전체의 파괴를 낳고 있다. 이른바 '생태위기'란 '생태계의 절멸 위기'로서, 좁게는 우리가 살아가는 생활지역의 절멸 위기를 뜻하며, 넓게는 숱한 생명체가 복잡하게 얽혀 살아가는 지구 전체의 절멸 위기를 뜻한다. 영화 '투모로우'는 지구 온난화로 급속한 빙하기가 도래한다는 비과학적 이야기를 전개하고 있지만, 사실 이 영화의 주제는 지구 온난화에 따른 지구 전체의 절멸 위기이다. 흔히 생태위기로 불리는 이 위기는 현대 공업문명이 지구 전체에서 유발한 생물의 절멸 위기이다. 그 대표적인 예는 바로 지구 온난화이다. 이대로라면 21세기 중반을 지날 무렵 인류는 수많은 사상자가 발생하는 대파국을 맞게 될 것이다.

우리는 이러한 생태위기의 현실을 잊고 살 수는 있다. 그러나 그 영향에서 벗어나서 살 수 있는 길은 없다. 앨빈 토플러 같은 지식상은 외계 식민지를 주장하지만 그것은 기술적으로 생태적으로 불가능하다. 그러므로 유일하게 슬기로운 대응방법은 생태위기의 현실을 직시하고 가능한 한 위기의 정도를 완화하는 것, 나아가 위기 자체를 제거하기 위해 최선을 다하는 것이다. 건축도 당연히 생태위기의 현실에 맞추어 철저히 변해야 한다. 건축이 본질적으로 자연을, 생태계를 변형하는 행위라는 점에서, 건축의 '생태적 전환'은 사회의 '생태적 전환'에서 핵심적인 구성요소이다.

바벨탑의 도시

고대 메소포타미아 문명의 역사가 잘 보여주듯이 도시는 본래 상당히 반자연적이다. 고대 도시들도 자연을 파괴하고 다양한 인공 건물과 시설을 지어서 만들어졌으며, 또한 숲과 강을 비롯한 주변의 자연을 적극 파괴하고 활용해서 유지되었기 때문이다. 딱딱하기 이를 데 없는 콘크리트와 아스팔트로 뒤덮인 현대 도시는 더욱 더 그렇다. 본질적으로 현대 도시는 거대한 반자연, 따라서 반생명의 공간이다. 이 때문에 현대 도시는 거대한 위험도시이자 기생도시이기 쉽다. 자연과 인공의 온갖 위험이 고도로 축적되어 있으며, 물과 식량을 얻기 위해 다른 지역을 착취할 수밖에 없는 것이 현대 도시이다. 현대 도시를 생명의 공간으로 만들기 위해서는 다양한 생태적 대책들을 강력히 실천해야 한다.

우리는 결코 자연을 벗어나서 살 수 없다. '인간 대 자연'이라는 구도는 틀린 것이다. 우리는 자연의 한 요소이며, 자연 속에서 살아가는 존재이기 때문이다. 자연이 죽으면, 우리도 죽는다. 그러나 불행하게도 현대 도시는 자연을 대규모로 파괴하는 공업도시로 나타났으며, 여전히 그 상태에서 별로 벗어나지 못하고 있다. 현대 도시에서 무엇보다 큰 문제는 대기오염이다. 1950년대 초에 영국 런던에서는 이른바 '스모그'로 말미암아 4천명이 넘는 사람들이 죽었다. 난방연료를 바꾸는 것으로 런던의 '스모그' 문제가 해결된 얼마 뒤인 1960년대 초에 미국 로스앤젤레스에서는 맑은 하늘이 뿌옇게 흐려지는 '스모그' 비슷한 현상이 나타나기 시작했다. 자동차 매연의 질산화물이 강렬한 햇빛과 반응하여 오존이 만들어지는 '광화학 스모그'였다. 스모그(smog)는 스모크(연기)와 포그(안개)의 합성어이다. 연기와 안개가 합쳐져서 온통 시야가 흐려지고 공기가 심하게 오염되는 것이 스모그 문제이다. 광화학 스모그는 스모그와 비슷해 보이지만 실제로는 연기도 안개도 없이 자동차의 매연에 포함되어 있는 질산화물이 뜨거운 햇빛과 반응해서 오존이 생성되어 하늘이 뿌옇게 되고 숨쉬기가 힘들어지게 되는 것이다. 이러한 '광화학 스모그' 문제를 법적으로 확인받기 위해 피해자들은 자동차업계와 10년이 넘는 법정투쟁을 벌여야 했다.

그런데 우리는 어떤 상태에서 살고 있는가? 오늘날 서울은 세계에서 대기오염이 가장 심한 도시로 손꼽힌다. 2004년 1월에 발표된 한 연구결과에 따르면, 서울을 비롯한 수도권에서 대기오염으로 매년 1만 1천명이 넘는 사람들이 조기사망하며, 그로 말미암은 경제적 피해도 무려 2조원에서 10조원에 이르렀다. 이런 답답한 상황은 2012년 현재에도 별로 개선되지 않은 것으로 보인다. 서울에서는 맑은 하늘을 보기가 참으로 어렵다. 서울에서 은하수를 보는 것은 아예 불가능하다. 최대 오염원은 자동차, 그 중에서도 디젤유를 연료로 쓰는 디젤차들이다. 자동차에서 배출되는 각종 매연, 그것이 햇빛과 반응해서 형성되는 오존, 그리고 자동차 바퀴와 자동차 도로에서 발생되는 미세먼지 등이 수많은 사람들을 천천히, 또는 급속히 병들게 하고 있는 도시에서 우리는 살고 있다.

　서울이 이렇듯 심각한 '광화학 스모그 도시'가 된 것은 세계 최악의 '자동차 도시'이자 '난개발 도시'이기 때문이다. 난개발을 주도하는 것은 최대 이윤을 위한 '고층화'이다. 서울의 어디에나 높다란 건물들이 멋대로 들어서 있다. 이명박과 오세훈이 서울시장으로 일했던 2002~11년 동안 '산악도시' 강북에서도 고층화를 넘어선 초고층화가 강력히 추진되었다. 이 과정에서 서울 강북의 대표적인 집창촌이었던 '미아리 텍사스' 지역도 초고층 재개발되었다. 그 결과 수십년 간 여성들을 성매매시켜 착취했던 포주들이 수백억 원 대 초고층 건물의 건물주로 변신했다. 초고층화가 불평등을 심하게 악화시킬 수 있다는 것을 잘 보여주는 사례가 아닐 수 없다(길윤형, 2006). 이런 문제가 아니더라도 초고층화는 대체로 추방형 재개발에 의한 불평등 심화를 유발하고, 또한 도시의 생태적 악화에 의한 불평등 심화를 유발한다.

　초고층화 때문에 바람길이 심각하게 막혀서 대기순환이 제대로 이루어지지 않는 것은 좋은 예이다. 본래 고층화는 '열섬 현상'을 낳는다. 이것은 고층건물이 많이 들어선 도심에서 대기순환이 제대로 이루어지지 않아 온도가 높아지는 것을 뜻한다. 그런데 고층건물이 많이 들어선 곳은 그렇지 않은 곳보다 온도가 높아질 뿐만 아니라 각종 오염물질이 잘 빠져나가지도 못한다. 따라서 자연이 살아 있는 도시를 만들기 위해서는 '고층화'를 엄격히 규제해야 한다. 그러나 이명박과 오세훈이 서울시장으로 일하는 동안 서울의 초고층화는 가속적으로 진행되었다. 광화문과 청계천 일대의 도심에도 40층이 넘는 초고층 건물들이 잇따라 들어섰고, 서울 여러 곳에서 100층이 넘는 초초고층 건물들도 잇따라 추진되었다. 강남 초특부자 출신 두 시장이 서울을 초고층 건물의 집합지로 빠르게 변모시켰다.

기독교에서 바벨탑은 인간의 오만을 경계하는 상징이다. 문명을 이룬 인간들이 하늘에 닿을 수 있는 탑을 쌓고자 했으나, 신은 인간들이 서로 소통할 수 없도록 해서 이 사업을 막았다. 인간이 제 아무리 뛰어나다고 해도 결국은 '부처님 손바닥 안의 손오공'이다. 초기 서구 영화사에서 아주 중요한 감독으로 손꼽히는 독일의 프리츠 랑은 1927년에 〈메트로폴리스〉라는 영화를 발표했다. '메트로폴리스'는 그리스어 'meter'(어머니)와 'polis'(도시)를 합쳐서 만든 말로 현대의 도시학에서는 100만명

영화 '메트로폴리스'의 포스터

이상의 인구가 거주하는 도시를 뜻한다(김원갑, 2002). 프리츠 랑은 〈메트로폴리스〉에서 현대 거대도시를 무대로 해서 바벨탑의 실패를 계획자와 실행자 사이의 계급모순이라는 관점에서 재해석했다. 온갖 '바벨탑'들로 가득 찬 '메트로폴리스'에서 살고 있는 우리는 이제 바벨탑을 반생태성의 상징으로 재해석할 필요가 있다. 자연이 살아 있는 도시는 사람답게 살 수 있는 도시의 중요한 조건이다. 고층화에 대한 강력한 규제는 필수적이고 당연한 것이다. 그것은 생명을 지키는 것이기 때문이다.

건물의 높이가 높아질수록 반생태적일 수밖에 없다. 건물의 높이가 높아질수록 더 많은 땅과 물을 파괴해야 하고, 더 많은 에너지를 써야 하며, 더 많은 햇빛과 바람을 막게 되기 때문이다. 반생태적인 고층건물은 결코 지속성을 가질 수 없다. 건물 자체로는 수백 년도 버틸 수 있도록 튼튼하겠지만, 생태위기가 깊어갈수록 반생태적 고층건물은 거대한 무용지물이 될 수밖에 없다. 여러 연구와 실천이 이루어지고 있기는 하지만 생태적 고층건물은 사실상 불가능하다. 현대의 바벨탑은 '미친 차 파티'의 산물로 끝나고 말 운명이다. 그러나 한국은 이미 심각한 '고층 사회'이다. '2010 인구주택총조사 잠정집계 결과'에 따르면, 5층 이상의 공동주택을 뜻하는 아파트가 전체 주택의 58.3%, 연립주택을 포함한 공동주택이 전체 주택의 71.0%를 차지했다. 그리고 서울을 비롯한 대도시에서 고층 콘크리트 아파트는 이미 주거의 70% 이상을 차지하고 있다(한국의 아파트에 대해서는 박철수, 2006과 Gelezeau Valerie, 2003 등을 참조).

전원 '파괴' 주택

현대 도시의 반생태성이 갈수록 심각해지면서 자연의 가치가 새롭게 부각되기 시작했다. 자연이 죽은 도시를 벗어나 자연이 살아 있는 전원을 찾는 사람들이 늘어났던 것이다. 이미 19세기 후반 영국에서는 아예 '전원도시'가 조성되기도 했다(Howard, 1902). 19세기 후반 영국에서는 공장들이 도시에 마구 들어서서 자연이 피폐해지자 중산층들이 자연이 살아 있는 도시 바깥의 교외 지역으로 떠나갔던 것이다. 우리나라에서도 1990년대에 들어오면서 이런 경향이 확연히 눈에 띄게 되었다. 이른바 '전원주택'이 상당한 붐을 이룰 정도가 되었던 것이다. 이것은 대체로 자연이 살아 있는 교외 지역이나 농촌 지역에 지어지는 단독주택을 뜻했다.

전원주택에 대한 관심이 커졌다는 것은 그만큼 도시의 환경문제에 대한 우려가 커졌다는 것을 뜻하기도 한다. 이런 점에서 전원주택이 늘어나는 것은 바람직한 변화라고 해야 할 것이다. 이미 오래 전에 우리의 도시들은 난폭하게 진행된 난개발과 어디서나 넘쳐나는 자동차로 말미암아 사람답게 살기 어려운 곳이 되었기 때문이다. 그러므

지리산의 '전원주택'형 펜션
전기, 냉난방, 상하수도, 컴퓨터, 인터넷, 주차장 등을 모두 잘 갖춘 펜션들이 전국 곳곳에 들어서서 편리하게 여행할 수 있게 되었다. 그러나 그 이면에서 생태적 압력이 대단히 커졌다. 그만큼 생태적 건축과 유지가 대단히 중요해졌다.

로 많은 사람들이 일단 개인의 건강이라는 차원일망정 우리의 도시들이 안고 있는 반생태성의 문제에 큰 관심을 가지게 된 것은 그나마 다행스러운 일이다. '웰빙'을 단순히 환경문제에 대한 개인적인 관심이라고 폄하해서는 안 된다. 그러나 과연 전원주택이 늘어나서 우리의 환경은 좋아지고 있는가? 전원주택이 늘어나면서 우리의 도시는 더욱 살기 좋은 곳이 되고 있는가? 전원주택은 생태위기의 현실을 완화하고 있는가?

안타깝게도 이런 질문들에 대한 답은 모두 '아니다'이다. 우리의 전원주택은 대체로 전원주택을 내세운 전원 '파괴' 주택이기 때문이다. 그 예는 여러 곳에서 쉽게 찾을 수 있다. 중앙선을 타고 청량리에서 원주로 가는 길은 한강에서 섬강으로, 또 용문산에서 소금산으로 이어지는 아름다운 산길이다. 양동은 그 중간지점에 자리잡고 있는 산골의 큰 마을이다. 그 어귀에 동산이 있는데 그 꼭대기 부분을 싹둑 밀어내고 집이 한 채 들어서 있다. 이런 전원 '파괴' 주택은 이제 전국 어디서나 쉽게 볼 수 있다. 서울 주변의 큰 사례로는 북한강변인 문호리에 들어선 주택단지를 들 수 있다. 박정희와 전두환의 개발독재 시대에도 자연 그대로 보존되어 왔던 양평군 북한강변 통방산 자락의 아름다운 산중턱이 전원주택 개발이라는 이름으로 2001~2년 사이에 말 그대로 대대적으로 박살났다.

전원을 직접적으로 파괴하고 들어서기 때문에만 전원 '파괴' 주택인 것은 아니다. 전원주택은 단지 전원에 자리잡고 있어서 전원을 즐길 수 있는 주택을 넘어서 전원과 조화를 이루는 주택이어야 한다. 그러나 대부분의 전원주택은 도시의 반생태적 삶을 전원으로 옮겨놓은 주택이다. 우리의 전원주택은 전원의 법칙을 따르지 않고 오히려 도시의 법칙을 전원에 강요한다. 한강변의 전원주택들은 팔당 상수원의 오염문제를 악화시키는 중요한 오염원들로 지적되고 있다. 많은 하수를 배출하고 있으나 하수처리시설을 제대로 가동하는 전원주택은 드물다. 불야성을 자랑하는 도시의 주택처럼 전원주택도 전기를 자유롭게 쓴다. 전원주택을 위해 핵발전소, 송전탑, 전봇대를 늘려야 한다. 전원주택은 도시의 반생태성을 심심산골로까지 확대하고 있다.

이런 문제에 잘 대응하여 제대로 된 전원주택단지를 만들겠노라고 나선 사람들도 있다. 경기도 파주의 한강가에 자리잡고 있는 '헤이리 예술마을'을 만드는 사람들도 그렇게 하겠다고 선언했다. 언론을 통해 대대적으로 알려진 초대형 전원주택단지라는 점에서 '헤이리 예술마을'에 많은 사람들이 큰 관심을 기울이고 있다. '헤이리 예술마을'은 1998년에 '헤이리 아트밸리 건설위원회'가 발족되어 2002년부터 본격적인 건축이 시작되었다. 2004년 초에 발간된 이 마을을 알리는 책자에서는 '문화와 예술, 자연이 한데 어우러지는 새로운 패러다임의 도시'라고 '헤이리 예술마을'을 소개했다. 2012년 현재, 홈페이지의 '단지계획의 개념'에서는 열가지 중에서 첫번째로 '새로운 시대의 패러다임'(환경친화, 생태)을 수용을 제시하고 있고, '헤이리만

헤이리 예술마을 지도

의 특색'에서도 아홉가지 중에서 첫번째로 '자연이 살아 숨쉬는 생태마을'을 제시하고 있다.

'헤이리 예술마을'은 대단히 특이한 곳이다. 우선 회원으로 참여하고 있는 많은 문화예술인들이 정치적으로 대단히 이질적이어서 과연 조화를 이룰 수 있을까 하는 의문이 든다. 물론 정치와 문화예술이 서로 직접 연결되는 것은 아니지만, 이렇게 이질적인 사람들을 엮어서 '예술마을'을 만들다니, 이 사업을 주도하는 쪽이 너무 어려운 일을 한다는 생각이 든다. 아무튼 그럼에도 불구하고 자연을 잘 살리겠다는 뜻은 높이 사지 않을 수 없다. 자연을 잘 지키고 자연과 조화를 이루는 것이 참으로 중요한 과제가 된 이 엄혹한 생태위기의 시대에 정치적 차이와 갈등을 넘어서 많은 문화예술인들이 생태마을을 만들기 위해 모였다는 사실 자체가 커다란 시사적 의미를 지닌다. '헤이리 예술마을'은 시대의 요청에 적극 부응하는 시대의 모범으로 발전해야 한다.

그런데 정말로 그렇게 될 수 있을까? 헤이리에는 나무들이 많고 숲들이 잘 가꾸어져 있다. 그리고 그 사이사이에 특색있는 상자형 시멘트 건물들이 많이 들어서 있다. 이런 점에서 헤이리는 생태적이고 예술적으로 보인다. 그러나 예술은 몰라도 생태는 그냥 외관만으로 이루어지지 않는다. 생태주거단지는 그냥 나무만 많은 것이 아니라 흙이 살아 있어야 하고, 이를 위해 포장도로를 없애고 차량의 운행과 주차를 억제하며, 최대한 물의 자연 순환을 실현해야 하며, 생태건물은 시멘트가 아니라 최대한 주변에서 생산된 자연 재료를 활용하며, '패시브 하우스'와 같은 방식으로 에너지의 소비를 최소로 줄이고, 햇빛발전이나 바람발전으로 전력을 최대한 자체적으로 생산하는 방식으로 건축되어야 한다. 넓은 녹지를 확보하고 있다고 해서 생태마을이 되는 것은 아니다. 건물과 마을이 실제로 생태성을 구현하고 있지 못하다면 아무리 녹지가 많아도 그곳은 생태마을이 아니다(김원, 1999).

오늘날 생태라는 말은 이 나라에서 널리 오남용되고 있다. 생태적이라는 것은 쉽게 말해서 자연적이라는 것을 뜻한다. 이명박 정권에 의해 크게 왜곡되었지만 '녹색'은 '녹색당'에서 잘 알 수 있듯이 생태적이라는 것을 상징하는 색이다. 생태적이라는 것의 핵심은 순환을 통해 그 자체로 계속 유지되는 것이다. 생태는 생명의 존재양태와 존재방식 자체를 뜻한다. 영어로는 eco에 해당되는 이 말은 본래 그리스어로 집을 뜻한다. 영어로는 경제와 생태의 어간이 모두 집을 뜻하는 그리스어 eco인 것이다. 인류는 집에 대해 잘 알지도 못하면서 멋대로 이용하다가 엄청난 위기를 맞았다. 이제 정말 열심히 반생태적인 현대 사회의 생태적인 전환을 추구해야 한다.

생태건축을 위하여

건축은 자연을 변형해서 인공의 공간을 생성하는 행위이다. 건축은 언제나 자연의 보존과 파괴 사이에 놓여 있다. 오늘날과 같은 엄혹한 생태위기 시대에 건축은 당연히 파괴가 아니라 보존을 지향해야 한다(임상훈, 2001). 바벨탑도 아닌, 전원 '파괴' 주택도 아닌, 참된 생태건축을 추구해야 한다. 사실 생태건축도 이미 어느 정도 '유행어'가 된 상태이다. 그만큼 이 나라의 자연은 심각한 위기상태에 있고, 많은 사람들이 살아 있는 자연을 갈구하고 있다. 그러나 예술인들이 많이 살고 있다고 해서 '예술마을'이 될 수 없듯이, 자연 속에 있다고 해서 '생태마을'이 될 수 없다. 자연을 존중하며 이용하는 것은 그렇게 쉬운 일이 아니다. 그러나 생태건축은 현재의 문제를 극복하고 올바른 미래를 생성하는 것이니 더욱 더 활성화되어야 한다.

생태건축이라는 말을 들을 때, 내 머리에 언뜻 떠오르는 것은 사진가 강운구가 1970년대 중반에 찍은 치악산이며 장수의 산골 모습이

천안 근처 외암리 민속마을은 전통 건물과 마을의 생태성을 잘 보여주는 소중한 곳이다.

다. 그 사진들 속의 모든 집은 초가집인데, 그것은 인공의 건물이면서도 자연의 한 부분이라고 할 수 있다. 바로 이 초가집에서 우리는 무엇을 배워야 할 것 같다. 이와 관련해서 충남 외암리 민속마을, 순천 낙안읍성 민속마을 등은 아주 중요한 곳이다. 그러나 물론 초가집은 오늘날 많은 사람들이 살고자 하는 집이 아니다. 그러므로 초가집 자체보다는 그것을 구성하는 원리에 더 주목해야 한다. 그것은 무엇일까? 바로 '순환'이다. 이 세상은 유한하다. 이 때문에 생태위기도 나타난다. 우리는 유한한 자연을 무한하게 이용할 수 있다. 자연을 잘 지키며 이용하는 것이 바로 그것이다. 자연의 본질이 '순환'이기 때문이다. '순환'이란 죽은 것이 산 것이 되고, 산 것이 죽은 것이 되는 것이다. 이러한 '순환'의 원리를 크게 거스르지 않는 한, 우리는 유한한 자연을 무한하게 이용하며 살아갈 수 있다.

아마도 이와 관련된 구체적인 사례를 독일에서 많이 찾을 수 있는 듯하다. 에너지 전환운동과 패시브 건축운동을 펼치고 있는 이

필렬 교수는 햇빛발전을 중심으로 독일의 생태건축을 살펴볼 수 있
는 책을 오래 전에 발간했다(이필렬, 1999). 또한 한국방송공사의
'환경스페셜'에서 오래 전에 방영했던 '베를린은 녹색혁명중'이라
는 프로그램도 생태주거단지의 표본과 같은 베를린 교외의 쉔아이
헤(Schoneiche)를 비롯한 독일의 생태건축을 잘 보여주었다(KBS,
2001). 독일 북부의 킬 하세(Kiel-Hassee) 생태주거단지는 한국에도
잘 알려졌다. 독일의 생태건축은 햇빛을 이용하는 것은 물론이고 땅
의 소생, 물의 순환이용, 배설물을 비롯한 각종 폐기물의 순환이용
을 추구한다. 이런 건축은 자립과 순환을 실현하는 건물을 짓는 것을
넘어서 건물이 들어선 주변 지역의 생태계도 훌륭히 되살릴 수 있다.
작은 건물일수록 생태적으로 짓기가 쉽지만, 큰 건물도 상당한 정도
로 생태적으로 바뀔 수 있다.

우리의 상황은 대단히 후진적이고 문제적이다. 2002년에 이명박
은 서울시장이 되자 서울시 전역에서 '뉴타운'이라는 이름의 이명
박식 '새마을' 사업을 펼치게 되었다. 2006년에 이명박의 뒤를 이어
2006년에 서울시장이 된 오세훈은 서울시가 1996년에 지정한 '아름
다운 마을 1호'인 은평구의 '한양주택'을 파괴해 버렸다. 2012년 현

사라진 '한양주택'
'한양주택'의 주민들은 이명박의 '뉴타운' 건설에
맞서서 '물건지 조사 결사반대'라는 절박한 현수
막을 내걸고 강력히 저항했다.

삼성동의 '아이파크 타워'
'기술과 자연의 만남'을 내세우는 화려한 초고층
건물 '아이파크 타워'보다 자연 속에 잘 자리잡고
있던 소박한 단층주택 '한양주택'이 훨씬 더 생태
적이었다.

재 서울시의 가장 큰 문제는 이명박과 오세훈이 남긴 무려 1300개에 이르는 '뉴타운' 관련 개발사업이다. 이명박과 오세훈도 생태를 전면에 내세웠을 정도로 이 나라에서 '생태'라는 말은 이미 심각하게 오남용되고 있다. 해체주의 건축의 대가라는 다니엘 리벤스킨트가 설계한 서울 삼성동의 '아이파크 타워'(지상 15층)도 비슷한 예이다. 대형 조형물을 건물에 부착한 이 건물에 대해 그는 '기술과 자연의 만남'이라는 식으로 설명했다. 그러나 별로 볼 것도 없는 대형 조형물을 건물에 부착한다고 해서 '자연과의 만남'이 이루어지는 것은 아니다. 생태적으로 보아서 이 건물은 자연에 대한 관심을 상업적으로 활용한 좋은 예라고 할 수 있을 것이다.

사회의 생태적 전환을 이루는 핵심으로서 건축의 생태적 전환은 새로운 볼거리를 제공하거나 단순히 주장하는 차원을 넘어서 생태

파괴된 서울 중랑천변
겨우 남아 있는 도시 속의 자연인 작은 하천들도 자동차 도로와 자전거 도로, 그리고 고층 아파트에 의해 체계적으로 파괴되고 있다. 전국의 모든 도시가 콘크리트와 아스팔트로 뒤덮이고 있다. 이명박과 오세훈이 서울에서 그 '모범'을 만들었다.

위기에 대응해야 한다는 생존의 요청에서 비롯되는 절박한 과제이다(임석재, 2011). 생태성을 편리하고 아름답게 구현하는 것이야말로 자신의 사회적 책임을 적극적으로 추구하고자 하는 건축가의 가장 중요하고 즐거운 권리일 것이다. 이런 권리를 올바로 인식하고 최선을 다해 실천하는 것이 하루빨리 건축가의 일반적인 과제이자 목표로 자리잡아야 한다. 이제 건축가는 공간의 생태적 전환을 통해 사회의 생태적 전환을 선도하는 전문가가 되어야 한다(Rogers, 1997: 93). 생태위기에 적극 대처할 수 있는 시간이 많이 남지 않았다. 건축가의 노력으로 세상은 조금 안도하게 될 것이다.

그리고 사회와 건축의 생태적 전환이 제대로 이루어지기 위해서는 무엇보다 먼저 그것이 이루어져야 하는 지금 여기에 대해 잘 알아야 한다. 이 점에서 오래 전에 최창조 선생이 강력히 지적했듯이 우리의

파괴된 경기도 양수리
이명박은 대통령이 되자 이른바 '4대강 살리기'를 강행했다. 이로써 전국의 주요 강들이 모두 초유의 위기를 맞게 되었다. 서울의 상수원인 팔당호를 지키는 양수리마저 이렇게 파괴될 위기에 처했으나 농민들과 신부들의 헌신적인 노력으로 2012년 8월에 생태교육장을 만들기로 결정되었다. 수종사에서 잘 볼 수 있듯이 양수리는 남한강과 북한강이 만나는 절경지이자 생태계로서도 대단히 중요하다. 그러나 양수리는 이미 많이 파괴되었으며, 보존과 복원의 노력이 절실하다.

학문에 대해 깊이 반성해야 할 필요가 있다.

생태건축이 발전하고 확산되기 위해서는 전통적인 건축에 대해 관심을 갖는 것을 넘어서『택리지』,『산경표』,『대동여지도』를 통해 우리 국토의 본래 모습과 그 특징, 그리고 그에 대한 우리의 전통적인 인식에 대해 올바로 아는 것이 대단히 중요하다.

【참고자료】

길윤형(2006), '부동산 최후의 승자, 미아리 포주들', 〈한겨레21〉 636호, 2006년 11월 22일

김원(1999),『우리 시대 건축 이야기』, 열화당

김원갑(2002),『메트로폴리스』, 열린책들

김정욱(2010),『나는 반대한다―4대강 토건공사에 대한 진실 보고서』, 느린걸음

김정호(1861),『대동여지도』

박철수(2006),『아파트의 문화사』, 살림

신경준(1770),『산경표』

이중환(1751), 이익성 역(1971),『택리지』, 을유문고

이필렬(1999),『에너지 대안의 현장을 찾아서』, 궁리

임상훈(2001),『생태건축』, 고원

임석재(2011),『생태건축』, 인물과사상사

조석필(1994),『산경표를 위하여』, 산악문화

최병성(2010),『강은 살아 있다―4대강 사업의 진실과 거짓』, 황소걸음

최창조(1992), 『땅의 논리 인간의 논리』, 민음사

통계청(2010), '2010 인구주택총조사 잠정집계 결과'

한국방송공사(2001), '베를린은 녹색 혁명 중', 2001년 3월 21일 방영

홍성태(2010), 『생명의 강을 위하여』, 현실문화

______(2011), 『토건국가를 개혁하라』, 한울

Carrol, Lewis(1865), 최인작 역(2005), 『이상한 나라의 앨리스』, 북폴리오

Engels, Friedrich(1883), 윤형식 외 역(1989), 『자연변증법』, 중원문화

Gelezeau, Valerie(2003), 길혜연 옮김(2004), 『한국의 아파트 연구』, 아연출판부

Howard, Ebenezer(1902), 권원용 · 조재성 옮김(2006), 『내일의 전원도시』. 한울

Rogers, Richard(1997), 이병연 옮김(2005), 『도시 르네상스』, 이후

Wiener, Nobert(1952), 최동철 역(1977), 『인간활용』, 전파과학사

조선총독부 청사

건축과 역사

역사 없는 역사

10년 전인 2002년의 어느 날 원주에서 민방위교육을 받을 때의 일이다. 한 강사가 원주의 역사에 관해 이야기를 했다. 그때 나는 허리가 많이 아파서 제대로 앉지도 못하고 책상을 움켜쥐고는 식은땀을 흘리며 겨우 버티고 있었다. 대체 언제가 되어야 군사 독재의 산물인 민방위교육이 없어지게 될까 하는 생각이 그 어느 때보다 강하게 들었다. 그런데 원주의 역사가 2천년도 더 되었다는 강사의 말이 내 귀에 쏘옥 들어왔다. 그랬구나. 원주의 역사가 그렇게 오래 되었구나. 그런데 나는 왜 원주에서 그런 역사를 전혀 느끼지 못했지? 도대체 원주의 어디서 그렇게 오래 된 역사를 만날 수 있다는 걸까? 억지로 찾으면 그 자취를 볼 수 있겠지만 우리가 일상적으로 쉽게 접하는 원주의 모습에서는 2천년이 아니라 2백년의 역사도 볼 수 없지 않은가?

2천년은 대단히 긴 시간이다. 그런 만큼 2천년의 역사를 지킨다는 것은 대단히 어려운 일이다. 사람들이 '2천년 역사도시' 원주의 본모습을 못 알아보는 것은 아마도 당연한 일일 것이다. '2천년 역사도시'의 모습을 잘 지켰다면 당연히 유네스코 지정 세계문화유산이 되어 세계 각지에서 수많은 사람들이 매일 찾아올 것이다. 한국에는 유네스코 지정 세계문화유산인 도시가 한 곳도 없다. 신라의 역사를 고이 간직했다는 경주도 그렇다. 사실 경주도 각종 난개발에 시달리는

북원로에서 바라본 원주 시내
아파트, 자동차, 전봇대가 연출하는 삭막한 원주의 모습이다. 사실 이 나라의 모든 도시에서 볼 수 있는 삭막한 일상적인 모습이다.

한국형 난개발 도시이다. 그런데 원주는 100년 전까지는 조선의 강원감영이 있던 곳이었다. 원주는 무려 500년 동안이나 강원도에서 가장 큰 도시였던 것이다. 그렇다면 적어도 그 역사는 원주에서 쉽게 찾아볼 수 있어야 하지 않을까? 그러나 원주에서 그 역사를 찾아보기도 대단히 어렵다. 2000년대에 들어와서 많은 돈을 들여 강원감영을 복원하기는 했지만, 그렇다고 해서 사라진 원주의 역사가 되살아날 수는 없다. 강원감영 근처는 그저 시멘트 난개발 도시일 뿐이다. 안타까운 일이다.

우리의 도시들은 거의 모두 '역사 없는 역사'의 슬픈 도시들이다. 이 나라를 대표하는 도시인 서울도 그렇다. 따지고 보면, 서울도 '한성백제'부터 도시의 역사가 시작되는 '2천년 역사도시'이다. 그러나 서울에서 그 역사를 찾아보기는 대단히 어렵다. '역사 없는 역사'의 도시 서울의 문제를 살펴보기 위해 멀리 2천년 전으로까지 거슬러 올라갈 필요는 없다. 사실 500년 동안 조선의 수도였던 서울에 조선의 역사도 제대로 남아 있지 않다. '역사도시' 서울이라고 자랑을 하지만 정작 서울에서 역사를 느끼기는 대단히 어렵다. 조선의 역사를 잘 간직한 서울의 대표적인 장소로 제시되는 북촌이나 인사동도 사실 1980년대 초부터 심하게 난개발되어 제대로 된 한옥은 거의 남아 있지 않다.

나아가 서울시장이 서울의 대표적인 하천 토목유적인 청계천을 복원한다며 철저히 파괴한 것이 우리의 슬픈 현실이다. 나는 2002년 9월에 서울시에서 조직한 '청계천복원시민위원회'의 역사문화분과에 참여해서 청계천 복원의 기준을 제시하고 올바른 청계천 복원을 추진하기 위해 무진 애를 썼다. 그러나 결국 이명박의 서울시는 시민위원회의 제안을 거의 완전히 거부했고, 역사문화분과장이었던 김영주 선생과 나는 당시 이명박 서울시장을 문화재 파괴 혐의로 서울지검에 형사고발했으며, '청계천복원시민위원회'의 주요 위원들은 이명

서울 북촌에서 종로 2가 쪽을 바라본 모습
헌법재판소와 감사원을 잇는 길이다. 멀리 기이한 삼성의 '종로타워'가 보인다. 북촌에 이렇게 큰 길을 만들어서 '역사문화지구' 북촌의 변형과 훼손은 더욱 급속히 진행되었다. 전봇대와 자동차가 빚어내는 혼란의 문제도 심각하다.

박에게 항의해서 임기가 끝나기 전에 총사퇴했다. 청계천은 결코 복원되지 않았으며 괴이한 형태의 '명박천'으로 개발되었을 뿐이다(홍성태, 2005: 2부).

우리는 흔히 '5천년의 역사를 간직한 민족'이라는 말을 듣고 한다. 물론 이른바 '단군의 자손'이니 '단일민족'이니 하는 것은 사실 허구일 뿐이다. 그러나 이 땅에서 언어와 문화를 공유하는 사람들이 아주 오래 전부터 살아온 것은 맞다. 그것을 강조해서 '5천년 민족'이라는 표현을 쓸 수도 있을 것이다. 그러나 이 말을 생활 속에서 실감하기는 결코 쉽지 않다. 사실은 하도 어려서부터 귀에 못이 박히도록 주입되기 때문에 그렇다고 믿게 될 뿐이다. 우리가 아는 역사는 대부분 교과서로 주입되는 역사이다. 오며가며 삶의 자리에서 실감할 수 있는 역사는 좀처럼 찾아볼 수 없다. 500년의 역사도 제대로 남아 있지 않은 곳에서 어떻게 5,000년의 역사를 실감할 수 있겠는가? 건물과 도시의 역사를 잘 지키고 되살려야 누구나 쉽게 오랜 역사를 느끼고 깨달을 수 있지 않을까?

박정희 독재정권이 강행한 고도성장은 압축성장이었을 뿐만 아니라 폭압성장이었고 졸속성장이었다. 들여야 할 시간을 제대로 들이지 않고 독재 정권의 폭압에 의해 졸속적으로 이루어진 성장이었던 것이다. 부족한 기술과 자본을 대신해서 노동과 자연의 착취가 구조화되었고, 역사와 문화의 파괴가 일상화되었다(이병천·이광일 편, 2001). 그러나 수많은 사람들이 피땀 흘려 노력한 결과로 2000년대에 들어서면서 한국은 세계 10위에 육박하는 경제대국이 되었다. 이제 우리는 고도성장과 민주화의 성과를 활용해서 복지사회, 생태사회, 문화사회를 이루어야 한다(홍성태, 2009). 이런 거시적인 전환과 이행의 관점에서 건축의 역사적 의미와 가치에 대해, 그리고 '역사 없는 역사'에서 벗어나기 위한 건축가의 책임에 대해 성찰할 필요가 있다.

시간활동으로서 건축

건축은 공간을 인위적으로 변형하는 공간활동이다. 흔히 공간을 생산한다고 말하지만, 사실 공간은 결코 생산되지 않는다. 공간은 존재하는 것 또는 주어진 것이며, 우리는 그것을 여러 방식으로 변형하여 인공 공간을 생성해서 이용하며 살아간다. 우리가 조금이라도 더 안전하고 편리하게 살기 위해서는 자연 공간을 변형하여 인공 공간을 생성해서 이용하지 않고는 안 되기에 건축은 우리의 삶을 지탱하고 빚어내는 가장 근원적인 공간활동이다. 이런 공간활동으로서 건축은 우리의 생존을 위한 필수적인 생명 활동이다.

그러나 건축은 공간활동에 그치지 않는다. 건축은 이중의 의미에서 시간활동이다. 먼저 건축은 시간적으로 이루어진다. 좋은 건물은 좋은 건축의 산물이다. 결과로서의 건물보다 과정으로서의 건축이 더욱 중요하다. 예컨대 들여야 할 시간을 제대로 들이지 않고 지은 건물은 부실하기 십상이다. 그것은 삶의 자리를 짓는다면서 죽음의 자리를 짓는 것이다. 물론 시간을 줄이기 위한 노력으로 기술의 발달이 이루어지기도 한다(Trefil, 1994). 2001년의 '9 · 11사건'으로 무너진 뉴욕의 세계무역센터도 그 좋은 예이다. 하루에 300만 달러의 공사비가 들어갔기 때문에 건축주와 건설사는 하루라도 시간을 줄여야 했다. 그 결과 새로운 건축기술이 고안되었고, '9 · 11사건' 이전까지 그 성과는 대단히 훌륭했다(Weil, 2000; History Channel, 2002). 뉴욕의 세계무역센터에서는 시간을 기술이 보완했다. 결국 들여야 할 시간을 제대로 들였던 것이다. 이런 점에서 건축은 시간의 의미와 중요성을 깨닫게 해 준다. 수백년이 걸려서 완공되는 서구의 교회건축은 영원한 신에게 다가가기 위해 유한한 인간이 들여야 하는 시간적 노력의 공간적 구현이다. 영혼의 구원을 얻기 위해 수백년 정도의 댓가는 치러야 하지 않겠는가?

또한 건물은 오랜 시간을 버티며 시대를 증언하는 증거물이다. 건물은 무엇보다 우리의 삶이 이루어지는 자리이다. 그러므로 건물은 우리가 무슨 생각을 하며, 어떻게 살고 있는가를 숨김없이 보여준다. 건물은 시대의 변화와 사회의 차이를 있는 그대로 보여준다. 따라서 건물은 중요한 역사의 구성요소가 된다. 선사시대의 삶을 살펴보는 데서 주거지 유적보다 더 중요한 것은 없다. 문화의 전파와 접변을 살펴보는 데서도 건물은 대단히 중요한 자료가 된다. 건물은 그 자체로 내적 가치를 가지며, 우리의 삶을 지탱해주는 기능적 가치를 가지고, 우리의 삶이 어떻게 이루어지고 변해 가는가를 보여주는 역사적 가치를 가지는 것이다. 건물이 이런 복합적 가치의 구성물이라면, 건물을 바라보는 우리의 눈도 복합적이어야 한다. 나아가 건축 자체를 이런 복합적 가치의 관점에서 파악하지 않으면 안 된다. 건축은 공간을 변형하는 활동일 뿐만 아니라 그와 동시에 시간을 변형하는 활동이기도 한 것이다. 이렇듯 공간과 시간의 양 면에서 건축은 의미심장한 활동이다. 사실 모든 공간은 시간을 담는 그릇이며, 따라서 건축은 공간활동이자 시간활동일 수밖에 없다.

'역사 없는 역사'의 도시란 시간을 버티고 지나온 건물들이 별로 남아 있지 않은 도시이다. 결국 '역사 없는 역사'의 도시는 역사를 우습게 여기는 사회가 공간적으로 구현된 것이다. 역사를 파괴했던 자들의 권력이 막강한 이 사회의 문제는 '역사 없는 역사'의 도시인 이 나라의 도시들에서 적나라하게 드러난다. 이런 사회에서 건축은 시간활동으로서 존중받지 못하고, 오로지 현재의 기능과 이윤과 욕망을 위한 공간활동으로 축소되고 만다. 그러나 이런 축소는 사실상 왜곡이다. 건축은 본질적으로 공간활동이자 시간활동이기 때문이다. 나아가 한 몸인 것을 두 몸으로 나눠 놓으면 죽을 수밖에 없다. 건축을 존중하지 않는 사회에서 건축은 그 복합적 가치를 제대로 살릴 수 없고, 따라서 건축이 제대로 삶의 자리를 빚지 못하게 되며, 따라서 우리의 삶이 척박해지고 만다. 시간활동으로서 건축의 본성을 살리는 것은 결국 시간적 존재인 우리의 삶을 살리는 것이다.

역사의 단절과 파괴

돌이켜 보면, 19세기 말부터 시작되는 우리의 근현대사는 거의 '역사의 파괴'로 일관했다. 그 본격적인 시작은 일본 제국주의의 대대적인 침략으로 이루어졌다. 일제는 조선이 열등하고 일본이 우등하다는 식민지 이분법을 구현하기 위해 개화나 문명의 미명을 내걸고 조선의 도시와 건물을 마구 파괴했다(橋谷弘, 2004). 조선 중기에 두 차례에 걸쳐 일어났던 왜란에도 불구하고 500년 동안이나 제 모습을 거의 그대로 유지했던 서울은 일본 제국주의에 의해 속수무책으로 구조적 파괴를 당할 수밖에 없었다. 일제는 강했다. 일제의 군대는 이순신 장군이 되살아나도 무찌를 수 없었을 강력한 군사력을 가지고 있었다. 일제는 그 강력한 군사력으로 조선을 제압하고 문화침략을 통해 침략을 완성하고자 했다. 건물과 도시의 파괴는 그 구체적 방식이었다(노형석, 2006).

　해방은 일제에 의해 파괴된 사회와 공간의 복원으로 이어져야 했다. 복원을 전제로 한 건설, 또한 복원과 함께 진행되는 건설이 '해방 조국'의 과제였다. 그러나 불행히도 그렇게 되지 않았다(김정동, 1999). 일제가 수립한 식민지 이분법은 '해방 조국'에서도 여전히 맹위를 떨쳤다. 그 결과 우리 손으로 우리 역사를 없애는 자기 학대와 자기 파괴의 역사가 펼쳐지게 되었다. 이것은 무엇보다 친일파가 정권을 장악한 때문이라고 할 수 있지만, 또한 식민지 이분법에 대한 지적 대응이 제대로 이루어지지 못했기 때문이기도 하다(허수열, 2005). 일제에 의해 반세기 넘게 진행된 반식민지와 식민지의 상처를 치유하는 것은 대단히 어려운 과제였다. 그 과제는 아직도 이루어지지 않았다. 무엇보다 우리의 역사를 객관적으로 파악하고 보존하는 것이 중요하다.

가장 중요한 것은 친일의 역사를 올바로 이해하고 시정하는 것이다. 초대 대통령 이승만은 미국에서 독립운동에 참여했던 자이지만 권력을 잡기 위해 친일파와 결탁해서 친일파 청산을 위해 제헌국회에서 만들어졌던 '반민족행위자특별조사위원회'(반민특위)를 해체시켰다. 독립운동가의 이력을 열렬히 내건 이승만 독재에 의해 친일파의 복권과 득세가 이루어졌다. 4 · 19 시민혁명으로 쫓겨난 이승만의 뒤를 이어 5 · 16 군사반란으로 권력을 찬탈한 박정희는 '다카키 마사오'라는 일본 이름으로 개명하고 일제의 만주군 장교가 되었던 대표적인 친일 인물이었다. 박정희의 군사-개발독재 18년은 사실상 친일독재 18년이었다. 이렇듯 해방 이후 친일은 독재로 이어졌다. 보수 또는 뉴라이트 등의 이름으로 친일-독재 세력이 계속 권력을 휘두르고 득세하는 것에는 명확한 역사적 연원이 있는 것이다.

박정희는 우리의 자연과 문화를 대대적으로 파괴했다. 박정희는 1961년의 5 · 16 군사 쿠데타로 권력을 찬탈하고 '조국 근대화'의 이름으로 강력한 경제성장 정책을 추진했다(이병천 엮음, 2003). 박정희의 조국 근대화는 1950년대 말부터 미국 정부가 이른바 '제3세계'를 대상으로 강력히 추진한 '제3세계 근대화론'의 한국판이었다. 그 핵심은 군부를 중심으로 한 독재권력이 미국을 모범으로 삼아서 강력한 근대화를 추진해서 경제성장을 이루고 사회주의에 맞설 수 있도록 한다는 것으로 요약된다. 그런데 그 구체적 내용은 우리의 역사를 열등한 것으로 여겨서 대대적으로 파괴해 없애고 우등한 서구의 생산방식과 생활방식을 대대적으로 수입하는 것이었다. '새마을 노래'의 가사처럼 '초가집도 없애고 마을길도 넓히고' 우리의 역사를 없애는 작업이 전국에서 박정희 독재에 의해 강력히 추진되었다.

이런 부박한 파괴적 상황에 맞서서 시인 김수영은 '거대한 뿌리' (1964년 2월)라는 강렬한 시를 썼다. 1950~60년대 근대주의를 대표하는 시인이 박정희 독재의 주도 아래 근대의 이름으로 쏟아져 들어오는 천박한 외래 문화와 맹렬히 강행되는 무도한 파괴에 정면으로 맞섰던 것이다.

> "...
>> 전통은 아무리 더러운 전통이라도 좋다 나는 광화문
>> 네거리에서 시구문의 진창을 연상하고 인환네
>> 처갓집 옆의 지금은 매립한 개울에서 아낙네들이
>> 양잿물 솥에 불을 지피며 빨래하던 시절을 생각하고
>> 이 우울한 시대를 패러다이스처럼 생각한다
>>
>> ...
>> 이 땅에 발을 붙이기 위해서는
>> - 제삼인도교의 물 속에 박은 철근기둥도 내가 내 땅에
>> 박는 거대한 뿌리에 비하면 좀벌레의 솜털
>> 내가 내 땅에 박는 거대한 뿌리에 비하면
>>   "
> ...

오늘날 우리가 도처에서 직면하고 있는 '역사 없는 역사'의 현실은 우연히 이루어진 것이 아니라 이렇듯 일제와 독재의 시대를 지나며 국가권력에 의해 강력히 이루어진 것이었다. 그리고 그것은 언제나 근대화의 이름으로 정당화되었다. 이 과정에서 다양한 전문가들이 적극적으로 동원되었다. 그 중에는 건축가들도 있었다. 그들은 근대화를 내세워서 역사의 파괴를 독려하고 촉진했다. 그 결과 건축은 당연히 '서양건축'을 가리키는 것이 되었고, 우리의 건축은 바로 우리 자신에 의해 주변화되어 버렸다. 일제의 장교 출신인 박정희의 독재에 의해 강력히 추진된 한국의 본격적 근대화는 식민지 상황을 해소

하는 것이 아니라 오히려 그것을 구조적으로 더욱 심화하고 확대하는 과정이었다.

이 와중에 '박정희 양식'이라는 괴이한 형태의 건물이 전국 곳곳에 들어서게 되었다. 목조 한옥의 형태를 시멘트로 흉내내는 것이 그것이다. 심지어 광화문의 목조 문루조차 1968년에 이런 식으로 '복원'되었다. 우리의 역사를 대대적으로 파괴한 죄의식이 이런 식으로 나타난 것인지도 모른다. 일제 만주군 장교의 친일 이력을 숨기고 '민족의 지도자'로 군림하고 싶었던 박정희의 욕망이 이렇듯 괴이한 형태로 나타난 것인지도 모른다. 그러나 그것은 결국 역사의 희롱이자 파괴일 뿐이었다. 그 결과 천년을 버티는 목조 건축을 짓기 위해 혼신의 노력을 다했던 전통 건축가들은 크게 줄어들고, 효율과 경제의 논리로 무장하고 세상을 부박하게 만드는 시멘트 기술자들이 번성하게 되었다. 역사는 참으로 쉽게 망가지고 농락될 수 있다는 것을 박정희는 아주 잘 보여주었다.

오늘날 한옥은 심지어 잘 나가는 건축가에 의해서도 '점쟁이들이나 사는 곳'이라는 식으로 무시되기도 한다. 2004년에 나도 발제자로 참석했던 전주에서 열린 어떤 토론회에서 토론자로 참석했던 어떤 건축가가 공개적으로 했던 말이다. 그는 일단 한옥에 대한 깊은 경멸을 나타내기 위해 이렇게 말한 것 같은데, 결과적으로 그가 점쟁이에 대해서도 깊은 경멸을 품고 있다는 사실이 드러났다. 나는 그가 한옥과 점쟁이를 경멸하게 된 연유가 계속 궁금하다. 상담자로서 점쟁이의 사회적 구실에 대해 조금만 더 관심을 기울였다면, 아마도 그는 점쟁이를 내세워 한옥에 대한 경멸을 나타내지는 않았을 것이다. 또한 그가 한옥의 문화적 가치에 대해 조금만 더 관심을 기울였다면, 아마도 한옥에 대해 깊은 경멸을 품지는 않았을 것이다.

역사에 대한 관심은 바로 우리 자신에 대한 관심이다. 우리 자신이 역사의 결과이자 요소이기 때문이다. 역사에 대한 망각과 왜곡은 바로 우리 자신에 대한 망각과 왜곡이다. 이런 점에서 보자면 역사에 대한 경멸과 모욕은 결국 우리 자신에 대한 경멸과 모욕이다. 전통과 근대의 구분은 대단히 이데올로기적인 것이거니와 그것과 엇갈리며 겹치는 고유와 서구의 구분은 더욱 더 그렇다. 이러한 구분에 대한 관심은 문화적이며 생태적인 차이에 대한 관심이기도 하다. 역사의 파괴는 역사관의 파괴로 이어졌으므로 우리는 파괴된 역사관을 바로 세우기 위해 애써야 한다. 단절과 파괴의 역사를 연속과 보존의 역사로 바꿀 수 있는 사회적 역량이 축적될 수 있도록. 건축이 문화와 자연을 살리는 역사적 활동이 될 수 있도록.

'화신'을 생각하며

서울의 종로 2가 모퉁이에 있던 '화신백화점'은 1935년 5월 5일에 기공해서 1937년 11월에 완공되어 1938년 6월 1일에 문을 열었다. 일제 하 조선 최대의 자본가로서 악명높은 친일파였던 박흥식이 건축주였고, 설계자는 조선 최초의 근대 건축가로 알려진 박길용이었다. 지하 1층, 지상 6층의 작은 건물이었지만 당시는 대단히 높고 큰 건물이어서 완공과 함께 곧 전국적 명물이 되었다. 그 당시 시골에서 서울로 놀러온 사람들이 그 옥상에 올라가서 아래를 내려다보고는 어지러워했다는 얘기도 전해진다. 그러나 개장 50년만인 1988년에 이 역사적인 건물은 완전히 철거되어 사라지고 말았다. 삼성재벌의 욕심 때문이었다. 사라진 건물도, 새로 들어선 건물도 건축가의 책임에 대해 깊이 생각하게 한다.

2002년 7월의 어느 날, 나는 참여연대의 요청으로 미 대사관 신축과 관련한 설명회와 간담회에 참석하기 위해 정동의 미 대사관저에 갔다. 당시 미 대사관은 그 자리에 거대한 고층 건물군을 짓겠다는

동척 사장의 관사였던 일본식 2층 양옥

동척 사장의 관사 부속 주택이었던 단층 일식 주택

이 건물들은 역사적으로나 미학적으로나 반드시 보존해야 할 건물이다. 어떻게 이런 건물들을 보존가치가 없다고 말할 수 있는가?

계획을 추진하고 있었다. 설명회에서 나는 설계를 맡았던 마이클 그레이브스의 설명을 듣고 너무 화가 났다. 이 세계적으로 유명한 미국의 원로 건축가는 자기가 짓고자 하는 건물이 들어설 땅(현 미 대사관저, 원 덕수궁)의 역사와 가치를 제대로 모를 뿐더러 무시하는 것으로 보였다. 나는 이어진 간담회에서 허바드 대사에게 미국이 추진하는 건축 계획을 '반달리즘'(문화파괴주의)이라고 강하게 항의했다. 간담회를 마치고 대사관저의 여기저기를 참석자들이 모두 함께 돌아보았다. 간담회에는 10명의 한국인들이 초청되었는데, 그 중의 7명이 건축가였다. 그들 중 누군가가 동양척식회사 사장의 관사로 쓰였던 일본식 양옥 앞에서 '건축적 보존가치는 없어'라고 말하는 것을 우연히 듣게 되었다. 그 순간 내 마음은 단단히 굳어 버렸다. 저 사람들이 '역사 없는 역사'의 도시를 만든 파괴세력의 일부라는 생각이 들었기 때문이다.

귀한 근대 건물을 앞에 두고 '건축적 보존가치' 운운하며 곧 파괴해 없애 버려도 좋다는 식의 대화를 아무렇지도 않게 하는 건축가들도 분명히 건축가이기는 하다. 그러나 그들은 역사를 무시하는 건축가들, 곧 자기 자신을 무시하는 건축가들이다. 건물은 그 자체로 중요한 역사의 요소이기 때문에 건물의 가치는 단순히 건축적 가치가 아니라 역사적 가치의 차원에서 파악되어야 한다. 이런 점에서 건축가는 물리적으로 역사를 빚는 사람이고, 따라서 역사를 무시하는 건축가는 자신의 가치를 올바로 깨닫지 못한 불쌍한 사람이다. 문제는 그런 건축가들이 자신은 물론이고 이 세상마저 불쌍하게 만든다는 점이다.

화신백화점이 있던 자리에는 이 나라에서 가장 특이한 형태의 건물이 들어섰다. 1990년에 지상 18층의 건물을 짓기로 하고 공사가 시작되었으나 1993년에 설계를 변경해서 무려 33층으로 개축하게 되

사라진 화신백화점
6층의 화신백화점은 저층의 고전적인 양식 건물로서 주변의 건물들과 조화를 이루고 있었으나 삼성 종로타워는 초고층에 파격적인 금속 폐허 양식으로서 주변의 건물들을 철저히 무시하고 있다.

삼성 종로타워
서울의 대표적인 역사골목인 피맛골을 알리는 작은 안내 간판과 너무나 기이한 형태의 삼성 종로타워가 씁쓸한 대조를 이룬다.

었다. 우루과이 태생으로 뉴욕에서 활동하고 있는 라파엘 비뇰리의 설계가 설계경기에서 채택되어 1999년에 완공되었다. 삼성재벌의 지주회사라고 할 수 있는 삼성생명이 소유하고 있는 이 건물은 전체적인 외관의 특이성은 물론이고 상층부의 넓은 빈 곳 때문에 일부에서 엄청난 찬사를 받기도 했다. 그러나 파괴를 모티브로 해서 공룡 뼈를 세워 놓은 듯한 이 건물은 '역사 없는 역사' 도시의 서글픈 상징이라고 해야 옳을 것이다. 아무래도 라파엘 비뇰리는 '역사 없는 역사' 도시인 서울을 우롱하며 자신을 과시하고 싶었던 것 같다.

화신백화점은 소중한 근대 건축유산이었다(김정동, 1999). 참담한 한국전쟁과 '조국 근대화'에도 파괴되지 않은 그 건물은 반드시 보존되었어야만 했다. 그러나 그 건물을 사들인 삼성재벌은 그럴 생각이 전혀 없었다. 삼성재벌은 그 자리의 경제적 가치를 최대한 구현하고자 했고, 그 결과 화신백화점이라는 근대 건축유산은 완전히 파괴되어 사라지고 말았다. 처음의 설계에서는 화신백화점의 외관을 살리기로 했었다. 아마도 여론을 의식한 설계였을 것이다. 그러나 결국 채택된 것은 화신백화점과 그 주변의 역사성을 완전히 무시한 라파엘 비놀리의 설계였다. 라파엘 비놀리는 화신백화점의 외관을 보존하는 것에 강력한 반대의 뜻을 밝혔다고 한다. 삼성재벌의 종로타워는 문화적 식민성의 상징이자, 자신의 역사를 무시하는 반역사성의 상징이다.

이런 문화적 재난에 대해 건축가의 책임을 강하게 주장하기에는 이 나라에서 건축가가 너무나 무력한 존재인지도 모른다. 건축사학자 김정동 교수는 1999년에 한 언론 인터뷰에서 "근대 건축물의 역사적 가치에 대한 인식 부족으로 건축학계에서조차 화신의 철거를 방치했던 것은 부끄러운 일"이라고 말했다. 그는 화신백화점을 지키기 위해 1984년부터 가장 열심히 애썼던 전문가이다. 그가 지키고자 했던 것은 단지 화신백화점이라는 건물이 아니라 그 건물에 구현된 역사와 문화였다. 화신의 파괴와 같은 역사와 문화의 파괴는 계속되고 있다. 2000년대 중반에는 증권거래소와 스카라극장이 파괴되었다. 건축사학회나 '도코모모'의 활동만으로 건축주의 욕심을 제어하기는 불가능하다. 그러나 그렇기 때문에 건축가들의 책임이 더욱 중요하다는 생각을 하게 된다. 새로 짓는 것만이 아니라 지키고 다듬는 것도 건축가의 본질적 임무이다. 그것은 단순히 건물을 지키는 것이 아니라 건축을 지키는 것이기 때문이다.

돌이켜 보면, 다른 곳으로 옮겨서 '식민지 박물관'으로 썼어야 할 '조선총독부 청사'를 일부 정치 세력이 정치적 야욕으로 완전히 철거한 무참한 나라이니 건축가의 책임은 더욱 더 크다. 이 건물은 1912~14년 동안 설계되고 1916년 6월 25일에 지진제를 올리고 7월 10일에 착공되어 1926년 10월 1일에 준공되었다. 독일 건축가 게오르그 데 라란데(George de Lalande)가 기초설계를 맡았으며, 라단데가 사망한 후에는 일본 건축가 노무라 이치로(野村一郎), 구니에다 히로

조선총독부 청사

철거되는 조선총독부 청사

시(國枝博) 등이 설계를 완성했고, 일본 건설회사인 오쿠라구미(大倉組)와 시미즈구미(淸水組)에서 시공했다(〈위키백과〉, '조선총독부 청사와 관사', 2011년 6월 16일). '조선총독부 청사'는 동양 최대의 석조 네오르네상스식 건물로서 일제의 조선 지배 야욕이 얼마나 크고 깊은 것인가를 웅변적으로 보여주는 생생한 증거였다. 이 건물의 건축에 무려 연인원 200만 명의 조선인 노동자들이 동원된 것으로 추산된다(손정목, 1996; 허영섭2010). 1996년 11월에 김영삼 정권이 이 중대한 역사적 증거물을 완전히 파괴해 없앤 것은 너무나 큰 정치적 과오였다. 정략적 단견에 의해 강행된 이 참담한 역사적 문화적 재해는 그 1년 뒤인 1997년 11월에 IMF의 경제 통제를 받게 되는 것과 겹치면서 더욱 더 안타까운 느낌을 갖게 한다.

【참고자료】

김정동(1999), 『근대 건축 기행』, 푸른역사
노형석(2006), 『한국 근대사의 풍경』, 생각의 나무
손정목(1996), 『일제 강점기 도시 사회상 연구』, 일지사
이병천 엮음(2003), 『개발독재와 박정희 시대』, 창비
이병천 · 이광일 편(2001), 『20세기 한국의 야만』, 일빛
허수열(2005), 『개발 없는 개발』, 은행나무
허영섭(2010), 『일제 조선총독부를 세우다』, 채륜
홍성태(2005), 『생태문화도시 서울을 찾아서』, 현실문화
______ (2009), 『민주화의 민주화』, 현실문화
Trefil, James(1994), 정영목 옮김(1999), 『도시의 과학자들』, 지호
Weil, Francois(2000), 문신원 옮김(2003), 『뉴욕의 역사』, 궁리
History Channel(2002), 〈세계무역센터, 탄생과 붕괴1, 2〉
橋谷弘(2004), 김제정 옮김(2005), 『일본 제국주의 식민지 도시를 건설하다』, 모티브북

구롱 마을에서 본 타워 팰리스

건축과 경제

강남 탐사에서

오래 전 일이지만 2000년 11월부터 2001년 3월까지 모두 11회에 걸쳐
고 정기용 선생을 해설자로 해서 10여 명의 건축학 전공 대학생들과
함께 서울과 수도권을 돌아보는 '서울 대탐사' 활동을 벌였다. 1999년
9월에 창립된 문화연대의 공간환경위원회에서 펼친 활동의 일환이었
다. 당시 정기용 선생은 조명래 교수와 함께 문화연대 공간환경위원
회의 공동위원장이었고, 나는 부위원장으로서 실무를 총괄하고 있었

건축가 정기용
정기용의 무주 공공 건축 중 하나인 무주 공설운동장에서 사람들에게 설명하고 있는 정기용 선생의 모습이
다. 그는 살아 있는 등나무로 관중석의 지붕을 만들었다. 여름에는 등나무 그늘이 드리워지고 겨울에는 등나
무 줄기 사이로 햇살이 비춘다.

다. '서울대탐사'는 아주 풍요롭고 생산적인 경험이었다. 나는 이때의 자료를 정리해서 『2001: 서울 오딧세이』라는 제목의 책을 출간하려고 했다. 그 뒤 더욱 계속 급속히 변한 서울과 주변 지역을 생각하면 이 책을 출간하지 못한 것이 못내 아쉽다. 특히 2002년부터 이명박의 '뉴타운' 개발로 서울 안의 '저개발' 지역들이 거의 대부분 개발되어 사라진 것을 생각하면 더욱 그렇다. 정기용은 건축이 행해지는 공간과 그곳의 사람들을 존중하는 건축을 추구했다. '서울 대탐사'는 그의 건축 철학이 짙게 반영된 현장 답사 연구였다.

11회에 걸쳐 서울과 수도권의 여러 곳을 돌아보고 나는 많은 것을 생생히 배울 수 있었다. 이 나라를 대표하는 도시 지역을 돌아보며 참가자 모두는 어떻게 해서 이 지경이 되었는가에 대해 깊이 고민하게 되었다. 가는 곳마다 한숨을 내쉬지 않을 수 없었다. 아니, 한숨을 내쉬는 차원을 넘어서 분노를 품지 않을 수 없었다. 이 나라를 대표하는 도시 지역에서 우리가 발견한 것은 끝없이 이어지는 시멘트 쓰레기들이었다. 자연도 역사도 모두 아무렇지 않게 파괴되고, 거친 욕망의 시멘트 덩어리들이 그 자리를 무섭게 차지하고 있었다. 그나마도 멋대로 붙여 놓은 수많은 간판들로 제 모습을 유지하지 못하고 있었다. 거기에 밤이면 핏빛으로 물드는 십자가들이라니. 어느덧 이 나라의 밤을 상징하게 된 시커먼 밤하늘에 둥둥 떠다니는 시뻘건 십자가들. 우리는 이 나라의 도시가 세상에서 가장 저열한 '반문화의 공간'이라는 생각을 하게 되었다.

2001년 초에 서울의 강남을 탐사하게 되었다. 서울의 강남은 현대 한국을 대표하는 공간으로 자리잡았다. 그러나 그 의미는 상당히 부정적이다. 이른바 '천민 자본주의'가 집약된 곳으로 여겨지는 것이다. 그도 그럴 것이 서울의 강남은 박정희 정권의 일방적인 결정에 의해 개발되었으며, 그때부터 지금까지 투기와 비리의 온상으로서

압구정동의 '로데오 거리' 입구
미국 로스앤젤리스 비벌리힐즈의 로데오 거리를 지향하며 그 이름을 그대로 갖다가 쓴 압구정동의 상가 거리이다. 안쓰럽다. 간판, 전단지, 전깃줄로 어지러운 이 거리의 모습은 더욱 그렇다.

온갖 잡음이 끊이지 않고 있기 때문이다. 압구정동의 어느 골목에서 정기용 선생이 잠깐 거리 강의를 했다. 선생은 거리의 모습과 주위의 건물들에 대해 특유의 통찰과 유머를 섞여 흥미로운 강의를 했다. 그 핵심은 "건축에는 돈이 필요한 법이지만, 돈이 많다고 해서 좋은 건축이 나오는 것은 아니다. 건축에 대한 올바른 안목과 제도가 없이 돈만 많으면 오히려 건축이 망가지고 도시가 망가진다. 우리는 이런 사실을 여기 강남에서 잘 알 수 있다"는 내용이었다. 과연 그렇지 않은가? 강남의 풍경 아닌 풍경은 돈이 건축을 만드는 충분조건이 결코 아니라는 사실을 잘 보여주지 않는가? 한 걸음 더 나아가 돈이 건축을 망치고 도시를 파괴하는 주범일 수 있다는 사실을 이 나라의 부자 동네로 소문난 강남은 잘 보여주지 않는가?

2005년 12월 31일 저녁, 나는 우연히 정기용 선생이 대장암 말기라는 사실을 알게 되었다. 그 해 10월 하순에 서울 은평구의 '한양주택' 살리기 운동의 일환으로 내가 조직하고 문화연대에서 주최한 토론회에서 오랜만에 선생을 만났다. 그때 선생은 몸이 안 좋아서 한동안 병원을 정기적으로 다니며 치료해야 한다고 말했다. 나는 오랫동안 몸을 안 돌보시고 너무 일을 많이 하셔서 쇠약해지신 거라고 생각했다. 그런데 단순히 쇠약해지신 것이 아니라, 선생의 말을 빌리자면, 그 틈을 타서 암세포가 왕성한 활동을 시작했던 것이다. 2006년 1월 초에 정기용 선생을 만나 오랜만에 한참 얘기를 나누고 선생의 글들과 작품들을 출판하는 일을 내가 맡아 진행하기로 했다. 이 작업은 5년 반이 지나 2011년 7월에 마무리되었다. 마지막 책이자 가장 중요한 책인 작품집이 출판되기 4개월 전에 정기용 선생은 세상을 떠났다. 그의 작품과 철학이 앞으로 더욱 더 널리 알려지기를 바란다.

자본의 지배

우리는 자본주의 사회에서 살고 있다. 자본주의란 쉽게 말해서 자본이 지배하는 사회를 뜻한다. 자본이란 '돈'을 가리킨다. 물론 마르크스의 주장에 따르자면, 자본은 그냥 돈이 아니다. 그것은 노동자를 고용해서 더 많은 돈을 벌 수 있는 돈을 가리킨다. 돈이라고 해서 다 자본인 것은 아니라는 주장이다. 이런 식으로 마르크스는 노동자를 역사의 전면에 내세웠다. 그러나 자본의 증식이 꼭 노동을 통해서만 이루어지는 것은 아니다. 고대나 현대나 자본은 증식을 목표로 한다. 이런 점에서 자본주의는 더 많은 돈을 벌고자 하는 돈인 자본이 지배하는 질서를 뜻한다. 자본주의는 모든 자본으로 하여금 더 많은 돈을 벌기 위해 최선을 다하도록 만든다. 그렇게 하지 못하는 자본은 자본으로서 실패하고 다른 자본에게 흡수되고 만다. 자본주의가 문제가 되는 것은 모든 자본에게 온갖 문제를 야기하는 최대이윤의 원리를 강제하기 때문이다.

물론 그렇다고 해서 모든 자본이 똑같은 강도로 움직이는 것은 아니다. 자본이라고 해서 다 같은 자본이 아니다. 세상에는 악랄한 자본과 유연한 자본이 있다. 문제는 악랄한 자본의 힘이 당연히 유연한 자본보다 강해서 자본주의 전체의 성질이 악랄한 자본에 의해 대체로 규정된다는 데에 있다. 이 때문에 자본주의는 그대로 내버려두면 결국 '반인간의 사회'를 만들고 만다. 자본주의에서 인간은 이 세상의 다른 모든 것들과 마찬가지로 자본의 증식을 위한 수단으로 전락하기 십상이기 때문이다. 스크루지의 우화가 잘 보여주듯이, 자본주의 사회에서는 인간이 자본의 주인이 아니라 자본이 인간의 주인이다. 자본을 적절히 규제하지 않는다면, 자본주의는 생지옥이 될 수 있다. 이런 점에서 '인간적 자본주의'는 본질적으로 형용모순이라고 할 수 있다. 따라서 '인간적 자본주의'를 만들기 위해서는 정말로 커다란 노력이 필요하다.

'인간적 자본주의'가 형용모순이라고 해서 그것이 불가능한 것은 아니다. 이것이 무엇보다 중요하다. 미국의 시사주간지 『뉴스위크』는 2006년 1월 초에 한국의 양극화가 극히 중대한 사회문제가 되었다고 지적하면서 유럽식 복지사회를 크게 받아들인 '따뜻한 시장경제'로 나아갈 것을 제안했다. 이른바 '선진국'은 대부분 '따뜻한 시장경제', 즉 '인간적 자본주의'를 추구하고 있다. 그것은 네가지 축으로 이루어진다. 복지제도, 공평조세, 토지공개념, 학벌 타파가 그것이다. 한국은 세계 10위에 육박하는 엄청난 경제력을 가지고 있지만, 이러한 네가지 요소가 모두 형편없는 상태에 있다. 한국에 정나미가 떨어진다는 사람들이 많은 것은 이 때문이다. 한국의 건축문화, 도시문화가 척박한 것도 이 때문이다. '인간적 자본주의'를 통하지 않고 '선진화'를 이룰 수 있는 길은 없다. '인간적 자본주의'는 가능하다.

논의를 좀더 이어가 보자. 자본주의는 자유주의에서 비롯된 경제체제이다. 자본주의의 문제는 사실 자유주의의 본질적 한계에서 비롯되는 것이다. 인간의 본성은 자유를 추구한다. 이런 점에서 자유주의는 옳다. 그러나 그대로 두면 자유주의는 강자의 자유에 의해 규정되고 만다. 따라서 자유주의는 적절히 규제되어야 한다. 방치된 자유주의는 언제나 약육강식, 승자독식의 야만 상태로 전락할 수 있다. 사회는 언제나 통제를 요청한다. 자유는 인간의 본성이고, 통제는 사회의 숙명이다. 그러나 통제주의 사회체제인 사회주의가 대안은 아니다. 실제적인 대안은 자유주의를 기반으로 통제주의를 적극 활용하는 복지국가와 그것이 경제적으로 구현된 '인간적 자본주의'이다. 통제주의는 인간의 본성과 맞지 않으며 극심한 불평등, 비효율, 파괴 등의 사회적 문제들을 낳는다.

건축에는 돈이 필요하다. 건축이란 무엇을 짓고 만드는 행위이니 당연히 돈이 들 수밖에 없다. 물론 모든 물품을 자급자족해서 자신의 몸만으로 건축을 하는 경우도 있을 수 있다. 그러나 우리 주위에서 그런 경우를 보는 것은 사실상 불가능하다. 우리 주위에서 이루어지는 건축은 모두 돈의 산물이라고 할 수 있다. 그런데 자본주의에서 자본의 논리와 건축의 논리는 사실 서로 잘 들어맞지 않는다. 자본의 논리는 더 많은 돈을 버는 것이고, 이를 위해 자본은 사람이고 자연이고 모두 이용할 수 있는 최대한으로 이용하고자 한다. 반면에 건축은 본래 사람을 지키기 위한 행위이고, 나아가 자연을 지키기 위한 행위이기도 하다. 자본주의 사회에서는 건축의 논리에 충실한 건축가일수록 불행해지기 십상이다. 공간의 공공성에서 비롯된 건축의 공공성이 자본주의의 최대이윤 원리를 규제할 수 있어야 한다.

오늘날 자본의 지배는 곳곳에서 너무나 쉽게 확인할 수 있다. 어디서고 불쑥불쑥 솟아오르는 초고층 건물은 그 생생한 상징물이다. 2000년대 중반부터 100층 이상 건물도 여러 곳에서 적극 추진되고 있다. 롯데재벌은 2009년부터 잠실에서 123층의 제2롯데월드를 짓기 시작했다. 이런 초고층 건물은 엄청난 생태적, 경제적, 문화적 문제들을 낳는다. 제2롯데월드는 거대한 특혜이기 때문에 롯데재벌과 이명박 정권의 유착설이 강력히 제기되기도 했다. 특히 문제가 되었던 것은 제2롯데월드와 성남 비행장의 관계였다. 성남 비행장에서 비행기가 이륙하면 제2롯데월드와 충돌할 우려마저 제기되었다. 생태적, 경제적, 문화적 문제들을 제쳐 놓더라도 군사 안보의 차원에서 제2롯데월드는 불가한 것으로 지적되었으나 이명박 정권은 제2롯데월드의 승인을 강행했다. 제2롯데월드는 '저주의 바벨탑'으로 불리고, 이에 대한 승인은 BBK 주가조작 의혹, 4대강 비리 의혹, 종편 무더기 승인 의혹 등과 함께 '이명박 정권의 4대 비리 의혹'으로 꼽히고 있다.

삼성재벌도 건축에 대한 자본의 지배, 초고층 건물 등과 관련해서 큰 논란을 일으켰다. 서울의 근대화를 상징하던 화신백화점의 역사는 삼성재벌의 거대한 힘 앞에 맥없이 무너져 사라졌다. 옛날의 큰 자본이 세운 근대 문화유산은 오늘의 큰 자본에 의해 흔적조차 남기지 못했다. '타워 팰리스' 지역을 보자. 2~3층의 낮은 건물들이 들어서 있던 곳에 30~40층 초고층 아파트들이 들어서더니 급기야 70층 '타워 팰리스' 단지가 들어섰다. '타워 팰리스'는 삼성재벌의 막대한 힘을 과시하는 거대한 건축적 상징물이다. 남쪽의 구룡산 자락에 자리잡고 있는 구룡마을은 가난한 이들의 불법불량주거단지이다. 그곳에서는 멀리 북한산의 경관을 가로막은 '타워 팰리스'가 잘 보인다. '타워 팰리스'와 구룡마을은 자본의 지배가 심각한 양극화에 이르렀다는 사실을 잘 보여준다. 한쪽에는 삼성재벌로 대표되는 재벌이 있고, 다른 한쪽에는 비정규직 일용직 노동자가 있다.

자본의 지배는 높고 큰 건물을 짓는 것으로 끝나지 않는다. 요즈음 자본이 짓는 높고 큰 건물은 그 자체로 하나의 거대한 기계와 같다.

구룡산 입구의 무허가 판자촌인 구룡 마을. 양재대로 건너편의 저층 주공 아파트, 그 북쪽의 고층 경남 아파트, 양재천 건너편의 초고층 아파트들과 초초고층 타워 팰리스가 연속적으로 펼쳐지며 기괴한 모습을 연출한다. 이 모습을 찢어놓고 있는 전깃줄에도 주의하라. 난개발과 양극화로 얼룩진 한국의 축도를 보는 것 같지 않은가?

사실 현대 건물은 모두 기계라고 해야 옳을 것이다. 상수도, 하수도, 배설물, 전기, 냉난방 등 생활을 위한 건물의 기본시설이 모두 거대한 기계의 말단이기 때문이다. 작은 독립 주택이라고 해도 대체로 여러 기계를 통해 작동되고 있다. 초고층 초거대 건물에서는 그야말로 모든 것이 기계에 의해 통제되고 운영된다. 거기에는 안팎을 24시간 감시하는 감시기계도 포함된다. '타워 팰리스'의 길에서 사진을 찍으면 젊은 경비원이 어디선가 나타나 사진을 찍지 말라고 거칠게 제지한다. 자칫하면 봉변을 당할 수도 있다. '타워 팰리스'는 거주자들의 신뢰가 대단히 높다고 한다. 그러나 기계에 의한 관리의 불편, 물가 상승에 따른 관리비 상승, 그리고 부동산 거품 약화에 따른 집값 폭락으로 '타워 팰리스' 거주자들의 만족은 낮아지고 고통은 커지고 있다. 자본의 지배는 파괴적이고 무섭다. 자본의 지배가 강화될수록 건축가의 불행은 커지기 십상이다. 최대이윤 원리를 추구하는 자본가에게는 공간의 공공성을 구현하는 건축가도 궁극적으로 자본의 도구에 불과하기 십상이기 때문이다.

건축의 타락

자본은 건축의 자원이자 타락의 원천이다. 오래 전에 자본은 아름다운 건축문화를 추동하는 동력이기도 했지만 이제 자본은 갈수록 건축문화의 타락을 부추기는 원천이 되고 있는 것 같다(Rogers, 1997). 하나의 도시를 수용할 정도의 거대한 건물은 수많은 건물과 골목길을 없애고 들어선 자본의 승전탑이다. 거대한 건물은 거대한 파괴를 전제로 한다. 단지 자연만이 아니라 역사와 문화와 사회가 파괴된다. 화려한 외양의 거대한 건물은 참으로 엄청난 파괴를 통해 지어지는 것이다. 그러므로 거대한 건물은 다양한 건축역사와 건축문화의 화려한

서울 한남동의 삼성 리움미술관
이 미술관은 안과 밖이 모두 어수선하고 어설프게 보인다. 설계를 맡은 외국 건축가들이 이건희–홍라희 부부를 농락한 것 같기도 하다. 앞마당에서는 저 뒤에 자리잡은 거대한 하이야트 호텔이 본관처럼 보인다. 앞마당에는 루이스 부르쥬아의 거대한 거미 조각이 설치되어 있다. 이 조각은 일본 도쿄 롯본기에 있는 일본 도쿄 최고층 건물 '모리 빌딩' 2층 마당에 있는 것과 같은 것이다.

폐허이다. 생태위기의 악화와 함께 갈수록 큰 문제를 일으키게 될 화려한 폐허의 문제를 직시해야 한다. 우리는 곳곳에서 초고층 초거대 건물의 화려한 폐허를 만들고 있는 자본이라는 야누스의 탐욕에 찬 활동에 대해 주의를 늦춰서는 안 된다.

만일 삼성재벌이 한국의 건축가를 올바로 인정했다면, 한국의 건축가들이 삼성 종로타워(1999년 준공)나 삼성 리움미술관(2004년 준공)에서도 역량을 발휘할 수 있었으리라는 견해가 있다. 분명 그랬을 것이다. 그 설계자들이 꼭 외국인이었어야 할 이유는 없었다. 그러나 삼성재벌은 처음부터 한국의 건축가는 배제하기로 결정했던 모양이다. 이런 점에서 삼성재벌이 적어도 자신을 '민족자본'으로 치장하지는 않았으면 좋겠다. 그런데 삼성타워나 삼성미술관에 한국의 건축가들이 참여하지 않은 것은, 아니 참여할 수 없었던 것은 다행스러운 일이었는지도 모른다. 건축의 논리를 구현하기가 대단히 어려운, 자본의 지배를 웅변하는 대표적 건물들이기 때문이다. 삼성재벌이 한국의 건축가들에게 일을 맡기는 것보다 더 중요한 것은 올바른 건축을 하는 것이다. 삼성재벌을 비롯한 재벌들이 올바른 건축을 하도록 한국의 건축가들이 더 적극적으로 발언하고 실천해야 한다.

사실 한국은 재벌뿐만 아니라 더 많은 경제 주체들에 의해 건축의 타락이 광범위하게 추구되고 있는 나라이다. 좀더 엄정하게 말하자면 한국은 대다수 경제 주체들에 의해 건축의 타락이 만연된 나라이다. 그 결과 멋진 건물들보다는 엉터리 건물들이 훨씬 많은 나라이며, 멋진 건물들이 있어도 그것들이 어우러져 만드는 멋진 경관을 보기 어려운 나라이다. 그 구조적 원인은 다음과 같이 크게 두가지로 나누어 살펴볼 수 있다(홍성태, 2011).

첫째, 토건국가의 문제이다. 토건국가란 토건업과 정치권이 야합하여 엄청난 세금을 탕진해서 자연과 문화를 파괴하고 막대한 부를 쌓는 것이 구조화된 기형적인 개발국가를 뜻한다. 이런 국가에서 건축은 경제의 수단, 그것도 파괴와 부패의 경제의 수단으로 타락하지 않을 수 없다. 토건국가에서는 귀한 건물들이 아무렇지도 않게 파괴되고 만다. 토건업과 정치권이 야합해서 이런 파괴를 옹호하고, 개발비와 보상비에 현혹된 국민들은 이런 토건업과 정치권을 지지한다. 경제적 이익과 정치적 지지가 교환되는 정경민 유착이 토건국가를 작동하는 기본 동력이다. 따라서 토건국가에서 건축은 사람과 자연을 지키고 문화를 일구는 일이 아니라 파괴와 자책과 분노의 일이 되고 만다. 한국 사회의 이런 특징은 무엇보다 박정희식 무조건 경제성장의 역사적 산물이다. 이제 '역사 바로세우기'는 이념의 영역이 아니라 생활의 공간에서 이루어져야 한다.

둘째, 투기사회의 문제이다. 한국은 세계 최악의 부동산 투기사회이다. 한국의 땅을 팔면, 캐나다를 전부 사고도 남고, 미국의 절반을 살 수 있다고도 한다. 정말이지 비정상적 상황이 아닐 수 없다. 이러한 부동산 투기의 핵심에 아파트가 자리잡고 있다. 서울 등의 대도시에서는 이미 70% 이상의 주택이 아파트이다. 산에도, 들에도, 바닷가에도 고층 아파트들이 어지럽게 들어서 있다. 1970년대 초부터 아파트가 재테크의 가장 유력한 수단으로 자리잡게 되었다. 박정희 독재는 박정희식 경제성장의 핵심으로 아파트 투기를 강력히 조장했다. 아파트를 중심으로 하는 부동산 투기는 가히 국민적 현상이 되었다. 건설업체로서도 가장 쉽게 큰 돈을 벌 수 있는 방법이 바로 아파트를 짓는 것이 되었다. 아파트를 중심으로 하는 부동산 투기 때문에 건축의 타락이 극심한 지경에 이르렀다. 건강한 건축은 물론 건강한 사회를 위해서 이 문제는 시급히 해결되어야 한다.

오늘날 한국은 혹심한 난개발 국가이다. 난개발은 주위의 자연이나 건물들과 조화를 이루지 못하고 제멋대로 건물들이 들어서는 것을 뜻한다. 오늘날의 도시와 건축은 치밀한 계획을 전제로 한다. 난개발은 그런 계획이 없거나, 있더라도 실행되지 않은 것을 뜻한다. 따라서 그것은 생생한 후진성의 증거이다. 경제규모 면에서 세계 10위를 자랑하는 나라가 사실은 세계 최악의 공간문화를 갖고 있는 것이다. 이런 난개발은 토건국가와 투기사회의 구체적 현상이라고 할 수 있다. 이런 점에서 난개발은 '상호가해적 개발'의 다른 이름이다. 서로가 서로의 적이 되어 조금이라도 더 많은 불로소득을 전취하기 위해 최선을 다한 결과로 난개발이라는 끔찍한 사회적 결과가 빚어진 것이다. 건축은 처음부터 끝까지 사회적 활동이다. 난개발은 이러한 건축의 본성을 왜곡하고 억압한 결과이다.

오늘날 한국은 단순히 '아파트 공화국'이 아니라 '난개발 아파트 공화국'이다. 더 많은 불로소득을 향한 욕망에서 비롯된 난개발의 문제는 과도한 주거비, 과도한 가계부채, 건설업의 병적 과잉 등과 결합되어 있다. 단순히 건축의 타락을 넘어선 국가의 파괴라는 훨씬 심각한 문제가 진행되고 있는 것이다. 건축에 국한해서 보자면, '난개발 아파트 공화국'이 되면서 컴퓨터와 건설업자와 내장업자가 건축가의 자리를 차지해 버렸다. '난개발 아파트 공화국'의 문제가 심화되면서 대대적이고 지속적인 건축가의 퇴출이 이루어지고 있는 것이다. 그러므로 오늘날 건축가는 건축의 타락으로 나타나는 이중의 과제에 대해 더 큰 책임을 느끼고 나서지 않으면 안 된다. 하나는 건축가의 퇴출에 저항하는 것이고, 다른 하나는 국가의 파괴에 맞서는 것이다.

건축문화 선진화

2005년에 노무현 대통령이 유럽을 돌아보고 그곳의 풍경에 많이 놀랐던 모양이다. 왜 그렇지 않겠는가? 우리의 상식이라면, 도시는 더럽고 시끄러운 곳이어야 하는데, 유럽의 도시는 얼마나 우아하고 아름답고 조용한가? 도시에 관심이 있는 한국 사람이라면 누구라도 유럽의 도시에서 어떤 절망감을 느끼기 쉽다. 한국의 도시들은 왜 그렇게 하나같이 엉망진창일까 하는 생각이 절로 들게 되기 때문이다. 아무튼 노무현 대통령의 지시로 '건축문화선진화위원회' 같은 기구가 만들어졌다. 정확한 명칭은 잘 기억나지 않지만, 그 목적은 아름다운 건축과 도시를 만드는 것이다. 그런데 이 위원회는 구성 과정에서 큰 변화를 겪었다. '건축'을 강조하는 것에 대한 '토목' 쪽의 강력한 반발이 이어져서 결국 '건설기술건축문화선진화위원회'로 설립되었던 것이다. 건물과 도시가 문화의 집적체가 되기 위해서는 '토목'이 아니라 '건축'이 주도해야 한다. 그러나 한국은 여전히 하부기반을 조성하는 '토목'이 주도하고 있다. 이 자체가 토건국가의 중요한 징표이다.

당시에 나도 이 위원회에 참여해 달라는 요청을 받았다. 내가 요청받은 것은 특별위원회였지만, 며칠 생각하고는 참여하지 않기로 결정했다. 사회과학자는 나뿐이어서 참여해야 하지 않을까 하는 생각을 하기도 했지만, 아무래도 여러 사정상 열심히 참여하기가 어려울 것으로 보였다. 대신에 내가 활동하고 있는 시민단체들에서 이 위원회의 활동을 살펴보는 동시에 의견을 모아 적극적으로 제안하기로 했다. 그러나 '건설기술건축문화선진화위원회'는 제대로 운영되지 못했다. 구성 과정에서 크게 변질되었을 뿐만 아니라 이명박 정권이 들어서면서 폐지되어 버렸다. 이명박 정권은 강 죽이기와 '뉴타운' 사업으로 토건국가와 투기사회의 문제를 극단화시켰다. 그러나 바로 이 때문에 '건축문화의 선진화'는 극히 절박한 과제가 되었다. 무엇을 해야 하나?

첫째, 가장 먼저 염두에 두어야 할 것은 전체적으로 보아서 한국 사회는 이미 돈이 없어서가 아니라 돈이 많아서 고통받는 사회가 되었다는 사실이다. 더 많은 돈을 노린 자본의 무한경쟁과 돈은 많으나 문화적으로 척박한 졸부들이 이 나라의 자연과 사회는 물론이고 건축과 도시를 더욱 척박하게 만들고 있다. '건축문화의 선진화'를 위해 자본을 어떻게 규제하고 개혁하고 계몽할 것인가가 가장 기본적인 과제라는 사실을 무엇보다 먼저 유념해야 한다. 이 과제가 제대로 이루어지지 않는다면 '건축문화의 선진화'는 결코 이루어지지 않을 꿈이다. 개발비와 보상비에 현혹된 많은 사람들이 난개발을 추동하는 폭넓은 기반을 제공하는 강고한 정경민 유착의 문제도 자본의 탐욕에 맞서 공간의 공공성을 보편적인 과제를 통해 해결될 수 있게 될 것이다.

둘째, 이를 위해서 직접적인 개발규제뿐만 아니라 개발이익이라는 불로소득의 환수가 실질화되어야 한다. 2012년 5월 4일에 발표된 개발이익 환수 실태에 관한 한 보고서의 내용은 그야말로 충격적이다.

서울시정개발연구원이 내놓은 '도시개발에 따른 개발이익 환수실태 및 제도개선 방향연구'에 따르면 서울 시내 뉴타운과 재개발·재건축 등 도시개발에 따라 전체 공시지가는 2001년 381억원에서 2010년 1,096조원으로 716조원이나 급증했다. 1m²당 공시지가로 따지면 10년 동안 80만원에서 190만원으로 자산가지가 2.38배 늘어난 셈이다. 그러나 같은 기간 이들 개발사업에서 징수된 개발부담금은 1658억원(0.02%)으로 환수 효과가 거의 없었던 것으로 확인됐다. 개발부담금은 개인의 노력과 무관하게 발생하는 개발이익을 사회로 환원하기 위해 도입된 토지공개념 제도다. 하지만 실제 개발부담금이 유명무실한 이유는 우선 부과대상 사업이 한정돼 있기 때문이다. 지가 상승에 절대적인 영향을 미치는 주택 재개발과 재건축 뉴타운사업은 모두 대상에서 제외된다. '개발이익환수에 관한 법률'에 따라 개발부담금은 신규 개발사업에 초점이 맞춰지다 보니 서울에서는 적용할 사업이 많지 않다. 보금자리주택이나 임대주택 사업도 제외다. 부과대상조차도 실제 이런 저런 예외 규정으로 인해 개발부담금이 부과되는 경우는 드물다. … 특히 용도지역 변경으로 인해 발생하는 개발 이득이 부과대상에서 제외되는 것도 문제다(《머니투데이》, 2012년 5월 4일).

어떻게 해서든지 길을 내고 건물만 지으면 쉽게 큰 돈을 벌 수 있는 무도한 상태에서 벗어나지 않는 한, 더 많은 개발이익을 노린 경쟁은 계속 강화될 수밖에 없다. 개발이익을 노린 개발이 아니라 필요에 따른 개발, 문화를 위한 개발, 자연을 지키는 개발이 될 수 있도록 해야 한다. 훌륭한 건축가가 자연과 역사를 더욱 빛내는 멋진 건물을 짓고, 그것을 보조하기 위해 여러 사회적 서비스들이 발달할 수 있도록 해야 한다. 이렇게 해서 한 평에 3~4천만원이 넘는 콘크리트 아파트를 짓는 황당한 '돈 경쟁'을 하루빨리 끝내야 한다.

세째, 건축과 도시의 선진화는 물리적인 면으로 보더라도 단지 건물에만 초점을 맞춰서는 결코 이루어질 수 없다. 전국에 설치된 1,230만개가 넘는 전봇대와 지구를 40바퀴 돌고도 남을 정도의 전깃줄은 건축과 도시의 선진화를 가로막는 엄청난 공해이다. 유럽의 도시와 한국의 도시에서 볼 수 있는 가장 큰 차이는 사실 이것이다. 또한 도시의 보도 곳곳에 설치되어 있는 거대한 고전압 개폐기는 폭탄과 같은 위험을 안고 있기도 하다. 2000년대 중반에 서울의 경운동에서 보도에 설치된 고전압 개폐기가 폭발해서 길을 가던 노인이 그 파편을 맞고 즉사한 사건도 있었다. 이런 각종 시설과 간판로 말미암은 '공해'들을 제거해야

보도 위의 고전압 개폐기함 – 서울 염창동

보도 위의 고전압 개폐기함 – 서울 종로
사람이 안전하게 다녀야 할 보도 위에 위험한 고전압 개폐기들이 설치되어 있다. 이 때문에 좁은 보도가 더 좁아져서 심지어 어린 학생들이 차도로 피해서 다녀야 한다. 이 고전압 개폐기들은 간혹 폭발해서 사람이 죽기도 했다.

비로소 '선진화'가 이루어질 수 있을 것이다. 건축에만 초점을 맞추고 '건축문화의 선진화'를 추진하는 것은 공간과 건축의 사회성을 올바로 인식하지 못한 것이다.

21세기에 들어서서 한국은 건축과 도시의 선진화에 대통령이 깊은 관심을 보일 정도의 나라가 되었다. 사실 이것은 이른바 '문화의 시대'에 걸맞은 경제적 경쟁력을 위해서도 필연적인 요청이다. 돈이 더 많은 돈을 찾아 떠도는 '돈 경쟁'으로 말미암은 거대한 파괴를 한시바삐 중단시켜야 한다. 우리에게는 '진정한 선진화'를 이룰 충분한 돈이 있다. 건축은 사회의 물리적 기반을 만드는 활동이니 '건축문화의 선진화'는 경제의 선진화와 사회의 선진화를 위한 과제이기도 하다. 이제 건축가들이 시민들의 앞에 서서 시민들과 함께 파괴의 기득권을 제압하고 설득해야 한다. 원조 개발-투기 세력의 집권과 함께 '건축문화'의 선진화는 더욱 더 요원한 과제가 되고 말았다. 그러나 문제를 올바로 인식하고 잘 준비하지 않는다면, 아무리 훌륭한 정권이 들어서도 문제는 해결되지 않을 것이다.

【참고자료】

강준만(2006), 『강남, 낯선 대한민국의 자화상』, 인물과 사상
문화방송(2004), '이제는 말할 수 있다: 투기의 뿌리, 강남공화국'
손정목(2003), 『서울 도시계획 이야기』, 한울
시정개발연구원(2001), 『서울 20세기 공간변천사』, 시정개발연구원
홍성태(2004), 『서울에서 서울을 찾는다』, 궁리
＿＿＿＿＿(2011), 『토건국가를 개혁하라』, 한울
Rogers, Richard(1997), 이병연 옮김(2005), 『도시 르네상스』, 이후
Trefil, James(1994), 정영목 옮김(1999), 『도시의 과학자들』, 지호

프랑스 파리의 개선문

건축과 정치

독재와 민주주의

1987년의 6월 항쟁을 통해 1948년 8월에 정부가 수립되고 거의 40년만에 비로소 본격적인 민주화가 추진되기 시작했다. 40년의 긴 시간 동안 이 나라는 독재에 시달려야 했다. 그런데 1987년 12월의 대통령 직선제를 통해 민정당의 노태우가 대통령에 당선되었다. 그는 전두환과 함께 1979년의 12·12 군사반란과 1980년의 5·17 군사반란을 일으키고 시민들을 학살해서 권력을 잡은 내란과 반란의 수괴였다. 이런 점에서 노태우 정권까지는 독재의 연장이었다. 이렇게 보면 정부 수립 이후 독재는 무려 44년에 걸쳐 진행되었다. 우리의 민주화는 친일에 연원을 둔 방대한 독재 세력의 포위 속에서 이루어졌다. 우리의 민주화는 '포위된 민주화'였고, 그 결과 '취약한 민주화'가 되었다(홍성태, 2009). 이런 상황에서 2000년대 초부터 민주화를 어떻게 지속시키고 발전시킬 것인가에 관한 논의가 부쩍 늘어났다. 수많은 사람들의 피와 땀으로 어렵게 태어난 우리의 민주주의라는 아기는 잘 자랐는가?

당시 전공이 다른 세 명의 학자가 서로 상당히 다른 주장을 제시해서 관심을 끌었다. 간단히 요약하자면 다음과 같다. 먼저 정치학자인 최장집 교수가 '민주화 이후의 민주주의'론으로 민주화의 한계와 문제를 강하게 지적했다. 최장집은 경제적 민주화를 요청하며, 운동이 아니라 정당의 역할을 크게 강조했다. 서양사학자인 임지현 교수는 독재와 민주주의의 작동방식이 사실상 같다는 '대중독재'론을 주장해서 상당한 논란을 빚었는데, 그 요체는 독재도 대중의 지지와 참여를 통해 '민주적으로' 이루어진다는 것이었다. 사회학자인 조희연 교수는 민주화에 따라 독재와 민주의 대립이 거의 해소되고 계급문제가 강화되었다는 '정상적 계급사회'론을 주장하며 계급문제에 더 많은 관심을 기울여야 한다고 주장했다(최장집, 2005; 임지현, 2004; 조희연, 2004).

세 학자들 중에서 임지현 교수의 주장이 가장 '급진'적으로 보였다. 그러나 동의와 억압의 긴밀한 연관과 독재에 대한 대중의 치열한 저항의 역사를 보면, 임지현 교수의 주장은 결국 '독재 미화'론의 성격을 갖는다. 사실 그의 주장은 반란과 독재를 부정하는 박정희주의의 주장을 강력히 지지하는 것이다. '민족주의는 반역'이라는 또 다른 그의 주장도 역시 친일−독재 세력을 지지하는 것이다. 물론 민족주의와 민주주의의 이름으로 저질러지는 잘못도 많다. 그러나 민족주의와 민주주의의 잘못을 지적하기 위해 식민과 독재의 역사를 정당화할 수는 없다. 사실 식민과 독재의 문제는 공익을 내걸고 온갖 술수와 폭력을 동원해서 사익을 추구한 한국 '보수' 세력의 문제였다. 2008년 촛불집회 때 '보수' 세력은 '대중독재'라며 격렬히 비난했다. 이렇듯 '대중독재'론은 비정상적 한국 '보수' 세력의 무기이다.

전두환 독재가 무너진 1980년대 말에 앞으로 우리가 어떤 민주주의를 추구해야 할 것인가를 둘러싸고 격렬한 논쟁이 벌어졌다. 한국 사회의 '발전단계'에 대한 분석을 통해 부르조아민주주의론(BD), 민족민주주의론(ND), 시민민주주의론(CD), 민중민주주의론(PD) 등 여러 주장들이 제기되었다. 돌이켜 보면 한국의 민주화는 결국 자유민주주의와 대의민주주의라는 현대 민주주의의 가장 큰 줄기를 실현하는 과정으로 이루어졌다. 그러나 '국가보안법'에서 잘 드러나듯이 한국의 자유민주주의는 여전히 큰 문제를 안고 있으며, 또 정책정당의 미숙이라는 점에서 한국의 대의민주주의는 아직도 튼튼한 뿌리를 내리지 못했다. 무엇보다 민주주의의 주체인 시민의 역량이 더욱 강화되어야 한다. 시민이 독재는 거부하지만 이익에는 약하다면, 난개발을 추동하는 정경민 유착의 문제가 결코 해결될 수 없다.

민주주의는 지속적인 변화와 갱신을 추구할 수 있는 '만민평등 주권재민'이라는 강력한 정치적 동력을 갖고 있다. 민주주의는 완결되는 것이 아니라 시대의 변화에 부응해서 영속적으로 진행되는 것이다. 이러한 영속적 민주화의 관점에서 보았을 때, 민주화는 언제나 민주화의 성과 위에서 새로운 민주화가 추진되는 '민주화의 민주화'이다(홍성태, 2009). 역사적으로 보아서 권력의 목적과 내용 차원에서 민주주의는 정치적 차원의 자유민주주의에서 경제적 차원의 사회민주주의로 나아갔고, 다시 생태적 차원의 생태민주주의로 나아가고 있다. 이와 함께 권력의 형성과 행사 차원에서 참여민주주의가 계속 발전해서 대의민주주의를 이미 크게 보완하고 있다. 민주화의 발전을 위해 우리에게는 '민주화의 민주화'라는 관점이 필요하다. 그 목표는 물론 한국 사회를 아름답고, 안전하고, 편리하고, 즐거운 곳으로 만드는 것이다.

독재 시대의 건축

정치는 건축에 커다란 영향을 미친다. 건축의 명확한 구체적 상징성 때문이다. 모든 건축물은 물리적 형태를 통해 사회적 특성을 보여준다. 따라서 권력자들은 건축을 통해 자신의 의지나 능력을 과시하고자 했다. 히틀러나 스탈린 같은 독재자들뿐만 아니라 프랑스 대혁명의 권력자들도 그랬다.[*] 이런 점에서 보자면, 중요한 건축물은 거의

---

[*] 프랑스 대혁명에서 히틀러로 이어진 서구의 정치적 건축과 도시의 역사에 대해서는 多木浩二(1984)를, 스탈린으로 시작해서 소련의 몰락까지 이어진 소련의 다양한 건축에 대해서는 Chaubin(2011)을 참조.

프랑스 파리의 개선문
프랑스 대혁명을 진압하고 1804년에 스스로 황제가 된 나폴레옹이 1806년에 짓기 시작해서 그가 죽은 뒤인 1836년에 완성된 세계 최대의 개선문이다.

정치적 건축물이라고 볼 수 있을 것이다. 그러나 민주주의가 발전할수록 정치의 영향력은 줄어드는 경향을 보인다. 대신에 자본의 영향력은 더욱 더 커진다. 물론 여기서 우리는 경제성장과 민주주의의 상관성에 대해서도 주의를 기울여야 한다. 사실 경제성장과 민주주의가 함께 이루어진 결과로 자본이 정치보다 더 큰 영향력을 가지게 되는 것이다. 자유민주주의는 상당 정도 '자본 민주주의'가 아닌가? 물론 꼭 그런 것은 아니다. 자유민주주의는 자본의 전횡을 제어할 동력을 갖고 있기도 하다. 문제는 자본을 비롯한 강자가 자유민주주의를 왜곡하는 것이다.

아마도 한국의 현대 건축사는 박정희 때부터 시작된다고 할 수 있을 것이다. 박정희 시대는 '본격적 근대화' 시대이다(조희연, 2010; 김원, 2011). 이런 점에서 이 시대를 단순히 폭력과 억압의 시대로 기억하는 것은 잘못이다. 엄청난 경제적, 문화적 변화가 이루어져서 현대 한국 사회가 형성되었기 때문이다. 18년에 걸친 독재를 통해 박정희는 '박정희식 사회체계' 또는 '박정희 시스템'을 만들었다. 국가권력의 전횡과 토건국가의 문제를 당연시하는 태도는 그 중요한 특징이다. 박정희 독재의 폭력과 억압을 올바로 기억하고 청산하는 것은 반드시 그 사회적 결과를 올바로 이해하고 개혁하는 것을 통해서만 완수될 수 있다(홍성태, 2006과 2009). 박정희 시대에는 사회적으로 뿐만 아니라 공간적으로 근대화의 대대적인 확산이 이루어졌다. 그러나 이것은 박정희 독재의 업적이 아니다. 박정희는 4·19혁명으로 나타난 민족과 민중의 의지를 억누르고 강력한 군사-개발독재를 펼쳤다.

박정희의 개발독재를 대표하는 건물과 시설로 '삼일빌딩'(김중업 설계, 1970년 준공, 31층)과 '삼일아파트'(1969년, 7층), 그리고 '삼일고가도로'(청계고가도로, 1969년 3월 22일 완공, 2003년 철거)를 들 수 있다. 박정희는 일제 만주군 출신이면서 자신을 독립군 출신으로 보이고 싶었는지 '삼일운동'을 기린다며 이렇게 이름을 붙였다. 한국

삼일빌딩과 철거되는 삼일고가
삼일빌딩 옆의 삼일고가도로가 철거되고 있는 모습. 삼일고가도로는 청계고가도로와 연결되어 있었다.

철거되는 삼일 아파트
삼일아파트의 주민들은 강하게 저항했으나 결국 모두 쫓겨났다. 그리고 벼룩시장으로 유명했던 황학동 시장
도 사라졌다. 이곳에는 30층이 넘는 초고층 아파트들이 들어섰다.

최초의 마천루였던 '삼일빌딩'과 도심을 가로지르는 '삼일고가도로'
는 박정희의 개발독재를 상징하는 건물과 시설로 수많은 홍보물을
장식했다. 박정희는 이런 식으로 국민들을 세뇌했던 것이다. 그런데
박정희 시대를 올바로 이해하기 위해서는 반드시 삼일아파트를 살펴
보지 않으면 안 된다. 이 아파트의 건설에는 숨은 일화가 있다. 박정
희는 삼일고가도로를 통해서 워커힐로 자주 놀러 다녔는데 삼일고가
도로 옆으로 빈민촌이 보였다. 사실 청계촌의 빈민촌을 강제로 없애
고 청계천 복개 공사와 삼일고가도로 공사를 한 것인데 그 주변에 여
전히 빈민촌이 남아 있었던 것이다. 그래서 청계로나 삼일고가도로
에서 이 빈민촌이 안 보이도록 하기 위해 청계로 변에 삼일아파트를
지어서 가렸다는 것이다(장박원 · 이유진, 2009). 이 날림 건물들은
1984년에 재개발대상으로 지정되었으나 재개발은 21년이 지난 2005
년부터 시작되었다. 그리고 이곳에서 살던 가난한 사람들은 또 다시

무참하게 쫓겨나고 말았다.

박정희의 개발독재는 또한 반공독재이기도 했다. 그런데 그 시절이나 지금이나 이 땅의 맹목적 반공주의는 어이없게도 '자유'로 치장되어 있다. 그 대표적인 예가 바로 '자유센터'(김수근 설계, 1964년 준공)라는 이름의 건물이다. 남산 자락에 들어선 이 콘크리트 건물의 정치성을 올바로 이해하기 위해서는 박정희를 넘어서 자본주의 세계체계로 우리의 시야를 넓혀야 한다. 1960년대는 이른바 '제3세계의 시대'였다. 2차 세계대전 이후 독립한 70개를 넘는 신생국들이 미국과 소련의 대립 속에서 독자적인 노선을 천명했다. 미국은 이 나라들을 자신이 주도하는 자본주의 세계체계로 끌어들이기 위해 '제3세계 근대화'를 기획하고 추진했다. 사실 '근대화'라는 말 자체가 이 기획의 일환으로 고안되었던 것이다. 이 기획은 맹목적 자본주의와 맹목적 반공주의라는 두 축으로 이루어졌으며, 후자는 언제나 '자유'의 이름으로 치장되었다. 지금 이 건물은 우습게도 '웨딩 홀'로 널리 알려졌는데, 2000년대 초에 한 방송국에서는 이 '웨딩 홀' 영업이 '불법영업'이며, '자유총연맹'이 이 건물을 이용해서 이러한 '불법영업'을 하는 것은 큰 문제라고 보도하기도 했다.

박정희의 개발독재는 역사도 적극 이용했다. 대표적인 예가 광화문 복원사업이다. 일제가 1925년에 광화문을 파괴하려다가 거센 반대에 부딪혀서 파괴하지 못하고 동쪽의 건춘문 옆으로 이전한 뒤에 1967년까지 광화문은 그 자리에 있었다. 1968년에 박정희는 광화문을 본래의 자리로 이전해서 자신을 '민족 지도자'로 보이고자 했다. 그러나 여기에는 큰 문제가 있었다. 일제는 조선총독부 청사를 경복궁 근정전 앞에 건축하면서 남산의 조선 신궁과 일직선을 이루도록 해서 근정전과 일직선을 이루지 않게 되었다. 그런데 박정희 때의 광화문 이전은 당시 정부 청사로 사용되던 옛 조선총독부 청사와 일직

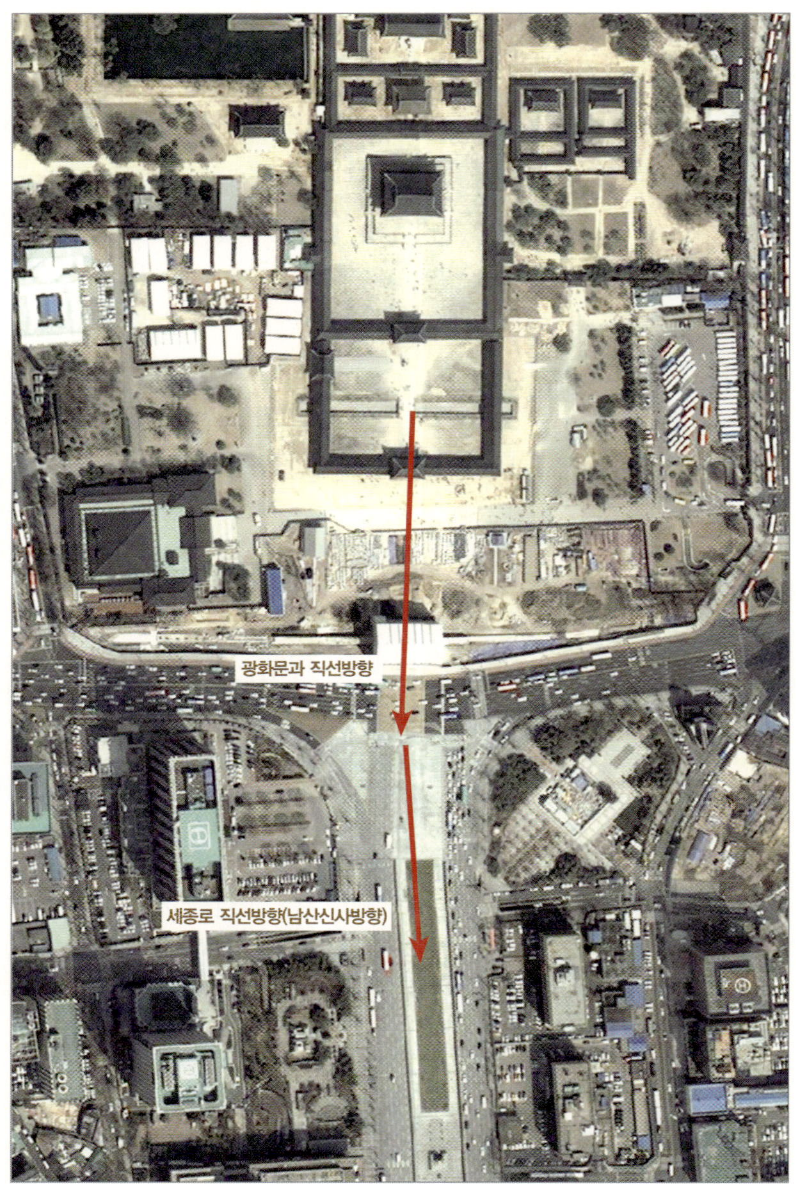

경복궁과 어긋나 있는 세종로

'구글 어스'의 위성 사진. 세종로와 광화문이 경복궁과 직선을 이루이지 않고 동쪽으로 5도 정도 휘어 있는 것을 볼 수 있다.

선을 이루는 방식으로 이루어졌다. 그리고 한국전쟁 때 불타버린 광화문 문루는 나무가 아니라 시멘트로 다시 만들어진 가짜였다. 그 현판도 박정희가 한글로 쓴 가짜였다. 광화문의 복원은 노무현 정권에서 시작되어 이명박 정권에서 완료되었다. 그러나 현재의 광화문도 제대로 복원된 것이 아니다. 문루는 다시 나무로 만들었으나 기단은 기계로 균일하게 잘라낸 돌들을 사용해서 아주 흉칙하다. 새로 만든 광화문 현판이 곧 갈라져서 못 쓰게 된 것도 큰 문제이다. 이명박 정권이 광화문 복원을 정치적으로 이용하기 위해 공사를 서두른 필연적 결과였다.

박정희는 어린이도 적극 활용했다. 이광로가 설계한 서울 남산의 '어린이회관'(1970년 7월 준공)은 그 대표적인 예이다. 남산의 서쪽 줄기에 들어선, 천체 망원경을 설치한 옥상 때문에 언뜻 거대한 남근처럼 보이는 이 건물은 이 나라의 미래를 걱정하느라 밤잠을 못 이루는 인자한(?) 독재자의 상징이었다. 서울컨트리클럽의 골프장을 고쳐서 조성한 서울 능동의 '어린이대공원'(1973년 5월 5일 개장)도 같은 맥락에 있는 시설이다. 사실 박정희는 1969년에 '육영재단'을 만들어 육영수가 운영하도록 했다. 어린이회관은 '육영재단'의 소유이다. 이를 통해 박정희는 자신과 가족을 어린이를 사랑하는 자상한 지도자로 보이게 하는 동시에 막대한 재산을 자식들에게 물려주었다. '육영재단'은 1975년에

남산의 옛 어린이회관
옛 어린이회관은 동그란 지붕을 한 독특한 형태로 남산의 서북쪽 자락에 불쑥 솟아 있다. 서울 도심의 수많은 고층 건물들 중에서도 단연 특이한 모습이다.

능동의 어린이대공원 옆 3만여평의 부지에 연건평 5200평의 건물을 지어서 어린이회관을 옮겼다. 이 막대한 재산 때문에 박근혜 남매들 사이에서 심각한 분쟁도 벌어졌다.

또한 박정희는 다른 독재자들과 마찬가지로 예술과 문화를 이용해서 자신의 의지와 능력을 과시하고자 했다. 이를 위해 남산의 숲 속에 국립극장(이희태 설계, 1973년 8월 준공)을 지었고, 세종로에 세종문화회관(엄덕문 설계, 1978년 4월 준공)을 지었다. 세종로에 '문화회관'을 지었다는 것은 불행 중 다행이지만 여기서도 박정희의 강한 '전통 컴플렉스'를 볼 수 있다. 박정희는 일제의 만주군관학교와 육군사관학교를 우수한 성적으로 졸업하고 일제가 중국 침략을 위해 만주에 수립한 괴뢰국가 만주국의 만주군 장교로 복무했다. 이 때문에 그는 자신을 악성 친일파가 아니라 민족의 지도자로 내세우기 위해 전통을 강조했다. 그러나 실제로는 그는 식민사관에 철저히 세뇌되어 우리의 전통을 대단히 업신여겼다. 그가 전통을 지킨다며 전국 곳곳에서 건축한 한옥 형태의 시멘트 건물은 '박정희 양식'으로 불리는데, 이것은 사실 전통의 왜곡을 넘어선 모욕과 파괴의 문제를 지니고 있다.

전두환은 박정희를 그대로 본받고자 했다. 그 결과 멀리 과천에 동물원과 놀이공원을 짓고, 그 사이에 서양의 성을 본뜬 시대착오적인 형태의 '국립현대미술관'(김태수 설계, 1986년 8월 준공)이 들어서게 되었다. 그리고 강남의 우면산 자락에 '예술의 전당'(김석철 설계, 1988년 음악당 개관, 1990년 한가람 미술관 개관, 1993년 오페라 하우스 개관)이 들어섰다. 1980년대 후반에 '예술의 전당'의 중심인 '오페라 하우스'는 조선 양반의 갓에서 그 모티브를 얻었다고 널리 보도되었다. 그 무렵 대학생이었던 나는 그 보도를 보고 '반민중적 예술의 전당'이라는 생각을 했다. 그런데 신문에서 사진을 보고는 갓이 아니라 '솥뚜껑'을 닮았다고 생각했다. 지금은 '신선로'에 더 가까운 모습이라고 생각한다. 전두환은 자신을 시민 학살자가 아니라 문화 수호자로 보이기 위해 여러 건축가들을 동원해서 애썼으나 그 결과는 물론 좋지 않았다(양상현, 2005: 136~139).

독재자들은 건물을 무엇보다 선전과 과시의 수단으로 다룬다. 그 결과물은 이 나라의 곳곳에서 쉽게 찾아볼 수 있다. 그렇다고 해서 독재 시대의 건물들이 모두 엉터리거나 문제라는 것은 아니다. 그러나 분명히 그렇게 볼 수 있는 건물들이 있다. 그것들은 대체로 '경직된 군사정권의 산물'로서 군사정권의 '관제건축양식'으로 비판된다(이규목, 2002: 106). 더욱 불행한 것은 궁극적으로 독재자들의 수단이 되는 것은 건물이 아니라 실은 건축가들이라는 사실이다. 독재 시대의 대표적 건물들은 그 시대의 대표적 건축가들이 설계한 것이다. 그 '반시민의 미학'과 '반시민의 반미학'에 대해서는 앞으로 더욱 깊이 따져야 할 것이다. 건축가는 결코 단순한 '수단'이어서는 안 된다. 건축가는 자기의 역량을 제대로 발휘하고 책임을 제대로 질 수 있기 위해 최선을 다해야 한다.

민주화 시대의 건축

민주화와 함께 독재자가 선전이나 과시를 위해 건물을 짓는 것은 불가능해졌다. 민주화는 무엇보다도 독재자가 존재할 수 없게 되는 것을 뜻하지 않는가? 물론 권력자가 건축에 영향을 미칠 가능성은 여전히 크다. 그러나 그렇다고 해서 독재나 민주주의나 그게 그거라고 주장하는 것은 틀렸다. 독재와 민주주의는 크게 다르다. 예컨대 이제는 대통령이 원한다고 해서 아무 곳에나 아무 건물이나 지을 수 없기 때문이다. 그러나 민주화가 되었다고 해서 건축의 수준이 높아졌다고 말하기는 어려울 것 같다. 정치의 발전이 바로 예술의 발전이 되는 것은 아니다. 또한 정치가 건축에 미치는 영향이 사라졌다고 말하기도 어렵다. 예컨대 민주화와 함께 식민과 독재의 역사를 바로잡는다는 명분으로 거대한 변화가 강력히 추진되었는데, 건축의 면에서 그 대표적인 예는 바로 당시 국립중앙박물관으로 사용되었던 건물의 철거와 건설이다.

이른바 '문민정부'가 들어서고 '역사 바로세우기'가 시작되었다. 나는 이 사업의 필요와 가치를 높이 인정했으며, 지금도 그렇다. 19세기 말부터 시작된 식민과 독재의 역사를 바로잡지 않고 우리의 미래를 제대로 다질 수는 없기 때문이다. 그러나 그 방법에 대해서는 시대에 걸맞은 것이었는가 하는 의문을 갖고 있다. 철거된 '조선총독부 청사'는 동양 최대의 석조건물일 뿐만 아니라 바로 '조선총독부 청사'이기 때문에 길이 보존되어야 했다. 그것보다 더 생생하게 식민의 역사를 증명하는 것이 어디에 있겠는가? 더군다나 당시 그 건물은 국립중앙박물관으로 사용되고 있었다. 그러니까 어느 날 갑자기 국립중앙박물관을 철거해 없애버린 것이다. 사정이 이렇다 보니 새로운 국립중앙박물관을 급히 짓지 않을 수 없게 되었다. 그래서 어렵게 돌려받은 용산 미군기지의 9만평 중에서 7만평 정도를 갑자기 새로운 국립중앙박물관 터로 지정하고 말았다. 하나의 잘못이 또 다른 잘못으로 이어진 것이다.

이와 관련해서 한가지 이야기가 있다. 2000년 1월 초에 주한 미 대사관의 연락을 받았는데, 당시 부대사였던 리처드 크리스텐슨 부대사가 나를 만나고 싶어한다는 것이었다. 그래서 〈한겨레〉에서 기자로 근무하는 친구와 함께 인사동의 한식집에서 그를 만났다. 당시 나는 〈한겨레〉에 칼럼을 쓰고 있었는데, 그 칼럼들에서 여러 차례 미국과 미군의 문제를 지적했다. 그래서 크리스텐스 부대사가 나를 만나고자 했던 것이다. 그 날 우리는 3시간 여에 걸쳐 많은 얘기를 나눴

남산 타워에서 내려다 본 용산 미군기지 1

남산 타워에서 내려다 본 용산 미군기지 2

2000년에 찍은 이 사진에는 국방부와 전쟁기념관만 보이고 드넓은 녹지가 보인다. 현재는 합참사령부와 국립중앙박물관이 들어서 있고, 주변도 초고층 아파트들의 난개발이 상당히 진행되었다. 이제 더 이상 개발하지 말고 생태공원을 만들어야 한다.

다. 당시 나는 용산 미군기지를 돌려받아 공원을 만들자는 시민운동
을 펼치기 시작했던 때였고, 따라서 이에 대해서도 많은 얘기를 나눴
다. 그런데 그는 내게 한국 정부가 공원을 만들겠다고 해서 용산 미
군기지의 일부를 돌려줬더니 계획을 바로 변경해서 공원을 대폭 줄
이고 거대한 시설을 짓지 않았냐고 말했다. 바로 '국립중앙박물관'을
겨냥한 명백한 비아냥이었다. 그의 말은 사실이었다. 나는 그에게 문
제를 솔직히 인정했다. 그러나 그 땅을 돌려받아 올바로 관리하는 것
은 전적으로 우리의 선택이자 권리이니 그 땅을 조속히 반환해야 한
다고 대답했다. 그도 내 대답을 수긍했다(홍성태, 2004).

　민주화가 되었다고 해서 꼭 세상이 좋아졌다고 말하기는 어렵다.
박정희나 전두환과 같은 자들을 안 보게 되었으니 그것만으로도 좋
아졌다고 할 수 있을지도 모른다. 그러나 전두환과 그 일족이 계속
호의호식하고 있고, 박정희의 자녀들도 엄청난 부귀와 권력을 누리
고 있다. 우리의 민주화는 보수 세력의 지배 속에서 어렵게 진행된
'취약한 민주화'라는 심각한 문제를 안고 있다. 그리고 민주화를 통
해 정치의 횡포는 다소 줄었으나 자본의 횡포는 크게 늘어났다. 전국
어디서나 계속 들어서고 있는 아파트는 그 단적인 예이다. 한국 현대
서양화의 대표작가인 장욱진 화백의 한옥도 훼손의 위협을 당했다.
서울 북촌의 옛 미국 대사관 직원숙소 터도 한진에 의해 대대적으로
개발될 상황에 있다. 민주화와 함께 건축을 주도하는 힘은 확실히 정
치에서 자본으로 넘어갔다. 그런데 자본의 문화적 수준이라는 것이
그렇게 믿을만하지 못한 것 같다. 자본은 일단 서양의 유명한 건축가
를 선택하는 것 같다. 그 결과 '삼성 종로 타워', '용산 트리플 타워'
등이 잘 보여주듯이 서양의 유명 건축가들의 주도로 '멋진 파괴'가
곳곳에서 벌어지게 되었다.

　물론 자본이 강해졌다고 해서 정치가 손을 놓고 있다는 것은 아니

다. 외국의 유명 건축가도 그 대상이 된다. 제주도의 '카사 델 아구아'(물의 집)는 그 좋은 예이다. 이 건물은 멕시코의 건축가 리카르도 레고레타의 유작인 아름다운 가설 건물로서 2012년 6월 30일로 사용기간이 종료됨에 따라 철거될 위기에 처했다. 더욱 중요한 것은 이명박이 서울시장으로 당선되어 강행했던 신개발주의의 문제이다(조명래 외, 2005). 이명박은 개발독재의 상처를 치유한다는 명목으로 '청계천복원사업'을 벌였다. 그러나 이미 잘 알려진 대로 그것은 복원을 빙자한 새로운 개발이었다. 이명박은 청계천을 없애고 그 자리에 이를테면 '명박천'을 만들었다. 도시학자 강병기는 이것을 가리켜 '세계 최장의 옆으로 누운 분수'라고 힐난했다. 또한 이명박은 청계천 일대를 강남의 테헤란로 일대와 같은 초고층 상가로 만들겠다는 계획을 세우고 밀어붙였다. 시민사회의 강력한 반대에도 불구하고 지주와 자본의 이익을 최대한 실현하는 계획을 강행했던 것이다(홍성태, 2005). 이렇게 해서 이명박은 민주주의의 형식을 빌어 민주주의의 위기를 크게 악화시켰으며, 문화를 내세워서 문화를 크게 훼손하는 문제를 일으켰다.

이명박 시장의 문제는 세가지 사업에서 크게 두드러졌다. 먼저 퇴임을 한달 남겨둔 2006년 6월 1일에 첫삽을 뜨겠다고 했던 '노들섬 오페라하우스'. 이것은 멸종위기종인 맹꽁이의 서식지를 빼앗아 엄청난 교통혼잡을 초래할 대규모 문화시설을 짓겠다는 것이었다. 더욱이 이것은 대다수 시민들의 문화생활과는 거리가 멀기만 한 문화시설이었다. 결국 이 사업은 박원순 시장에 의해 2012년에 폐기되었다. 둘째, 서울시 신청사 건축. 서울시는 2006년 4월 중순에 서울시청사의 북쪽 건물을 허물고 그 자리에 21층짜리 고층건물을 짓겠다는 계획을 발표했다. 이 사업은 오세훈에 의해 새로운 설계로 변경되고 건축이 강행되어 2012년에 완료되었으나 '쓰나미 건물'이라고 불

'한양주택' 도로 안내판

'한양주택'은 은평구와 경기도의 경계에 조성된 아름다운 단층 주택 마을이었다. 박정희의 정치적 의도로 조성되었으나 20여 년에 걸친 주민들의 노력으로 1996년 서울시에 의해 '아름다운 마을 제1호'로 지정되었다.

'뉴타운' 개발로 파괴된 '한양주택'

'한양주택'은 2004년에 이명박의 '뉴타운' 사업으로 파괴될 처지로 내몰렸고, 결국 이명박의 후계자인 오세훈에 의해 2007년 3월에 영원히 파괴되고 말았다. 이 아름다운 곳은 고층 콘크리트 아파트 단지가 되었다.

리는 그 기괴한 형태 때문에 즉각적인 개축 요구마저 제기되었다. 이제 일제의 경성부청사였던 옛 서울시청사를 다른 곳으로 이전해서 '서울 식민지 박물관'으로 쓰는 게 좋을 것 같다. 셋째, 은평 뉴타운을 위한 한양주택 철거. 이 아름다운 단층 주택단지의 주민들은 대부분 재개발에 반대했다. 그러나 이명박 시장은 꼭 없애지 않으면 안 된다고 주장했다. 결국 오세훈에 의해 2007년 3월에 한양주택은 영원히 사라졌다. 오세훈은 이명박의 무모한 사업을 고스란히 이어받아 강행했을 뿐만 아니라 '한강 르네상스'라는 더욱 더 거대한 파괴적 사업을 강행했다.

이런저런 문제들을 보노라면 여러 의문들로 가슴이 아프다. 과연 우리가 민주화 시대에 살고 있는 것인가? 과연 '제왕적 시장'의 문제는 해결될 수 없는 것인가? 건축가들은 왜 이런 문제에 제대로 대응하지 않는가? 건축가들을 한낱 수단으로 다루는 정치의 문제에 대해 건축가들은 왜 제대로 항의도 하지 않는가? 건축가들은 민주화에 대해 어떻게 생각하고 있는가? 건축가들은 민주화에 어떻게 이바지했는가? 건축가들은 민주화 이후의 민주화에 어떻게 이바지할 것인가? 많은 사람들이 박원순 서울시장에 열광하고 있지만 그의 당선도 오세훈의 반민주적 정책에 맞서 시민들이 민주화를 진척시킨 결과가 아닌가? 민주주의는 건축의 실행과 평가에서도 핵심적인 기준이자 가치가 되어야 하지 않는가?

민주화의 민주화

삶이 무한한 반복을 통해 무한한 갱신을 이루는 것처럼 민주화도 무한한 반복과 무한한 갱신을 추구하지 않을 수 없다. 그러므로 우리는 '민주화 이후의 민주주의'라는 완결적 상태보다는 '민주화 이후의 민주화'라는 지속적 과정의 관점에서 민주주의를 파악할 필요가 있다.

한국 국회의사당

국회의사당 앞의 잔디밭은 자연식으로 관리되어 시민들에게 개방되어야 하고, 청동돔은 유리돔으로 교체되어 채광할 수 있도록 해야 하고, 지붕은 햇빛발전기를 설치해서 전력을 생산할 수 있도록 해야 한다.

민주화는 언제나 또 다른 민주화의 대상이다. 민주화의 성과 위에서 새로운 민주화가 추진된다. 민주화는 언제나 '민주화의 민주화'라는 영속적 민주화로 존재해야 하는 것이다(홍성태, 2009).

그 귀결은 무엇이어야 할까? 나는 거시적 차원에서 '민주화의 민주화'의 과제를 '생태복지국가'의 형성으로 제시하고 있다. 사회 전체에서 공동체성을 회복하고, 또한 사회의 근원인 자연을 참으로 돌보는 국가를 세우는 것이다. 생태복지국가는 하나의 이상이지만, 그것은 다양한 현실적 가능태를 지니고 있다. 그러니 그것은 지금 여기서 우리가 분명히 이룰 수 있는 것이다. 더욱이 절박한 생태위기의 시대에 우리는 생태민주주의를 새로운 민주화의 목표로 추진해야 한다. 이 시대적 요청에 부응해서 나타나는 새로운 국가가 바로 생태복지국가이다. 우리는 이 인류의 보편적인 발전과제를 적극 추구해야 한다. 그러나 이를 위해 나라마다 역사적으로 규정되는 특수한 발전과제를 갖고 있다는 사실을 올바로 인식해야 한다. 한국의 경우는 국토

독일 연방의사당

베를린의 독일 연방의사당은 청동 지붕을 유리돔으로 개조하고 지붕에 햇빛 발전소를 설치한 생태문화적 건물의 대표적 사례이지만, 서울의 한국 국회의사당은 근대적 건물에 불필요한 전근대적 청동돔을 억지로 설치해서 형태와 기능을 모두 망친 반생태문화적 건물의 대표적 사례이다. 독일 연방의사당은 담장으로 차단되어 있지 않다. 드넓은 잔디밭은 모든 사람들이 자유롭게 쉬고 놀 수 있는 공원이다. 독일 연방의사당의 옥상과 돔 안에도 모든 사람들이 자유롭게 오갈 수 있다. 그 결과 독일 연방의사당은 베를린에서 손꼽는 관광명소가 되었다.

파괴, 혈세 탕진, 비리 만연의 토건국가를 개혁하는 것이 핵심적인 과제이다(홍성태, 2011).

생태 민주주의와 생태복지국가로 나아가기 위해 추구해야 하는 과제들의 한 예로 나는 '국회의사당의 생태민주적 재생'을 제안했다. '동양 최대'를 자랑하는 국회의사당(김정수 · 김중업 · 안영배 설계, 1975년 9월 1일 준공)은 한국건축사 최대의 '스캔들'이라고 할 만하다. 박정희 정권의 강압으로 설계 변경과 공동 설계라는 희귀한 사건이 이어졌던 건물이기 때문이다. 내정을 갖춘 근대적 사각형 건물에 전근대적 열주를 두르고 전근대적 청동돔을 얹은 이상한 모습으로 나타난 국회의사당의 문제를 바로잡아야 한다. 계절의 순환과 민의의 수렴이라는 설명이 그럴 듯해서 더 황당하게 느껴지는 건물이

바로 국회의사당이다. 때로는 건물이 이렇게 비정상인 한 국회가 정상화될 수는 없지 않을까 하는 생각마저 든다. 독재라는 것이 얼마나 비정상적 사고와 질서를 강요하는 것인가를 이 건물에서 적나라하게 확인하게 된다.

생태민주주의의 견지에서, 노만 포스터가 개조한 독일의 연방의사당처럼, 국회의사당의 청동돔을 없애고 유리돔을 얹어서 자연채광하고 그 넓은 지붕에 햇빛발전소를 설치하자. 이렇게 해서 국회의사당을 햇빛발전의 대표 건물로 만들자. 그리고 주권자인 시민이 개구멍을 연상시키는 뒷쪽의 출입구가 아니라 정문으로 드나들 수 있도록 하자. 한국의 건축가들은 왜 이런 사업을 추진하지 않을까? 나는 깊은 의문을 가지고 있다. 정치를 이끄는 건축적 상상력은 우선 건축가들에게서 나와야 하지 않을까? 건축가들에 의해 '국회의사당의 생태적 재생'이 본격적으로 추진되기를 바란다. 그리하여 건축가들이 생태위기의 시대에 생태민주주의를 향해 나아가는 민주화의 민주화를 이끄는 주체가 될 수 있기를 바란다.

【참고자료】

김원(2011), 『박정희 시대의 유령들 – 기억, 사건, 그리고 정치』, 현실문화

양상현(2005), 『거꾸로 읽는 도시, 뒤집어 보는 건축』, 동녘

이규목(2002), 『한국의 도시경관』, 열화당

임지현(2004), 『대중독재』, 책세상

장박원·이유진(2009), '삼일아파트', http://navercast.naver.com/contents.nhn?contents_id=1031

조명래 외(2005), 『신개발주의를 멈춰라』, 환경과 생명

조희연(2004), 『비정상성에 대한 저항에서 정상성에 대한 저항으로』, 아르케

______(2010), 『동원된 근대화 – 박정희 개발동원체제의 정치사회적 이중성』, 후마니타스

최장집(2005), 『민주화 이후의 민주주의』, 후마니타스

홍성태(2005), 『생태문화도시 서울을 찾아서』, 현실문화

______(2006), 『현대 한국 사회의 문화적 형성』, 현실문화

______(2009), 『민주화의 민주화』, 현실문화

______(2011), 『토건국가를 개혁하라』, 한울

Chaubin, Frederic(2011), Cosmic Communist Constructions Photographed, Taschen

多木浩二(1984), 『'もの'の詩學』, 岩波書店

청계천 미래에셋 빌딩

건축과 기술

기술 없이 건축 없다

흔히 말하길, 건축은 예술인데 한국에서는 공학으로 다루고 있다고 한다. 예술을 감히 기술로 다뤄서 한국의 건축이 엉망이라는 것이다. 우리는 이런 설명에 일단 공감할 수 있다. 예술을 단순히 기술로 다루는 것은 분명히 잘못이기 때문이다. 그것이 육체 기술이건 기계 기술이건 예술은 기술에 머무는 것이 아니라 기술을 포함하고 넘어서는 것이다. 기술이 기능과 표준을 추구하는 것이라면, 예술은 언제나 기능과 표준을 넘어서 존재한다. 그러므로 기술이 지배하는 곳에서 예술은 존재하기 어렵다. 기능과 표준에 사로잡힌 예술이 어떻게 예술일 수 있겠는가?

그러나 기술과 예술이 서로 대립하는 것은 아니다. 어떤 예술도 기술을 필요로 하기 때문이다. 예술을 뜻하는 라틴어 ars는 본래 기술을 뜻하는 그리스어 techne의 번역어이다. 기술을 넘어서는 것이 예술이지, 기술을 부정하는 것이 예술은 아니다. 그림도, 음악도, 건축도, 모두 기술을 필요로 한다. 사실 전근대사회에서 기술은 기술인 동시에 예술로 여겨졌다. 그러나 근대화와 함께 기술의 합리화와 표준화가 빠르게 진행되고 기계의 발달이 급속히 실현되면서 급기야 기술은 무엇보다 기계의 속성으로 여겨지게 되었다. 이와 함께 예술과 기술의 구분이 이루어지고, 예술은 기계화할 수 없는 인간의 속성으로 여겨지게 되었다. 요컨대 근대화와 함께 '기술은 기계적인 것이고, 예술은 영적인 것'이라는 인간주의적 이분법이 성립된 것이다.

발터 벤야민은 영화가 한창 새로운 예술로 자리를 잡을 즈음에 쓴 '기계복제시대의 예술'(1934)이라는 논문에서 이런 이분법의 문제를 다룬다. 그가 보기에, 비록 그는 '아우라'라는 용어를 이용해서 예술을 상당히 신비화하지만, 기계를 이용한 대량복제의 예술이 충분히 가능할 뿐더러 나아가 그것은 예술의 민주화를 이루는 핵심적 방식이기도 하다. 오르테가 이 가세트에게 근대화는 무지한 대중에 의한 예술의 파괴와 몰락을 뜻했지만, 테오도르 아도르노에게도 근대화는 예술에 대한 자본의 엄청난 위협이었지만, 벤야민에게 근대화는 거대한 민주적 가능성이었다. 이런 차이의 바탕에 기술에 대한 판단이 자리잡고 있다. 기술과 예술을 구분할 필요는 있지만, 그렇다고 예술의 이름으로 기술을 배척해서는 안 될 것이다. 마샬 맥루한의 말마따나 기술은 '인간의 확장'이기 때문이다.[*]

다른 어떤 예술보다 기술의 중요성이 더 큰 것이 바로 건축이다. 왜 그런가? 기술을 무시한 건축은 반드시 재앙을 불러올 것이기 때문이다. 모든 건물은 안전성, 기능성, 예술성의 속성을 가지며, 그 중요도는 서술한 순서대로이다. 건축은 예술에 앞서서 기술의 요청에 귀 기울여야 한다. 이와 관련해서 이미 3,800년 전에 바빌로니아의 함무라비 왕은 다음과 같이 건축가의 책임을 법적으로 엄정하게 규정했다.

1. 만약 건축가가 사람을 위해 집을 지었으나 건축이 잘못되어 집이 무너져서 소유자가 사망하게 되면, 건축가는 죽음을 면할 수 없다.
2. 만약 집이 무너져서 소유자의 자식이 사망하면, 건축가의 자식이 죽음을 면할 수 없다.

---

* 각각 Benjamin(1934), Gasset(1930), Adorno and Horkheimer(1947), McLuhan(1964)을 참고.

삼풍백화점 붕괴사고 (ⓒ연합뉴스)
1995년 6월 29일 오후 5시 55분쯤 '명품' 백화점으로 명성을 날리던 분홍빛 '삼풍백화점'의 A동이 무너졌고 얼마 뒤에 B동도 무너졌다. 이 사고로 기술의 요청을 무시한 불법 개축의 위험이 처절하게 밝혀졌다.

아크로비스타
삼풍백화점이 무너진 그 자리에는 '대상'에서 건축한 초고층 오피스텔 '아크로비스타'가 들어섰다. 유족들이 이 곳에 세워달라고 요구한 '위령탑'은 전혀 무관한 '양재 시민의 숲'의 한구석에 세워졌다.

3. 만약 집이 무너져서 소유자의 노예가 사망하면, 건축가는 사망한 노
   예와 동등한 가치를 지니는 노예를 소유자에게 주어야 한다.
4. 만약 집이 무너져서 재산이 파괴되었다면, 건축가는 그 재산이 얼마
   이더라도 원래대로 복구해야 한다. 건축가의 잘못으로 집이 무너졌다
   면, 건축가는 자신의 비용으로 그 집을 재건해야 한다.
5. 만약 건축가가 집을 지은 후 그 건축이 요구사항과 합치되지 않아서
   벽이 무너지면, 건축가는 자신의 비용으로 그 벽을 보강해야 한다.

이런 책임을 무시한 결과로 발생한 대재앙이 바로 1995년의 '삼풍백
화점 붕괴사고'였다(홍성태, 2007). 그 책임은 무엇보다 건축주와 감
독기관의 결탁으로 이루어진 '부패와 부실의 먹이사슬'에서 찾아야겠
지만, 사람의 생명을 담는 그릇인 건물을 만들고 지키는 과정에서 건
축가의 책임은 무한하다는 사실도 잊지 말아야겠다. 그리고 그 책임
은 상당한 정도로 기술적인 것이다. 건축가는 예술가이기 위해서 어
느 정도 기술자여야 하며 기술자를 진정으로 존중해야 한다.

과학기술주의의 문제

오늘날 우리는 고도로 발달한 과학기술의 시대를 살고 있다. 미국의
아폴로 우주선이 달에 갔다가 돌아온 것도 어느덧 40년도 더 전의 일
이 되었다. 1969년 7월 16일 미국의 우주선 '아폴로 11호'는 최초로 달
착륙에 성공했다. 세 명의 비행사가 탄 이 우주선의 선장은 닐 암스트
롱이었으며, 그는 인류 최초로 달을 밟은 사람이 되었다. 그는 자신의
소감으로 "이것은 한 사람에게는 하나의 작은 발걸음이지만, 인류에
게는 거대한 도약이다"라는 유명한 말을 남겼다. 참고로 인류 최초로
지구 궤도를 도는 비행을 한 비행사는 소련의 유리 가가린이었다. 그
는 1961년 4월 12일 지구를 일주하는 데 성공했다. 인류 최초로 우주
에서 지구를 본 그가 지상의 관제소에 보낸 첫 말은 '지구는 푸르다'
는 것이었다. '푸른 별 지구'는 바로 이 유리 가가린의 말에서 비롯되

었다.

그리스 신화에서 태양의 신을 뜻하는 아폴로의 이름을 딴 우주선이 달에 착륙하고 41년 여가 지난 뒤인 2010년 12월 13일 미국항공우주국은 1977년에 태양계 밖으로 보내기 위해 발사한 '보이저 1호'가 지구로부터 무려 174억km를 날아가 태양풍이 약한 구간인 태양권(heliosheath)에 들어섰으며 그로부터 4년 뒤에는 성간 공간으로 들어서서 태양계를 완전히 떠나게 된다고 발표했다. 인류가 만든 불과 722kg의 우주선이 태양계를 벗어나 무한한 우주를 영원히 헤매게 된 것이다. '보이저 1호'의 고독한 여행은 우리 은하와 안드로메다 은하가 충돌해서 대폭발을 이루게 될 때까지 계속될 지 모른다. 안드로메다 은하는 우리 은하에서 250만 광년 떨어진 곳에서 우리 은하를 향해 초속 300km의 속도로 다가오고 있다. 안드로메다 은하에 대비해서 우리 은하는 페르세우스 은하라고 불러야 하지 않을까?

현대의 과학기술은 우주라는 극대의 세계뿐만 아니라 소립자라는 극미의 세계를 다루고 있기도 하다. 이미 소립자의 세계는 단순한 탐구의 대상이 아니라 응용의 대상이 되었다. 이렇게 소립자를 조작해서 가공하는 기술을 이른바 나노기술이라고 부른다. '나노'란 10억 분의 1이라는 뜻이다. 1나노초는 10억 분의 1초, 1나노미터는 10억 분의 1미터이다. 상상조차 하기 어려운 작은 단위가 아닐 수 없

보이저 1호의 모습

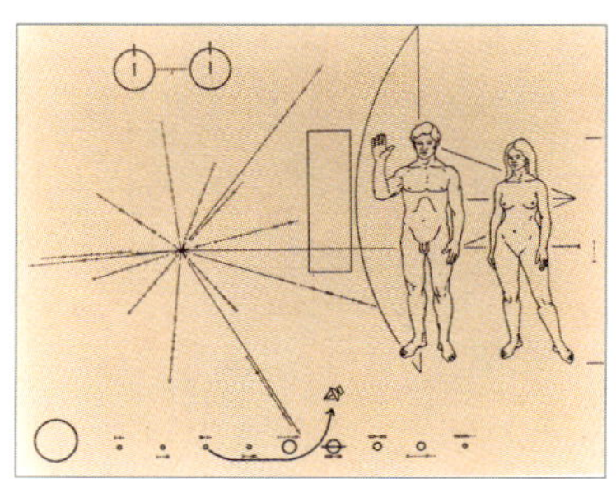

파이어니어 10호에 실은 소개판

다. 그러나 이 세상은 이렇게 작은 것에서 시작되고, 우리는 이 작은 세상을 조작할 수 있게 되었다. 과학이 이 세상의 신비를 낱낱이 밝힌다고 해도 이 세상을 만들 수 있는 기술은 나타나지 않을 것이다. 그러나 우리는 더욱 더 많은 것을 알게 되고, 더욱 더 많은 것을 만들 수 있게 되고, 그 결과 더욱 더 큰 위험을 안게 되고 있다. 과학기술은 양면적이다.

과학기술의 발달을 통해 인류는 명실상부하게 '만물의 영장'이 되었다. 다시 말해서 인류는 자신을 포함해서 지상의 모든 생명체를 파괴해 버릴 수 있는 막강한 힘을 갖게 되었다. 실제로 인류는 20세기에 일어난 두 차례의 세계대전을 통해 무려 1억 명이 넘는 사람들이 죽거나 다치는 참상을 경험했다. 1차 세계대전은 이성에 대한 신뢰에 사로잡혀 있던 서구 지식인들에게 엄청난 충격을 가져다주었다. 이성에 대한 신뢰와 과학의 발달로 유토피아가 이루어지기는커녕 전대미문의 대학살을 겪어야했기 때문이었다. 그러나 2차 세계대전에서 인류는 더욱 큰 파괴와 학살을 경험했다. 슈펭글러의 『서구의 몰락』(1918~22), 아도르노와 호르크하이머의 『계몽의 변증법』(1947), 루카치의 『이성의 파괴』(1952) 등은 이런 끔찍한 역사적 사건을 배경으로 쓰여진 비판서이자 예언서라고 할 수 있다.

물론 2차대전이 끝났다고 해서 전쟁이 사라진 것은 결코 아니었다. 예컨대 1950~53년의 한국전쟁에서는 300만명이 넘는 사상자가 발생했으며, 1955~75년의 베트남전쟁에서는 2차 세계대전 때 투하된 폭탄보다 더 많은 폭탄들이 투하되었고, 지금 이 시간에도 세계의 곳곳에서 여전히 전투가 벌어지고 있다. 20세기는 과학기술의 시대였을 뿐만 아니라 전쟁과 학살의 시대였다(김진균·홍성태, 1996). 불행하게도 그 불길한 그림자는 21세기에까지 짙게 드리워져 있다. 인류가 과연 이 그림자를 걷어낼 때가 올 것인가? 그 답은 부정적이다. 세계 최강의 나라 미국은 이익을 위해 세계 곳곳에서 전쟁을 생산하는 군산복합체가 지배하고 있다. 이 때문에 갤브레이드는 일찍이 미국을 복지국가가 아니라 '군사케인즈주의 국가'라고 비판했다(Galbraith, 1977). 오늘날 미국은 '군사케인즈주의 국가'를 넘어서 세계 최대의 자원낭비국이자 환경오염국이며, 그리고 세계 유일의 전쟁국가이다. 미국은 모범이 아니라 반대와 극복의 대상이다(홍성태, 2004).

이러한 전쟁의 문제는 현대 과학기술의 위험을 단적으로 보여준다. 그것은 거대한 생산력인 동시에 암담한 살상력이기도 한 것이다. 현대 과학기술은 두 얼굴을 가진 괴물이다. 그런데 우리는 이러한 '괴물'을 신으로 여기고 있다. 울리히 벡은 이처럼 죽은 신의 자리를 과학이 차지해서 과학의 이름으로 위험을 생산했기 때문에 현대 사회는 '위험사회'가 되었다고 주장한다(Beck, 1992). 이러한 현대 사회의 문제는 전쟁이 아니더라도 이미 도처에서 쉽게 확인할 수 있다. 생태위기의 현실이 그 뚜렷한 예이다. 지구 온난화와 환경 호르몬의 문제는 우리 외부의 환경뿐만 아니라 우리의 몸 자체가 심각한 위기에 처해 있다는 사실을 보여준다. 그 원천은 사상 유례없는 물질적 풍요를 이룩한 현대의 과학기술이다. 자연을 멋대로 조작하고 변형할 수 있게 된 결과로 자연 속의 한 존재인 우리 자신을 포함해서 모든 자연이 절멸의 위기에 빠져들게 된 것이다.

과학주의(sciencism) 또는 기술주의(technologism)는 이러한 현대 과학기술의 본원적 이중성을 무시하고 그 장점만을 일방적으로 강조하는 태도를 가리킨다. 혹자는 과학과 기술을 구분하고, 기술이 과학을 지배하게 된 것이 문제의 근원이라고 주장하기도 한다. 그러나 과학이 순수한 탐구를 목표로 한다는 것은 그 자체로 심각한 이데올로기이다. 응용은 과학의 핵심적 목표이다. 과학은 기술을 지향하고,

기술은 과학을 견인한다. 따라서 우리는 과학과 기술을 모두 문제시해야 하며, 이 점에서 과학기술주의(science-technologism)의 관점을 올바로 세우는 것이 중요하다. 뗄 수 없이 밀접하게 결합되어 있는 것을 떼어낼 수 있다고 보는 것 자체가 잘못인 것이다.

현대 과학기술의 문제가 이미 명확히 드러났음에도 불구하고 과학기술주의를 널리 퍼트리고 있는 대표적 논자로 이른바 미국의 미래학자 앨빈 토플러를 들 수 있다. 사실 '미래학'이라는 것 자체가 여전히 커다란 의혹의 대상이다. '미래'는 존재하지 않는 것이기 때문이다. 존재하지 않는 것을 어떻게 연구할 수 있을까? 우리는 미래에 대해 극히 부분적인 예측을 할 수 있을 뿐이다. 젊어서 한때 맑스주의자였던 앨빈 토플러는 과학기술의 중요성을 강조하는 경영컨설턴트로 이름을 날리게 되었다. 그의 저서들을 일관하는 한가지 주제는 '기술이 우리를 구원할 것이다'는 주장이다. 그는 이 세상의 한계를 인정하지 않으며 과학기술의 발달을 통해 결국 유토피아에 이르게 될 것이라고 주장한다. 이 때문에 다니엘 벨은 앨빈 토플러의 주장을 가리켜서 '스타트렉 사회학'이라고 불렀다. 그럴 듯해 보이지만 그 내용은 사실이 아닌 허구라는 것이다. '스타트렉'은 허구를 과학처럼 보이게 한 대표적인 미국의 TV 드라마이다(Krauss, 1995).

더욱 유의해야 할 것은 이미 20세기 초에 파탄난 토플러식 과학기술주의의 주장이 여전히 엄청난 위력을 발휘하고 있다는 사실이다. 예컨대 2005년의 황우석 사태에서도 우리는 토플러식 과학기술주의의 위력을 엿볼 수 있다. 황우석은 생명공학의 발달로 모든 장애를 극복하고 생명을 연장할 수 있을 것처럼 주장했다. 이것은 명백한 '과학사기'였다(김세균 · 최갑수 · 홍성태 엮음, 2006). 이것은 앨빈 토플러가 1990년대 이후 주장하고 있는 것과 일치한다. 앨빈 토플러는 생명공학에 의한 변화를 '제4물결'이라고 이름짓고 널리 퍼트렸다. 그의 '제3물결'이 정보기술을 일방적으로 칭송하는 것이라면 '제4물결'은 생명공학을 일방적으로 칭송하는 것으로서 현실의 기술과 사회를 모두 왜곡하는 것이다. 이런 점에서 우리의 문명은 불길하다. 그것은 거대한 위험을 내장하고 있으며, 전쟁이 아니면 사기를 끊임없이 생산하고 있다. 건축도 이 불길한 문명의 영향에서 결코 자유롭지 않다는 것은 다시 말할 필요가 없을 것이다.

건물이라는 기계

현대의 건물은 고도로 발달한 현대 과학기술의 산물이기도 하다. 설계에서 시공과 유지에 이르기까지 현대의 건물은 모두 고도로 발달한 현대 과학기술의 지원을 받는다. 이 점을 좀더 강조해서 말하자면, 이제 우리는 건물을 기계로 파악해야 한다. 현대의 건물은 거의 모두 기계이다. 기계란 동력을 이용해서 어떤 일을 할 수 있도록 만들어진 도

아버지 피터 브뤼겔의 바벨탑 (1563년 작)

구를 뜻한다. 단순한 동력기계부터 정교한 지능기계에 이르기까지 많은 기계들이 있다. 현대의 일상은 이런 기계를 사용하고 이루어지는 기계의 일상이기도 하다(Petrosky, 1985). 우리의 삶이 이루어지는 건물 자체가 바로 이런 기계의 성격을 크게 지니고 있다.

어떤 건물은 단순한 동력기계에 가깝지만, 어떤 건물은 정교한 지능기계에 가깝다. 높이 치솟은 건물일수록 정교한 지능기계에 가까워야 한다. 그런 건물일수록 컴퓨터를 이용해서 관리해야 할 필요가 커지기 때문이다. 이른바 '인텔리전트 빌딩'이다(Rogers, 1997: 103). 이런 건물들을 볼 때면, 흔히 '바벨탑'의 이야기를 떠올리곤 한다. 그러나 바벨탑은 기계가 아니었다. 그것은 순수한 건물이었다. 기독교의 구약 중에서 창세기 11장 1절에서 9절까지에 전하는 바벨탑 이야기에 따르면, 노아의 후손들은 벽돌과 역청으로 높다란 탑을 쌓아 올리다가 신의 개입으로 실패하고 말았다. 결국 이곳은 바빌론이라는 지명으로만 남게 되었다. 참고로 헤로도투스 등의 고증에 따르면, 이 탑은 '1층이 길이 90m · 너비 90m · 높이 33m, 2층은 길이 78m · 너비 78m · 높이 18m, 3층은 길이 60m · 너비 60m · 높이 6m, 4층은 길이 51m · 너비 51m · 높이 6m, 5층은 길이 42m · 너비 42m · 높이 6m, 6층은 길이 33m · 너비 33m · 높이 6m이고, 7층이 길이 24m · 너비 24m · 높이 15m'였다고 한다(네이버 백과사전). 지금으로 치면 대략 26~28층 정도 되는 높이였다.

현대의 기계는 대략 250년쯤 전에 영국에서 개발된 증기기관으로 시작되었다. 석탄을 연료로 하는 동력장치가 개발되면서 현대의 기계시대가 시작되었던 것이다. 그러나 증기기관이 사람들의 삶에 커다란 영향을 미치기 시작한 것은 그로부터 60년쯤 뒤에 영국에서 방적기가 개발되어 널리 사용되면서부터이다. 새로 도입된 기계들이 빠른 속도로 숙련공들을 공장에서 내몰기 시작했다. 이로부터 방적기의 도입을 반대하는 노동운동이 펼쳐지기 시작했고, '러드'라는 가공의 인물을 내세워서 펼쳐진 이 운동에 '러다이트'(Luddite)라는 이름이 붙여졌다. 그 뒤 러다이트운동은 '기계파괴운동'을 뜻하게 되었다. 이 운동이 대단히 절박한 것이기는 했지만 시대착오적이었다는 것은 분명하다. 이런 운동에도 불구하고 기계는 승승장구했고, 머지 않아 건물도 거대한 기계로 변화했던 것이다. 여기서 나아가 20세기 중반을 지나면서 인간 자신의 기계화가 적극 추구되었다.

그런데 기계는 우리의 삶을 편리하게 해 주지만, 또한 우리의 능력을 저하하기도 한다. 너무나 기계에 잘 적응한 결과 우리가 기계에 종속되고 마는 것이다. 예컨대 컴퓨터가 설계를 대신 해 주니 그림을 그리는 능력이 떨어지게 된다. 나아가 공간과 건물에 관한 상상력까지 제대로 계발되지 못한다. 컴퓨터가 없으면 아무 것도 못하는 컴퓨터 의존증이 널리 퍼진다. 그러나 우리는 이미 컴퓨터를 기준으로 사람의 능력을 평가하는 시대에서 살고 있다. 우리는 이미 기계가 발달할수록 우리의 능력이 저하되는 문명적 퇴화의 상태에 빠져 있는 것인지도 모른다. 기술의 영향력은 결코 외재적이지 않다. 기술은 이미 우리의 육체와 정신을 상당한 정도로 통제하고 규정하고 있다.

또 다른 문제도 있다. '터미네이터'나 '매트릭스'같은 영화가 잘 보여주듯이 기계가 지배하는 세상은 유토피아가 아니라 디스토피아이기 쉽다. 인간은 기계와 질적으로 다른 존재이기 때문이다. 인간과 기계를 같은 원리로 파악하는 사이버네틱스의 이론은 더 편리한 기계를 만들기 위한 노력에 국한되어야지, 그것을 인간과 기계의 존재론적 등가성을 실현하기 위한 노력으로 확산해서는 안 된다(Wiener, 1952). 생리학자 마투라나와 바렐라가 오래 전에 지적했듯이 실제로 인간과 같은 기계를 만들 수도 없거니와 그렇게 하는 것은 사실 인간을 없애는 것이다(Maturana and Varela, 1987). 이런 점을 무시하고

63빌딩

마포 롯데 캐슬 골드

타워 팰리스 G동

인천송도 동북아무역타워

기계의 개발과 이용을 강행한 결과 현대 사회는 기술-구조적인 비인간화의 문제에 시달리게 되었다.

건물의 경우도 마찬가지다. 예컨대 아파트라는 기계는 대단히 편리하다. 그러나 그 아파트의 편리성은 공업문명 속에서만 실현될 수 있다. 머지않아 석유가 고갈되면 공업문명의 몰락과 함께 아파트의 편리성은 사라지고 말 것이다. 그런데 사실 일반 단독 주택도 아파트와 마찬가지로 기계로 파악할 수 있다. 전기와 수도 때문이다. 전기는 발전-송전-배전의 거대한 기계 체계를 통해 이용되며, 수도는 정수-급수-배수의 거대한 기계 체계를 통해 이용된다. 전기와 수도를 사용하는 모든 건물은 이 거대한 기계 체계의 최말단에 해당된다. 만일 이 기계 체계가 작동하지 않는다면 그 최말단의 건물들은 사실상 작동할 수 없게 된다. 예컨대 물이 공급되지 않는다면 삼성의 '타워 팰리스', 롯데와 대우가 건설한 '용산 시티 파크', 삼성과 현대가 건설한 '용산 파크 타워', 두산의 '해운대 위브 더 제니스' 등 초고층 최고급 오피스텔은 한국에서 가장 고약한 주거시설이 되고 말 것이다.

이러한 기술-구조적 관점에서 보자면, 우리의 편리한 일상은 말 그대로 지구 전역으로 뻗쳐 있는 거대한 기계 체계의 산물이다. 지구를 둘러싸고 있는 각종 파이프라인과 통신망은 그 기반이자 상징이다. 최말단의 풍요와 편리는 전체 기계 체계의 안정적인 작동을 전제로 가능한 것이다. 따라서 전체 기계 체계의 유지가 무엇보다 중요하다. 직접적인 풍요와 편리에 도취되어 이 점을 잊어서는 안 된다. 그리고 무엇보다 중요한 것은 기계 체계가 제공하는 편리성의 이면에서 기계의 지배와 생태위기라는 불길한 현상이 확산되고 있다는 사실이다. 현대의 바벨탑은 고대의 바벨탑과 비교할 수 없는 위험과 한계를 안고 있다. 그 몰락의 원천은 신이 아니라 현대 공업문명 자체이다.

생태적 전환과 과학기술

현대 사회의 근본적인 딜레마는 과학기술이 많은 문제를 안고 있다고
해서 우리가 그것을 완전히 부정하고 살 수는 없다는 것이다. 일부 근
본 생태론자들의 주장처럼 공업문명을 갑자기 버리게 된다면, 우리는
엄청난 파괴와 재앙에 빠지게 될 것이다. 예컨대 우리가 지금 바로 자
연농업을 전면적으로 실시한다면 식량생산이 크게 줄어서 엄청난 식
량부족 문제가 발생할 것이다. 여기서 나아가 기술농업이 낳은 각종
오염과 파괴의 문제들을 치유하기 위해서도 기술이 필요하다. 이 점
을 무시하고 그냥 자연농업을 택한다면 오염과 파괴가 더욱 악화되고
자연농업도 유지할 수 없을 것이다. 우리는 기술을 이용해서 기술의
문제를 해결하고 중장기적으로 자연농업으로 나아가야 한다. 생태적
전환은 지금 여기서 시작되어 점차적으로 확산되어야 한다.

〈메트로폴리스〉(1927)나 〈블레이드 러너〉(1982)같은 영화에서 우
리는 디스토피아가 되어 버린 현대 도시의 일단을 살펴볼 수 있다.
어떤 점에서 그것은 이미 우리의 현실이다. 도처에 들어선 초고층 아

영화 '블레이드 러너'의 한 장면
'블레이드 러너'의 미래 사회는 초거대 피라미드형 '지능 건물'들로 이루어진 반생태적 도시에 기반하고 있다.

파트들은 그 생생한 예일 것이다. ‘타워 팰리스’, ‘시티 파크’, ‘파트 타워’, ‘위브 더 제니스’ 등에 대한 비판은 그것을 건축하고 작동하는 과학기술에 대한 비판이기도 하며, 최대 지대의 취득에 혈안이 된 천민자본주의에 대한 비판이기도 하다. 그러나 그 수혜자들은 과학기술을 이용해서 ‘타워 팰리스’, ‘시티 파크’, ‘파트 타워’, ‘위브 더 제니스’와 같은 거대한 현대의 바벨탑을 쌓고 그 안에서 폐쇄적 공

‘미래소년 코난’의 포스터
‘미래소년 코난’의 미래 사회는 자연농업과 햇빛 발전에 기반한 생태사회이다. 우리는 어떤 사회를 추구해야 하는가?

동체를 형성해서 승승장구하는 삶을 살고자 한다. 그 폐쇄적 공동체가 과연 얼마나 오래 지속될 수 있을 것인가? 생태위기는 시나브로 파국을 예고하지 있지 않은가?

생태적 전환을 이루기 위해서는 현대의 과학기술을 적극적으로 이용할 필요가 있다. 일본의 만화가 미야자키 하야오는 그의 대표작 〈미래소년 코난〉(1978)에서 이 사실을 잘 묘사했다. 이 유명한 만화영화는 반생태적 공업문명인 ‘인더스트리아’가 바닷속으로 영원히 가라앉고 생태적 햇빛문명이 싹트는 ‘하이하바’라는 곳으로 어린 주인공들이 탄 배가 나아가는 것으로 끝난다. 미국의 물리학자인 프리초프 카프라는 일찍이 ‘석유문명’의 종말과 ‘태양문명’의 시작을 주장했다(Cafra, 1982). 그러나 이런 변화는 자연적으로 이루어지지 않는다. 많은 사람들의 노력이 필요하다. 당연히 건축가도 있어야 한다. 건물의 효율과 모양을 따지는 것에 못지 않게 문명의 문제를 고민하는 건축가가 필요하다.

폭발한 후쿠시마 핵발전소 (ⓒ연합뉴스)
견고한 핵발전소가 강력한 폭발로 파괴되어 버렸다.

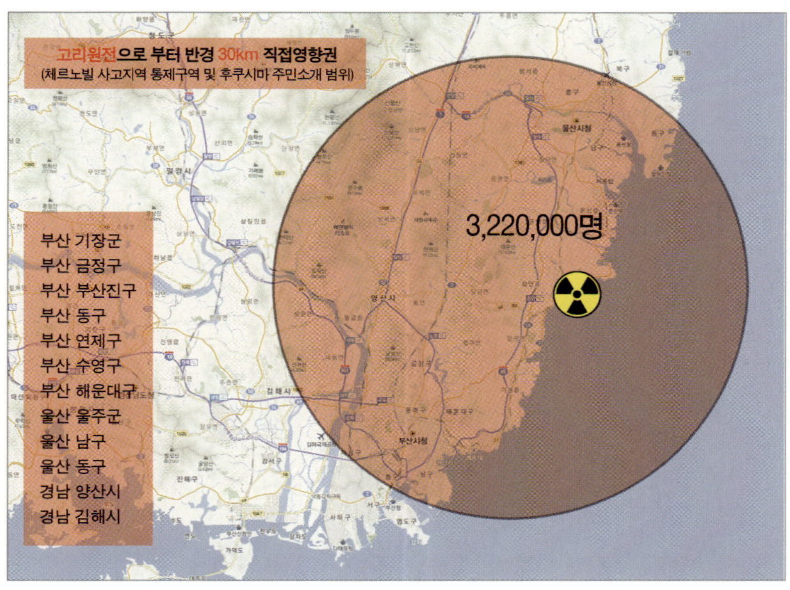

고리 핵발전소의 직접 영향범위

　여기서 다시 국회의사당의 생태적 전환을 제안한다. 독일의 연방 의사당처럼 멋지게 생태적 개조를 한다면, 한국의 국회의사당도 세계적으로 자랑스러운 건물이 될 수 있다. 그 핵심은 청동돔을 유리돔으로 바꾸는 것과 그 넓은 지붕에 햇빛발전소를 설치해서 전력을 생산하는 것이다. 한국은 독일보다 3배 이상의 햇빛 자원을 갖고 있으나 제대로 사용하지 않고 핵발전에 의존하고 있다. 핵발전족과 핵토건족을 필두로 하는 핵발전 정경민 유착 때문이다. 2011년 3월에 발생한 일본의 후쿠시마 핵발전소 폭발사고가 다시 잘 보여주었듯이 핵발전은 너무나 위험해서 서둘러 폐기해야 한다. 한국은 세계 5위의 핵발전국이자 설계연한 30년을 넘은 고리 핵발전소 1호기를 연장 운행하고 있어서 핵발전소 폭발사고의 위험이 대단히 큰 나라이다. 뒤집어 말해서 한국은 핵발전소를 서둘러 폐기하고 햇빛발전을 서둘러 크게 늘려야 하는 대표적인 나라이다.

원주 상지대학교의 햇빛발전

　　햇빛 발전은 위험천만한 핵발전과 달리 생산지와 소비지를 가능한 한 일치시킬 수 있다. 소비지에서 멀리 떨어진 곳에 대규모 햇빛 발전소를 건설하는 것이 아니라 소비지인 도시에서 건물의 옥상과 벽면을 적극 할 수 있는 것이다. 한국에서는 건물의 옥상은 거의 대부분 버려진 곳이다. 서울의 경우만도 그 규모는 수백만 평을 넘는다. 이것은 엄청난 자원의 낭비이다. 공간의 낭비일 뿐만 아니라 햇빛의 낭비이다. 옥상과 벽면을 살려야 한다(이필렬, 1999). 이것은 건축가들이 앞서서 추진해야 마땅한 과제이다. 전국 도처에서 한국의 건축가들이 이런 과제를 적극적으로 제안하고 추진하기를 바란다.

【참고자료】

김세균 · 최갑수 · 홍성태(2006), 『황우석 사태와 한국 사회』, 나남

김진균 · 홍성태(1996), 『군신과 현대사회』, 문화과학사

이필렬(1999), 『에너지 전환의 현장을 찾아서』, 궁리

홍성태(2004), 『반미가 왜 문제인가』, 당대

______(2007), 『대한민국 위험사회』, 당대

Adorno, Teeodor and Horkheimer, Max(1947), 김유동 옮김(2001), 『계몽의 변증법』, 문학과지성사

Beck, Ulich(1992), 홍성태 옮김(1997), 『위험사회』, 새물결

Benjamin, Walter(1934), 반성완 역(1983), '기술복제 시대의 예술작품', 『발터 벤야민의 문예이론』, 민음사

Cafra, Fritjof(1982), 구윤서 · 박성범 역(1985), 『새로운 과학과 문명의 전환』, 범양사출판부

Galbraith, John(1977), 박현채 · 전철환 역(1999), 『불확실성의 시대』, 범우사

Krauss, Rawrence(1995), 박병철 외 역(1996), 『스타 트렉의 물리학』, 영림카디널

Maturana, Umberto and Varela, Francisco(1987), 최호영 옮김(1995), 『인식의 나무 – 인식활동의 생물학적 뿌리』, 자작아카데미

McLuhan, Marshall(1964), 김상호 옮김(2011), 『미디어의 이해』, 커뮤니케이션북스

Ortega y Gasset, Jose(1930), 황보영조 옮김(2005), 『대중의 반역』, 역사비평사

Petrosky, Henry(1985), 최용준 옮김(1997), 『인간과 공학 이야기』, 지호

Rogers, Richard(1997), 이병연 옮김(2005), 『도시 르네상스』, 이후

Wiener, Nobert(1952), 최동철 역(1977), 『인간활용』, 전파과학사

가우디의 사그라다 파밀리아

건축과 예술

건축이라는 예술

오늘날 예술은 상당히 혼란스러운 개념이다. 미술에서 잭슨 폴록(1912~56년)의 '뿌리기'나 장 바스키아(1960~88년)의 '낙서'를 보고, 음악에서 존 케이지(1912~1992)의 '4분 33초'를 경험하며, 멋진 예술 작품이라고 느끼기는 쉽지 않다. 복잡한 논리와 의미의 난해성은 현대 예술의 가장 큰 특징이며, 이 때문에 전문가의 권력이 강력히 작동하게 되었다. 사실 서구에서는 이미 19세기 초반에 근대주의가 등장하면서 예술은 상당히 혼란스러운 개념이 되었다. 19세기 후반에 서구에서 등장한 인상파를 둘러싼 당대의 논란은 그 좋은 예이다. 새로운 길을 연 위대한 마네를 괴롭혔던 고전주의자들, 외로운 고호를 결국 죽음으로 몰아간 그들의 상식. 그러나 결국 인상파의 승리와 함께 예술의 개념 자체가 크게 바뀌기 시작했다(Hauser, 1951; 4장). 근대화에 따라 예술의 주관화가 추진되었던 것이다.

에두아르드 마네가 1863년에 발표한, 정면에 자리잡은 알몸의 여자가 관객을 응시하는 도발적인 구도의 '풀밭 위의 점심'은 근대 회화의 문을 열고 인상파를 시작한 작품으로 꼽힌다. 이 때문에 마네를 '인상파의 아버지'로 부르기도 한다. 그러나 사실 인상파라는 명칭은 끌로드 모네가 1872년에 발표한 '인상 – 일출'이라는 작품에서 비롯되었다. 인상파는 단순히 미술 표현방식의 변화로 나타난 새로운 미술 사조가 아니라 빛의 반사로서 색과 망막 작용에 대한 과학적 인식에 따라 나타난 새로운 미술 사조이다(Strosberg, 1999: 183~191). 그런데 빛의 반사와 망막 작용이라는 객관적 사실은 사람마다 다른 주관적 인식을 낳는다. 이 점에서 더욱 더 중요한 것은 인상파가 외부 대상에 대한 이상적인 관념이 아니라 개인의 주관적인 감정을 적극 표현하기 시작했다는 것이다. 그러므로 인상파가 널리 퍼지면서 개인의 주관이 지배하는 현대 예술의 길이 열리게 되었다.

아마도 역사 이래 줄곧 유지되어 왔을 모방과 조화라는 예술의 개념적 근간이 무너진 것은 근대화의 중요한 결과이다. 이 점에서도 근대화는 총체적이고 근본적 변화였다. 그런데 근대화는 무엇인가? 근대화의 물질적 핵심은 공업화이이며 정치적 핵심은 민주화이다. 공업화에 의해 다수의 사람들이 물질적 안정을 누릴 수 있게 되면서 전제에 맞서 민주화가 강력히 추진되었다. 그리고 이로부터 사람들이 개별적인 주체로서 살아가는 개인화가 진행되었다. 그러나 이와 함께 자본화가 진행되어 새로운 불평등이 심화되고, 또한 자원의 소모와 자연의 오염에 따른 생태위기가 악화되었다. 공업화는 자원의 소진에 따라 머지 않아 종식될 것이다. 이런 상황에서 인류는 민주화와 개인화의 성과를 지키면서 불평등의 심화와 생태위기의 악화를 극복해야 하는 중대한 역사적 과제를 안고 있다.

근대화는 세계를 이해하고 이용하는 방식의 변화를 낳았으며, 이와 함께 세계를 보는 우리의 눈을 바꾸어 놓았다. 이에 따라 이제 예술은 더 이상 세계를 모방하며 조화를 추구하는 것이 아니라 오히려 세계를 생산하고 조화를 파괴하는 것으로 바뀌게 되었다. 아름다운 것과 그렇지 않은 것 사이에 놓여 있던 장벽은 부서졌으며, 사람들을 당황하게 만드는 이상한 예술이 현대 예술의 이름으로 만개하게 되었다. 찌그러진 얼굴을 하고 이상한 몸매를 한 사람들을 그린 것(피카소), 마대 걸레와 같은 것으로 화판에 물감을 마구 뿌린 것(잭슨 폴록), 낡아서 버린 침대를 북북 찢고 물감을 뿌린 것(로버트 라우센버그), 상품을 통해 널리 퍼진 대중적인 형상들을 그대로 표현한 것(앤디 워홀), 유아들이 알아볼 수 없는 형태를 멋대로 낙서한 듯이 그린 것(장 바스키아) 등이 현대 미술의 대표로 떠오르게 되었다.

바스키아의 작품

건축에서도 커다란 변화가 전개되었으나 건축은 공간을 바꾸는 것이기에 그 내용은 미술이나 음악과는 많이 달랐다. 일단 고전적인 모방과 조화의 미학을 대신해서 과학과 기술의 미학이 나타나게 되었다. 르 코르뷔지에(1887~1965년)가 강조했듯이 효율의 원리에 지배된 근대주의 건축에서는 냉철한 수학이 복잡한 미학을 지배하게 되었다.

건축은 표준에 의해 지배된다. 표준은 논리와 분석, 그리고 정밀한 연구의 문제이다. 표준이란 훌륭하게 규정된 문제에 근거하고 있다. 건축은 융통성있는 발명, 지적인 사색과, 고도의 수학을 의미한다. 건축은 매우 고상한 예술이다((Le Corbusier, 1923: 126).

신학의 원리를 수학의 원리가 대체했고, 종교적 미학을 기계적 미학이 대체했다. 이에 입각해서 그로피우스의 바우하우스는 기능과 효율을 산뜻하게 강조한 근대 건축을 정립했고, 이것은 국제주의라고 불릴 정도로 세계로 퍼져서 현대 건축의 전형을 이루었다. 이로써 수학과 기계에 의한 건축의 획일화가 이루어졌다. 이에 맞서 가우디처럼 자연주의를 강렬하게 추구하는 건축가도 나타났다(Zerbst, 1990). 이런 여러 변화는 생산력 증대를 기반으로 하는 근대화에 뿌

르 코르뷔지에의 '빌라 사보아' (1930년 준공)
현대의 자재를 활용해서 외부를 날렵하게 만들었고, 효율의 최대화를 위해 사각으로 구획했고, 자동차를 위해 1층을 비웠다. 르 코르뷔지에는 주택을 기계로 파악하고 대량생산 상품으로 만들고자 했다.

리를 두고 있었다. 근대화는 생산력 증대에 따른 자유의 신장 과정이었으며, 건축을 비롯해서 예술의 급격한 다양화는 이런 사실을 잘 보여주었다.

건축은 공간예술이다. 그것은 단순히 공간을 변형하고 생성하는 행위가 아니라 공간을 아름답게 만들어서 공간에 의미를 부여하고 사람들의 각성을 유도하는 행위이다. 아름다움이란 무엇인가? 그것은 더 이상 모방과 조화로 국한되지 않는다. 오늘날 아름다움은 말 그대로 무한한 방식으로 표현될 수 있다. 따라서 더 중요한 것은 그 목표 혹은 결과이다. 주체에 의해 단순히 소비되어 사라지는가, 아니면 주체에게 새로운 의미를 제공하는가? 공간을 둘러싼 투쟁이 갈수록 치열해지는 현대 사회에서, 특히 불필요한 토건사업과 투기가 폭주하는 한국 사회에서, 이러한 공간예술로서 건축의 가치는 더욱 각별하다. 물론 그렇다고 해서 건축이 그 가치를 제대로 구현하고 있다는 것은 아니다. 오늘날 세계 곳곳에서 쉽게 볼 수 있는 희한한 건물들은 더욱 더 그렇다. 곳곳에서 심지어 회화나 조각을 모방한 건축이 행해지고 있다. 그러나 건축은 회화나 조각이 아니다.

여기서 잠시 윌리엄 모리스의 말에 귀를 기울여 보는 것도 좋을 듯하다. 윌리엄 모리스는 "건축 작업은 단순한 장난감이나 덧없는 예쁜 것들의 생산에 관여하지 않는 모든 진지한 예술들을 포괄하는 조화롭고 협동적인 예술 작업이다"고 주장했다(Morris, 1893). 생태적 디자이너이자 혁명적 사회주의자였던 윌리엄 모리스는 본래 건축을 공부했다가 공예로 돌아섰던 사람이다. 그는 건축에도 계속 큰 관심을 가지고 있었으며, 특히 옛 건축의 보존을 위해 많은 활동을 했는데, 고딕 건축에 너무 사로잡혀 있어서 소통의 어려움을 느낄 수 있지만 건축에 대한 그의 진지한 주장은 여전히 의미가 크다. 윌리엄 모리스는 미래의 건축은 고딕 건축이어야 한다고까지 주장했는데, 사실 그 바탕에는 기계에 대한 거부와 수공에 대한 찬미가 놓여 있었다. 이런 점에서 윌리엄 모리스는 20세기 기계 문명에 대한 최대의 비판자인 하이데거와 깊은 연관성을 갖는다(Heidegger, 1927, 1954).

서울 명동의 중앙우체국 (Post Tower)
흔히 '마징가 제트'라고 불리는 건물. 정기용은 소변을 보고 지퍼를 채우지 않은 남자 바지를 거꾸로 해 놓은 모양이라고 말하곤 했다. 회화나 조각을 모방하지 않아도 이렇게 희한한 건물을 건축할 수 있다. 이 건물은 '삼성 종로타워', '서울시 신청사', '국회의사당'과 함께 서울의 4대 희한한 건물로 꼽힐 수 있을 것 같다.

지난 10여 년 동안 나는 몇 차례 유럽을 여행할 기회가 있었다. 가장 길고 즐거웠던 여행은 2001년 7월의 한여름에 했던 3주간의 유럽여행이었다. 나는 우선 모스크바 공항을 경유하는 비행기를 타

가우디의 `사그라나 파밀리아`

고 런던으로 갔다. 그리고 런던에서 시작해서 암스테르담, 뮌헨, 하이델베르크, 짤즈부르크, 베니스, 로마, 피렌체, 니스, 바르셀로나, 파리 등을 돌아다녔다. 거의 대부분 유레일을 이용하고 베니스 역에서는 노숙을 하는 등의 힘든 여행이었지만 멋진 건물과 도시를 실컷 구경하는 즐거운 여행이기도 했다. 특히 바르셀로나에서 안토니오 가우디(1852~1926)의 '사그라다 파밀리아'(성가족 성당)을 찾았을 때의 경험은 엄청난 것이었다. 1882년의 착공 당시에는 250년 동안 지어야 할 것으로 예상되었으나 다행히 건축기술의 발달로 50년 정도 빨리 완공될 것 같다는 이 놀라운 건물을 둘러보면서 한 사람의 위대한 건축가가 한 사회를 크게 바꿀 수도 있겠다는 생각을 했다.

　모든 예술이 나름대로 사회성을 갖고 있지만 특히 건축은 높은 사회성을 가지고 있다. 그것은 많은 사람들의 결합을 통해 구현되며, 직접적으로 사람들에게 드러나고, 사람들의 인식과 생활에 영향을 미치기 때문이다. 그런 만큼 건축에서는 주체와 세계의 관계에 개입하는 예술의 특징이 더욱 적극적으로 추구될 필요가 있다. 단순히 새로운 형태를 추구하는 방식으로는 아마도 건축은 예술로서 존립할 수 없을 것이다. 건축은 공간예술일 뿐만 아니라 사회예술이기도 하다. 그리고 사실 건물은 예술이기에 앞서서 실용적인 도구여야 하니 건축은 무엇보다 실용예술이어야 할 것이다.

예술적 가능성

예술에서 무엇보다 중요한 것은 상상력이라고 한다. 예술가들의 뛰어난 상상력은 우리의 현재와 미래를 예시해서 보여준다. 이 점에서 예술가는 교육자이자 예언가이다. 우리가 예술가를 존중하는 것은 미학적 이유뿐만 아니라 기능적 이유 때문이기도 하다. 일반인이 좀처럼 생각하기 어려운 것을 예술가는 형상화해서 보여주는 것이다. 이 때문에 예술은 사회적 차별의 원천이 될 수도 있다(Bourdieu, 1979: 22). 그러나 예술에 의해 사회는 미학적으로 풍요로워지고, 기능적으로 강화될 수 있다. 사실 표현의 자유라는 기본권이 중요한 이유도 이 때문이다. 우리가 더욱 자유롭고 풍요로운 사회에서 살고 싶다면, 무엇보다 먼저 표현의 자유를 적극 보장해야 하고, 예술가들이 자유롭게 표현할 수 있도록 해야 한다.

그런데 이 점에서 건축은 조금 다르다. 한때 '침대는 과학입니다'는 모 침대회사의 광고문안이 유행한 적이 있지만, 이것을 '건축은 과학입니다'로 바꿔서 널리 퍼트릴 필요가 있을 것 같다. 그 크기나 형태와 무관하게 모든 건물은 나름대로 과학을 구현하고 있다. 예컨대 모든 건물은 중력에 맞서서 서 있다. 중력을 이길 수 없다면 건물은 무너지고 만다. 중력을 이기는 것은 형태에 앞서서 재료의 문제이다. 나무로는 2~3층의 건물도 짓기가 어렵고, 벽돌로는 10층을 넘는 건물을 짓기가 어려우며, 강철이 없이는 마천루는 상상조차 할 수 없다. 이런 점에서 건물의 변화는 재료의 변화를 전제로 한다(Trefil, 1994). 건축은 다른 예술 분야에 비해 물리적인 제약조건이 훨씬 많고 크다.

공간예술로서 건축은 여러 재료를 물리적 공간에 입체적으로 구현하는 것을 뜻한다. 따라서 그것은 처음부터 끝까지 물리법칙 속에서 이루어져야 한다. 건축은 결코 단순한 표현으로 이루어질 수 없는 것이다. 그림이나 음악이나 연극은 물리법칙으로부터 대체로 자유롭다. 그러나 건축은 물리법칙을 벗어나서는 이루어질 수 없다. 물리법칙을 무시한 건물은 물리법칙의 엄한 응징을 받을 수밖에 없다.[*] 이런 점에서 건축은 다른 예술에 비해 대단히 엄격한 물리적 제약 속에

---

[*] 1994년 10월의 성수대교 붕괴와 1995년 6월의 삼풍백화점 붕괴는 그 단적인 예이다.

서 이루어지는 예술이다. 그리고 이런 점에서 건축은 다른 예술보다 훨씬 더 어려운 예술이라고 할 수 있다. 예술은 본래 기술과 한 몸이었거니와 '원초 예술'인 건축은 이런 성격을 여전히 가장 강하게 지니고 있다.

과학기술의 발달은 건축의 예술적 가능성을 크게 확대했다. 사실 과학기술의 예술적 영향은 미술이나 음악보다 건축에서 더욱 극적으로 나타났다. 아놀드 하우저가 설명했듯이 과학기술의 발달이 아니었다면 인상파는 나타나지 못했을 것이다. 현대의 여러 음악들도 마찬가지이다. 쇤베르크가 시도한 무조 음악같은 난해하고 재미없는 신음악뿐만 아니라 오늘날 가장 강력하고 인기있는 음악 장르임에 틀림없는 락 음악도 사실상 과학기술의 산물이다. 전기를 이용한 악기가 만들어지지 않았다면 락 음악은 나타나지 못했을 것이다. 락 음악은 전기 시대를 대표하는 대중음악이다. 특히 중요한 것은 기타의 변화이다. 1952년에 미국의 기타리스트인 레스 폴이 발명하고 미국의 기타 제작사인 깁슨 사에서 제작해서 판매하기 시작한 '깁슨 레스 폴'이 전자기타의 시작이다.

이렇게 보면 과학기술의 영향은 모든 예술에서 명확하게 확인할 수 있다. 그러나 그 영향을 가장 강력하게 보여주는 것은 역시 건축이다. 하늘을 가린 마천루를 보라. 과학기술의 발달에 따라 건축은 그야말로 면모를 일신하게 되었다. 하늘 높은 줄 모르고 건물이 높이 치솟게 되었고, 건물 자체가

'깁슨 레스 폴'로 연주하는 지미 페이지

스페인 빌바오의 구겐하임 미술관
미국의 건축가 프랭크 게리가 설계해서 1997년에 완공된 건물. 종이를 구겨놓은 듯한 특이한 외관으로 유명하다. 2003년에 완공된 LA에 있는 비슷한 외관의 Walt Disney Concert Hall도 그의 설계이다.

하나의 거대한 기계가 되었으며, 건물의 형태와 외양이 아주 다양해졌다. 심지어 구겨진 휴지같은 모양의 건물, 잔뜩 일그러져 넘어질 것 같은 모양의 건물 등도 있다. 그러나 이러한 변화가 그 자체로 예술로서 건축의 발전을 뜻하는 것은 물론 아니다. 건축이 예술이 되기 위해서는 과학기술 안에서 과학기술을 넘어서는 노력이 이루어져야 할 것이다. 단순히 과학을 적용하는 것에 그친다면 건축은 예술이 아니라 그저 과학의 한 형태나 응용에 불과할 것이다.

마천루에서 두드러지게 나타나는 과학기술의 영향에 초점을 맞추면 건축은 과학기술의 종속적 존재가 되고 만 것 같기도 하다. 그러나 공간예술로서 건축의 가치는 분명히 과학기술로부터 독립적이다. 그것은 우리의 공간을 더욱 아름답게 만들고, 공간에 대한 우리의 생각을 바꾸어 놓을 수 있다. 과학기술에 종속되지 않고 그것을 이용할 수 있는 길은 얼마든지 있다. 과학기술의 규정력을 이해하고 그것을 이용하는 것과 그렇지 않고 그것에 종속되는 것은 전혀 다른 문제이다. 무서운 것은 다음과 같은 세가지이다.

첫째, 자본의 탐욕과 과학기술의 능력이 결합되어 초고층 건물이

무분별하게 늘어나는 것이다. 산뜻한 유리로 치장한 '화려한 고층화'
는 과학기술의 놀라운 성과이다. 그러나 마치 이것만이 건축이라는
예술을 구현하는 유일한 길인 것처럼 추구되는 것은 예술의 발전이
기보다는 오히려 예술의 재앙이라고 해야 옳을 것이다. 과학기술의
발달이 건축의 예술적 가능성을 강화하기만 하는 것은 아니다. 자본
과 결합된 과학기술이 사회 전체적으로 건물의 특정한 형태를 또는
특이한 형태를 일방적으로 강화해서 예술로서 건축의 타락을 가져올
수 있다.

둘째, 고층화는 예술의 재앙일 수 있을 뿐만 아니라 생태적으로는
명백히 큰 문제를 안고 있다. 예컨대 고층건물은 기존의 토지 조직을
대대적으로 파괴하고, 바람과 빛을 가로막고, '열섬 현상'을 일으킨
다. 그러므로 자본의 탐욕에 따른 고층화의 무분별한 확산은 사회적
으로 큰 문제가 아닐 수 없다. 건강한 생태계 안에서 건전한 사회가
형성될 수 있기 때문이다. 생태적 악화는 사회의 존속에 심각한 영향

MIT의 The Ray and Maria Stata Center
프랭크 게리가 설계해서 2004년에 완공된 비틀거리며 무너지고 있는 듯한 모습의 건물. 2007년에 MIT는 이
건물이 누수, 균열, 배수관 역류 등의 문제를 일으켰다며 프랭크 게리와 시공사를 고소했다.

을 미친다. 고대 메소포타미아뿐만 아니라 현대의 대도시들도 마찬가지이다. 자본의 탐욕을 동력으로 하는 고층화 경쟁은 명백히 파국의 위험을 안고 있다.

셋째, 건축가들이 여러 이유에서 고층화를 당연한 것으로 제시하고 적극적으로 추구하는 것이다. 서울의 경우를 예로 들자면, 강남을 초고층지대로 만들자는 제안과 강북을 강남화하자는 계획은 그 좋은 예이다. 건축가들이 고층화의 유력한 주체로 나서게 되면 고층화의 실제적 주체인 자본가는 뒤로 슬쩍 물러날 수 있게 된다. 이렇게 해서 고층화는 이윤의 문제가 아니라 예술의 문제인 것처럼 호도될 수 있게 된다. 세계적으로 보자면, 고층 건물로 모든 문제를 해결하고자 했던 르 코르뷔지에의 근대주의적 몽상에서 잘 드러나듯이, 무분별한 고층화의 주역으로 나선 건축가들이 많다.

한국 건축의 불행

건축가들은 강한 예술적 지향을 보이는 것 같다. 한국의 건축가들은 더욱 그런 것 같다. 한국에서 건축가들은 기술자보다는 추구하는 것 같다. 건축의 예술적 중요성에 비추어 보면 건축가들의 예술 지향은 적극 장려되어야 할 태도일 수 있다. 그러나 한국 건축의 대체적인 현실은 예술과는 아주 거리가 먼 것 같다. 멋진 건물들이 없다는 것이 아니라 건물들이 지어지는 사회적 환경이 아주 좋지 않고, 또 건물들이 들어서 있는 물리적 환경이 너무 엉망이어서 그렇다. 그리고 이것은 아마 서구의 선진국들도 비슷한 상태일 것 같은데, 한국의 건축가들 중에서 실제로 예술로서 건축을 할 수 있는 사람은 극소수일 뿐이다.

한국의 건축가들 중에서 예술가로 가장 유명한 사람은 아마도 김수근일 것이다. 척박한 박정희 독재 시대에 건축을 넘어서 문화 전반에서 많은 활동을 했고 문화 발전에 큰 이바지를 했던 그는 건축가를 어딘가 신비로운 예술가의 이미지로 생각하게 만든 사람인 것 같다. 그래서 내 경우에 그가 흉칙한 세운상가의 건축가라는 사실을 알았을 때의 실망감과 황당함은 더욱 컸다(홍성태, 2004). 몰상식한 개발독재 시대를 기억하기 위한 반문화의 기념비로서나 그 '보존가치'가 언급되었던 이 불쾌한 시멘트 덩어리는 현대 예술의 난해성보다는 타락상을 보여주는 증거였다고 해야 할 것이다. 어렵게 일본으로 가서 오랫동안 건축을 공부하고 온 김수근은 '혁명주체', 그 중에서도 특히 2인자였던 김종필의 전폭적인 지지를 받으며 '세운상가'와 같은 거대한 '서울 개발' 프로젝트를 주도했던 건축가였다. 그러므로 그의 예술적 성취가 과연 어떤 것인가에 대해서는 더욱 투명한 논의가 필요할 것이다.

김수근을 적극 지지했던 '혁명주체'란 바로 '5·16 군사반란의 주체'들을 뜻한다. 일제의 만주 관동군 출신 박정희가 주도한 이 반란으로 4·19 시민혁명을 통해 수립된 민주정부가 무너지고 무려 18년에 걸쳐 군사독재가 시행되었다. 이로써 친일파의 대대적 부활이 이루어졌으며, 나아가 친일에 뿌리를 둔 독재 세력이 지배 세력으로 확립되었다. 1961년 5월 16일에 군사정변을 일으켰을 때 박정희의 나이는 44살(1917년 생)이었으며, 2인자였던 김종필의 나이는 불과 35살(1926년 생)이었다. 정치적 정

세운상가 (2004년 촬영)

당성이 원천적으로 결여된 군사반란의 주체들은 서울의 급격한 개조를 통해 자신들의 능력을 과시하려고 했다. 그들의 문화적 안목은 일본에 의해 길러진 것이었으며, 이 점에서 김종필과 김수근은 잘 통했던 것으로 보인다. 둘은 각각 1926년 생과 1931년 생으로 비슷한 연배이기도 했다. 김수근은 김종필의 전폭적인 지지 아래 건축을 통해 박정희의 독재를 적극 구현했으며, 손정목은 이런 김수근의 '강한 속기' 때문에 그를 '다재다능한 사업가'로 규정한다(손정목, 2003: 142).

김수근 이후 한국의 건축에서 큰 변화가 이루어진 것은 아마도 1990년대 후반에 들어와서인 것 같다(박길룡, 2005). 그런데 1990년대 후반 이후 한국의 건축을 주도한 것은 외국 건축가들이 아니었을까? 좋게 말해서 지구화의 한 양상이고, 심하게 말해서 여전한 식민화의 한 양상이다. 1990년대 이후 한국에서는 지구화의 이름으로 식민화가 새롭고 폭넓게 이루어진 것 같다. 보수와 진보를 떠나 미국이 아니면 유럽이 우리의 정신을 더욱 더 강력히 지배하게 되었다. 건축의 경우도 예외가 아니었던 것 같다. 그 시초로 종로 2가에 들어선 삼성재벌의 '종로 타워'를 꼽을 수 있을 것이다. 그러나 라파엘 비뇰리가 설계한 이 파격적인 건물은 한국 최초의 근대 건축가로 꼽히는 박길룡의 역사적 작품인 '화신 백화점'을 뭉개고 들어선 것이다. 서울 삼성동에 들어선 현대재벌의 '아이파크 타워'도 비슷한 맥락에서 살펴볼 수 있다. 이 건물은 다니엘 리베스킨트라는 '세계적인 해체주의 건축가'가 지은 '해체주의 건축물'로서 널리 소개되었다. '세계적인'이라는 수사는 건물 전면에 조형물을 붙여 놓은 것까지도 '자연과 기술의 조화'로 제시하는 힘을 발휘했다.

정신적 식민화의 정도를 따지자면 '아이파크 타워' 쪽이 '밀레니엄 타워'보다 한결 더 심한 것 같다. '해체적 건축'은 사실 그 자체로는 '역설적 개념'이다. 데리다의 해체 철학은 플라톤 이래 지속되어

온 서구의 합리주의 철학을 해체해서 새로운 사유의 길을 여는 것이었다(Derrida, 1966~82; Megill, 1985). 그 영향으로 미술, 음악, 문학, 건축 등 다양한 예술 장르에서 당연시되던 것들을 부정하고 새로운 인식을 표현하는 시도들이 나타났다. 그러나 건축은 물리적인 제약조건이 강하기 때문에 실제로 '해체적 건축'은 대단히 제한적인 의미를 가질 수밖에 가질 수 없다. '아이파크 타워'를 둘러싼 일련의 홍보성 기사들을 보면서, 서구의 사회이론을 수입해서 판매하는 데 열을 올리는 우리의 식민적 지식 풍토를 떠올렸다. 이렇게 식민화가 심화되면서 건축의 가치나 의미에 대한 천착보다는 민족주의적 논란이 더욱 불거지게 된다. 그러나 잘못된 것은 잘못된 것일 뿐이다. '밀레니엄 타워'가 입지에서 불쾌하고 심각한 문제를 안고 있다면, '아이파크 타워'는 부착 조형물에 대한 과도한 홍보의 문제를 안고 있다. 여기에 삼성과 현대로 대표되는 재벌의 문제가 연관되어 있기도 하다는 것은 다시 말할 필요가 없다.

한국 건축의 불행은 일본 제국주의에 의한 식민화에서부터 비롯된 깊은 역사적 연원을 가지고 있다. 식민화의 문제는 단지 정치나 경제의 문제가 아니라 사상, 예술, 의식, 생활 등 모든 것에 영향을 미치는 총체적인 것이다. 식민화에 따라 본래의 한국 건축은 '전통 건축'이라는 이름으로 고립화되었고, 이렇게 해서 성립한 한국 건축은 식민화의 문제에서 자유롭지 못하다. 한국 건축의 역사적 정체성 자체가 제대로 이루어져 있지 않고 있기 때문에, 이렇게 된 데에는 한국 건축가의 책임도 크기 때문에, 한국 건축이 제대로 예술로 여겨지지 못하는 것은 아닐까? 예술로서의 건축과 그렇지 않은 현실 사이의 모순을 해결하기 위해서는 더욱 거시적인 관점의 역사적 실천이 필요한 것이 아닐까?

한국의 자본은 그 천민성으로 악명이 자자하다. 삼성재벌, 현대재벌, 롯데재벌, SK재벌 등 재벌들은 정경유착, 뇌물수수, 불법상속, 노동탄압 등 죄를 많이 지은 '죄벌'의 성격을 갖는다. 그들이 아무리 '세계적인' 건축가를 초빙해서 멋진 건물을 짓는다고 해도 그 성격은 사라지지 않는다. 중요한 것은 화장이나 성형이 아니다. 재벌로 대표되는 악성 자본이 지배하는 상황에서 한국 건축의 불행은 구조적으로 계속될 수밖에 없다. 더욱 큰 문제는 건축가들이 이런 상황을 사실상 묵인하는 것이다. 이렇게 해서 결국 건축가들이 한국 건축의 불행을 초래한 주체가 되고 만다. 이보다 더 안타까운 일은 없다. 건축의 가장 중요한 주체인 건축가들이 자신의 역사를 올바로 인식하지 않는 곳에서 건축이 예술로서 정립되기는 어려울 수밖에 없다.

건물은 사실 가장 중요한 공간 문화물이다. 이 점에서 건축가는 중요한 '공공 예술가'라고 할 수 있다. 건축가는 사회에 봉사하고, 사회는 건축가를 보호해야 한다. 그리고 전문가인 건축가부터 그렇지 못한 상황을 바로잡기 위해 최선을 다해야 한다. 잘못된 상황을 그대로 두고 제 아무리 예술가라고 자처해야 물에 빠지지 않는다고 생각하며 물 위를 걷고자 하는 사람이 될 수 있을 뿐이다. 한국 건축의 불행을 해결하는 길은 한국 건축의 역사를 바로 세우고 지키는 것으로 시작될 수 있을 것이다. 한국 건축의 역사를 직시하는 데서 한국 건축의 예술이 쑥쑥 자라날 것이다.

또 다른 문제

식민화, 국가주의, 개발주의, 토건국가, 자본의 탐욕, 그리고 건축가의 잘못 등만이 한국 건축의 예술적 좌절을 불러오는 요인은 아니다. 여기에는 공익의 논리로 치장된 다른 공간적 문제들도 작용하고 있다. 대표적인 예가 바로 전깃줄이다. 아무리 멋진 건물을 짓더라도 전깃줄을 피해서 깨끗한 '증명사진'조차 제대로 찍을 수 없는 것이 한국 건축의 슬픈 운명이다. 2011년 6월 현재, 한국에는 무려 1,230만 개가 넘는 전봇대가 설치되어 있고 거기에 가설된 각종 전깃줄은 지구를 40바퀴도 넘게 돌 수 있다. 그야말로 나라 전체가 전깃줄에 휘감겨 있는 상황이라고 할 수 있다.

몇 해 전의 일이다. 정기용 선생의 작품집을 출간하기 위해 사진들을 찾아보다가 나는 그만 웃지 않을 수 없었다. 근사한 건물들이 모두 전깃줄로 난도질되어 있었기 때문이다. 서울의 건물들뿐만 아니라 무주의 건물들도 대체로 그랬다. 이처럼 건물의 멋과 맛을 망치는 공간적 문제가 이 나라 곳곳에 산적해 있다. 난개발국가 한국에서 건축가로 산다는 것은 애초부터 좌절과 분노를 안고 살 수밖에 없는 운명인지 모른다. 좌절과 분노의 원인에 맞서서 싸우는 건축가들이 늘어날수록 예술로서 건축의 가능성도 커질 것이다. 사회예술인 건축의 발전을 위해서는 당연히 그 주체에 의해 사회의 발전이 적극 추구

북촌의 전봇대와 전깃줄
전통주거문화지역으로 지정된 서울의 북촌도 전봇대와 전깃줄에 의해 난잡하게 유린되어 있다. 최초의 서양화가 고희동이 짓고 살던 개량한옥 옆 골목도 이런 꼴이다. 고희동의 집은 어떤 기업과 유명한 건축가에 의해 파괴되어 영원히 사라질 뻔했다.

되어야 한다.

나는 2000년대 초부터 '전깃줄 공해' 문제를 해결하기 위해 나름대로 많은 노력을 기울여왔다. 2002년에 나는 이 문제를 지적하는 칼럼을 〈한겨레〉에 처음 썼는데, 그 다음 주에 이 글에 대해 한전 쪽에서 해명의 글을 〈한겨레〉에 실었다. 이 글에 따르면, 2002년 현재 전국에 약 750만 개의 전봇대와 지구 25바퀴 반을 돌 수 있는 길이의 전깃줄이 설치되어 있다고 했다. 그리고 그러니 그냥 참고 사는 수밖에 없다는 것이 한전

S자형 쇠 전봇대

S자형 쇠 전봇대는 전봇대 자체를 가능한 한 건물에 붙여서 설치하되 전깃줄을 설치할 공간을 확보하기 위해 고안된 괴이한 형태의 전봇대이다.

쪽의 주장이었다. 심하게 말해서 천지사방에 똥이니 그냥 대충 살라는 것이었다. 그 결과 2011년 현재 전국의 전봇대는 1,230만 개 이상으로 늘었다.

건축이 예술로서 확립되고 발전하는 것은 한 사회의 발전을 보여주는 지표의 의미를 지니는 것 같다. 기능성과 환금성이 강조되는 곳에서 건축은 예술로서 발전하기 어렵다. 그 결과 공간문화 자체가 척박해지고 천박해지고 만다. 멋지고 즐거운 건물들이 늘어나기 위해서는 전문가인 건축가의 다양한 사회적 실천이 필요하다. 예컨대 건축가는 단순히 건축만을 추구하는 것이 아니라 한전과 같은 거대한 공적 개발의 주체들과 맞서서, 나아가 잘못된 정책을 결정하고 강행하는 정부와 정당에 맞서서, 토건국가와 투기사회의 문제를 바로잡는 주체가 되기도 해야 한다.

몽마르트에서 본 파리

몽마르트 언덕에서 바라본 파리의 모습은 놀랍다. 드넓은 파리 시내에서 몽파르나스 빌딩을 빼고는 높은 건물이라고는 보이지 않는다. 파리는 현대 고층건물들을 라데팡스 신도심에 모아 놓았다.

미켈란젤로 언덕에서 바라본 피렌체

피렌체는 자연과 역사가 살아 있는 아름다운 도시이다. 위대한 건물들이 이 도시를 더욱 아름답게 한다. '돈 사회'를 넘어서 생태복지국가를 이룩하는 것과 이렇게 아름다운 도시를 만드는 것은 서로 뗄 수 없는 과제이다.

로마는 하루 아침에 이루어지지 않는다. 많은 사람들이 유럽의 건물과 도시에 감탄하고 부러워하지만, 예술을 존중하고 사랑하는 사회는 쉽게 만들어지지 않는다. 복잡한 사회적 경제적 연관 속에서 이루어지기 때문에 건축과 같은 공간예술의 발전은 더욱 더 어렵다. 다행히 이를 위한 사회적 여건은 나아지고 있다. 이른바 '문화도시'에 대한 요란한 반응은 그 좋은 예이다. 여기에는 공간문화의 발전을 촉구하는 시대적 여망이 분명히 투영되어 있다. 이러한 변화를 제대로 이끌기 위해서는 적절한 사회적 실천이 이루어져야 한다. 건축가는 그 핵심적인 조직자이자 조정자가 되어야 할 것이다.

【참고자료】

박길룡(2005), 『한국 현대건축의 유전자』, 공간사

손정목(2003), 『서울 도시계획 이야기1』, 한울

홍성태(2004), 『서울에서 서울을 찾는다』, 궁리

Bourdieu, Pierre(1979), 최종철 옮김(1995), 『구별짓기』, 새물결

Derrida, Jacque(1966~81), 김보현 편역(1996), 『해체』, 문예출판사

Hauser, Arnold(1951), 백낙청 · 염무웅 역(1974), 『문학과 예술의 사회사 – 현대편』

Heidegger, Martin(1927), 전양범 옮김(1992), 『존재와 시간』, 동서문화사

_______________(1954), 이기상 외 옮김(2008), 『강연과 논문』, 이학사

Le Corbusier(1923), 장성수 · 장성주(1999), 『새로운 건축을 향하여』, 태림문화사

Megill, Allan(1985), 정일준 외 옮김(1985), 『극단의 예언자들: 니체, 하이데거, 푸코, 데리다』, 새물결

Morris, William(1889), Gothic Architecture, http://www.marxists.org/archive/morris/works/1889/gothic.htm

Strosberg, Eliane(1999), 김승윤(2001), 『예술과 과학』, 을유문화사

Trefil(1994), 정영목 옮김(1999), 『도시의 과학자들』, 지호

Zerbst, Rainer(1990), Antoni Gaudi, Taschen

파르테논에서 내려다 본 아테네 시내

건축과 도시

도시와 문화

도시는 인류가 만든 가장 거대한 문화물이다. 크고 작은 수많은 건물들과 사람들이 모여서 이루어진 공간적 실체가 바로 도시이기 때문이다. 도시는 단순히 많은 사람들이 모여 살거나 물건들을 거래하는 곳이 아니다. '도시'라는 한자어에서 도(都)는 언덕에 사람들이 많이 모여 있는 것을 뜻하고, 시(市)는 길의 양쪽에 가게들이 늘어서 있는 것을 뜻한다. 다시 말해서 도시는 많은 사람들이 모여서 물건을 사고파는 곳을 뜻한다. 그런데 중국에서는 '도시'보다 '성시'라는 말을 주로 쓴다. 성(城)은 외부의 적을 막기 위해 일정한 지역을 둘러싼 높고 강한 벽을 뜻한다. 전근대 시대의 도시는 모두 성으로 둘러싸여 있었다. 영어의 –berg, 독어의 –burg도 모두 성을 뜻한다. 그 기능을 무

인왕산 자락에서 바라본 서울
저 앞의 남산과 그 뒤의 구룡산에 이르기까지 서울의 전역에는 온갖 형태의 고층 건물들이 수없이 들어서 있다. 서울은 4대 주요 산에 18km에 이르는 성곽을 건설해서 만들어진 성곽도시였다. 그리고 그 안팎으로 수많은 작은 산들이 있는 산 도시였으나 이제는 옛 서울의 경계를 이뤘던 4대 주요 산도 보기 어렵게 되었다.

엇이라고 규정하건 도시는 항상 그 규정을 넘어선다. 그리고 그 기능적 특징과 무관하게 모든 도시는 언제나 거대한 문화물이라는 특징을 갖는다.

이러한 문화물로서 도시에서 가장 중요한 물리적 요소는 바로 건물이다. 물리적으로 보아서 도시는 많은 건물들이 모여 있는 곳이라고 할 수 있다. 따라서 좋은 건물은 좋은 도시의 출발점이 된다. 그러나 단순히 좋은 건물들이 많이 있다고 좋은 도시가 되는 것은 아니다. 전체는 부분의 합이 아닌 것처럼 도시는 단순히 건물들로 이루어지지 않는다. 도로를 비롯한 여러 구조물과 시설물 등의 다른 물리적 요소들을 더해도 마찬가지다. 도시는 이 모든 것들이 어우러져서 새롭게 나타나는 전체이다. 일찍이 양자역학의 물리학자 하이젠베르크가 갈파했듯이 전체는 부분으로 이루어져 있으나 부분의 합이 전체는 아니다. 생물의 경우에 이 명제는 가장 명확하다(최종덕, 1995). 그러나 기계나 건물의 경우도 마찬가지다. 전체는 부분과 다른 원리와 특성을 갖는 새로운 존재이기 때문이다. 따라서 전체의 관점에서 부분을 보지 않으면 안 된다. 좋은 도시를 만들기 위해서는 전체를 전제로 해서 부분을 생산하고 조절해야 한다. 이러한 전체의 관점이 제대로 서지 않았을 때, 도시는 이른바 난개발의 덫에 빠지고 만다. 그리고 난개발 도시에서는 제 아무리 좋은 건물이라고 해도 그저 난개발 도시의 한 요소로 타락하기 십상이다. 좋은 건물을 위해서도 좋은 도시라는 전체를 만들기 위한 각고의 노력이 필요하다.

도시는 건물을 비롯한 각종 인공의 물리적 요소들로만 이루어지지 않는다. 도시는 자연을 필요로 한다. 도시와 자연의 대립적 이분법은 명백히 잘못된 것이다. 만일 도시에서 자연을 완전히 몰아낸다면 어떻게 될 것인가? 그 도시는 말 그대로 죽음의 공간이 되고 말 것이다. 그곳에서는 다른 생명체는 물론이고 사람조차 살 수 없게 될 것이다.

도시는 사람들이 살아가는 곳이다. 바로 그렇기 때문에 도시는 자연을 필요로 한다. 사람은 자연 속의 한 요소이기 때문이다. 자연이 죽은 곳에서는 사람도 살 수 없다. 그러나 도시는 자연이 그 본성대로 자유롭게 살아 있기 어려운 곳이다. 이 때문에 〈죠의 아파트〉(1996년)같은 영화가 재미있게 보여주듯이 도시에서는 바퀴벌레와 같은 강인한 벌레들이 잘 살기 쉽다. 좋은 도시는 자연이 잘 살아 있는 도시다. 자연의 풍요를 몸으로 느끼고 생명이 구현하는 느림의 시간을 살 수 있는 자연을 간직하지 않은 도시는 결코 좋은 도시라고 할 수 없다. 우리는 자연의 관점에서 도시를 재인식하고 재구성해야 한다. 더욱이 급박한 생태위기의 시대인 오늘날에 올바른 생태적 관점의 정립은 좋은 도시와 좋은 건축을 위한 참으로 핵심적인 요건이다.

인류 역사상 최대의 발명품이라는 현대 도시는 인간의 건강한 생활에 적합한 공간으로서는 부정적인 측면이 더 많다. 지구상의 어떤 이상도시도 사람들이 완벽하게 인간적인 삶을 향유하도록 허용하지 못한다. 소위 이상적인 주거단지라는 것도 그럭저럭 참을 만한 수준에 머물러 있다. 모든 일이 이대로 나간다면 상태가 점점 나빠질 것은 분명하다. 우리가 인간의 능력과 과학기술에 대해 과신하고 있는 한 우리는 자신들을 더욱 나약하고 나태하게 하는 악순환을 거듭하게 된다(김원, 1999: 14).

도시는 한 사회의 공간적 구현체다. 도시는 그 도시를 만든 사회를 고스란히 드러내 보여준다. 좋은 도시를 만드는 것은 좋은 사회를 만드는 것이기도 하다. 우리의 도시는 투기꾼과 개발업자가 지배하는 투기사회와 토건국가의 문제를 적나라하게 보여주고, 서구의 도시는 토지공개념에 입각해서 건물과 도시를 거대한 문화산물로 다루는 문화사회의 특징을 잘 보여준다. 바로 이런 점에서 우리는 사회의 질적 수준을 평가하는 중요한 잣대로 도시를 바라보아야 한다. 도시에서 살아가는 사람들의 수가 갈수록 늘어나고 있는 현대 도시사회의 상황에서 좋은 도시를 만드는 과제의 중요성은 더욱 커질 수밖에 없다. 이 과제는 공공성을 올바로 인식하고 추구하는 시민의 적극적인 관심과 참여를 통해 이루어질 수 있다. 이런 점에서 한국은 심각한 후진적 상태에 있다(홍성태, 2005).

현대의 도시사회

현대 사회는 도시사회이다. 물론 도시는 먼 고대부터 있었다. 그러나 근대화와 함께 도시의 확대와 확산이 폭발적으로 이루어지게 되었다. 도시의 확대는 한 도시의 크기가 커지는 것을 뜻한다. 이것은 도시의 물리적 크기가 커지는 것뿐만 아니라 도시에 거주하는 사람들의 수가 늘어나는 것을 함께 뜻한다. 도시의 확산은 새로운 도시가 곳곳에 들어서서 도시의 수가 늘어나는 것을 뜻한다. 이른바 도시화란 무엇보다 이러한 도시의 확대와 확산을 뜻한다. 2012년 4월에 발표된 유엔의 〈세계의 도시 상태 2010/2011〉에 따르면, 세계 인구의 절반 이상이 도시에서 살고 있으며, 이 추세는 앞으로 더욱 더 강화될 것이다. 근대화의 핵심적 특징으로 도시화를 꼽게 된 것은 도시화가 바로 근대화를 가장 구체적으로 드러내 보여 준 물리적 현상이었기 때문이다.

루이스 워스(Lewis Wirth)라는 미국의 사회학자는 1938년에 '생활양식으로서의 도시성'이라는 제목의 논문을 발표했다. 이 논문은 도시와 농촌을 대비시키고 '도시

『세계의 도시 상태 2010/2011』

적 생활양식'이라는 개념을 확립한 것으로 잘 알려졌다. 그러나 오늘날 워스의 주장은 잘못된 것으로 여겨지고 있다. 그가 '도시적 생활양식'이라고 주장한 현상들이 농촌에서도 널리 나타나고 있기 때문이다. 예컨대 다양한 기계들을 이용해서 편리하게 사는 것이나, 일정한 시간틀에 맞춰 규칙적으로 사는 것은 도시와 농촌이 다르지 않다. 워스가 속했던 시카고학파는 생태학을 적용해서 도시를 새로운 '생태계'로 보고 사람들이 여기에 적응하는 것으로 파악하는 도시생태학을 정립했다. 이에 따라 '도시적 생활양식'을 제시하게 되었던 것이다. 그러나 워스가 도시성이라고 파악한 것은 사실 근대성으로 파악해야 한다. 도시성으로 제시되었던 물질문화의 만연이나 공동체의 해체와 같은 현상은 도시라는 공간의 산물이라기보다는 근대화라는 역사적 변화의 산물인 것이다.

게오르그 짐멜(Georg Simmel)이라는 독일의 사회학자는 워스보다 한 세대 앞선 1903년에 '메트로폴리스와 정신적 삶'이라는 제목의 논문을 발표했다. 그에게 도시는 근대성이 잘 드러난 공간이었다. 그리고 근대화의 진척과 함께 근대성은 당연히 농촌으로도 확대되어 갈 것이었다. 그에게는 농촌과 도시라는 공간적 대비보다 전근대와 근대라는 시간적 대비가 본질적 의미를 지녔다. 그는 농촌과 도시의 공간적 차이보다는 근대화라는 시대적 변화에 따른 근대성이라는 사회적 특징의 등장에 더 많은 관심을 기울였다. 역사적으로 보아서 농촌과 도시의 경계는 근대화에서 본질적인 의미를 가지지 않았다. 근대화는 비록 도시에서 시작되었다고 해도 그 경계를 쉽게 뛰어넘어 농촌으로 확산되었다. 실제의 역사는 워스보다는 짐멜이 옳았다는 것을 보여준다. 물질문명이라는 점에서나, 인간관계의 변화라는 점에서나, 주체의 변화라는 점에서나, 근대성은 도시뿐만 아니라 농촌에서도 쉽게 확인된다. 근대화는 총체적인 시대의 변화였다(Savage and Warde, 1993).

물론 짐멜이 옳다고 해서 워스가 완전히 틀렸다는 것은 아니다. 전근대와 근대라는 거시적 변화의 틀 위에서 농촌과 도시의 대비는 충분히 의미를 가질 수 있다. 이런 점에서 도시는 근대화의 성과뿐만 아니라 문제도 집약적으로 안고 있는 공간이라는 사실에 주목할 필요가 있다. 독일의 사회학자인 울리히 벡은 현대 사회를 '위험사회'라고 부르고 있지만, 위험사회의 문제는 특히 도시라는 공간에서 집약적으로 나타난다(Beck, 1992). 도시의 편리성은 위험의 원천이기도 하다. 물론 도시가 가장 위험한 곳은 아니다. 핵발전소가 자리잡고 있는 곳은 대체로 비도시지역이기 때문이다. 위험은 물리적인 것에 그치지 않는다. 스페인 출신으로 프랑스를 거쳐 미국으로 건너간 마누엘 카스텔스(Manuel Castells)라는 사회학자는 화려한 불빛으로 빛나는 도시의 뒷골목에서 노숙자들이 하루하루를 힘들게 연명하고 있는 현실을 가리키기 위해 '이중도시'라는 용어를 만들었다(Mollenkopf and Castells eds., 1991). 불평등이라는 사회적 위험도 도시에서 가장 적나라하게 나타난다.

이런 문제에도 불구하고 도시화는 계속 가파르게 진행되고 있다. 도시화는 현대 사회의 본질이요 숙명이다. 공식 통계에서 도시화율은 전체 인구 중 도시 거주자를 뜻한다. 2006년 6월에 발표된 〈유엔 하비타트 보고서〉에 따르면 세계적으로 하루에 18만명씩 도시로 유입되고 있다. 2030년이면 세계 81억명 인구 중에서 50억명이 넘는 사람들이 도시에서 살게 될 것이라고 한다. 과연 이런 도시화를 지구가 생태적으로 지탱할 수 있을까? 2012년 4월에 발표된 유엔의 〈세계 도시화 전망〉에 따르면, 2050년까지 23억 명의 인구가 늘어나고 26억 명의 도시 인구가 늘어날 것이라고 한다. 유엔은 늘어나는 인구를 도시가 흡수하게 될 것으로 보고 있다. 도시사회로서 현대 사회의 성격이 더욱 더 강화되는 것이다. 그만큼 각종 도시 문제가 더욱 더 악화될 것이다. 도시를 어떻게 유지하느냐에 인류의 미래가 달려 있다고 해도 좋을 것이다. 생태성과 공평성을 두 축으로 하는 지속가능한 도시를 만드는 것은 이미 극히 중대한 과제이다.

한편 2006년 5월에 발표된 통계청과 유엔 통계에 따르면, 한국의 2005년도 도시화율은 80.8%였으며, 도시화 속도는 사실상 세계 최고인 것으로 밝혀졌다. 2011년 1월에 발표된 유엔의 〈세계 도시화 전망〉에 따르면, 2010년 한국의 도시화율은 83%였으며, 한국의 도시화율은 1975년 48%, 1980년 56.7%, 1985년 64.9%, 1990년 73.8%, 1995년 78.2%, 2000년 79.6%, 2005년 81.3%, 2010년 83%으로 변화했다. 2020년대에 들어서면 한국의 도시화율은 90%를 넘어설 것으로 추정된다. 전국의 수많은 '작은 학교'들이 없어지거나 용도를 바꾸게 된 것은 이 때문이다. 1990년대 이후 종래에 사람이 살던 들판, 산간, 섬들 중에서 사람이 살지 않게 된 곳이 크게 많아졌다. 사람이 살고 있더라도 젊은이들은 다 떠나서 더 이상 인적 재생산이 이루어지지 않는 곳은 더 많다. 이 때문에 예전에 어렵게 주민들이 힘을 모아 설립한 수천 개의 학교들이 문을 닫았다. 이런 식의 도시화로 과연 이 나라가 제대로 발전할 수 있을까?

여기서 우리는 근대화의 물리적 특징에 대해 잠시 생각해 볼 필요가 있다. 도시와 농촌의 차이를 떠나서 근대화는 자연에 심각한 악영향을 입힌다. 짙은 풀빛이 아름다운 농촌의 들녘에 다가가 보면 작은 농수로마저 흉칙한 회색 시멘트로 완전히 포장되어 있고 우거진 풀 아래에 온갖 쓰레기들이 버려져 있기 일쑤이다. 오늘날 도시화의 진척은 결국 생태위기의 심화로 이어질 수밖에 없다. 도시는 그 자체로 가장 거대한 문화물이며, 자유를 숨쉴 수 있게 해 주는 자유의 공간일 수 있지만, 그러나 그 문화와 자유는 자연의 파괴라는 혹독한 대가를 요구한다. 이 점에서 오늘날 도시는 근본적 변화를 요구받고 있다. 그 핵심은 바로 생태적 전환이다. 이런 점에서 파리를 대대적으로 파괴하고 300만 명의 사람들을 수용할 수 있는 60층의 초고층 건물들로 이루어진 도시를 만들어서 도시 빈민들의 주거를 해결하겠다던 코르뷔지에의 구상은 역사적으로, 문화적으로 명백히 오류이지만 생태적으로는 더욱 더 그렇다. 그것은 결코 '빛나는 도시'가 아니라 '깜깜한 도시'이다.

문화도시 열풍

언제부터인가 문화도시라는 용어가 널리 사용되기 시작했다. 서울시도 경북 산골의 봉화군도 똑같이 문화도시를 핵심적 발전목표로 제시

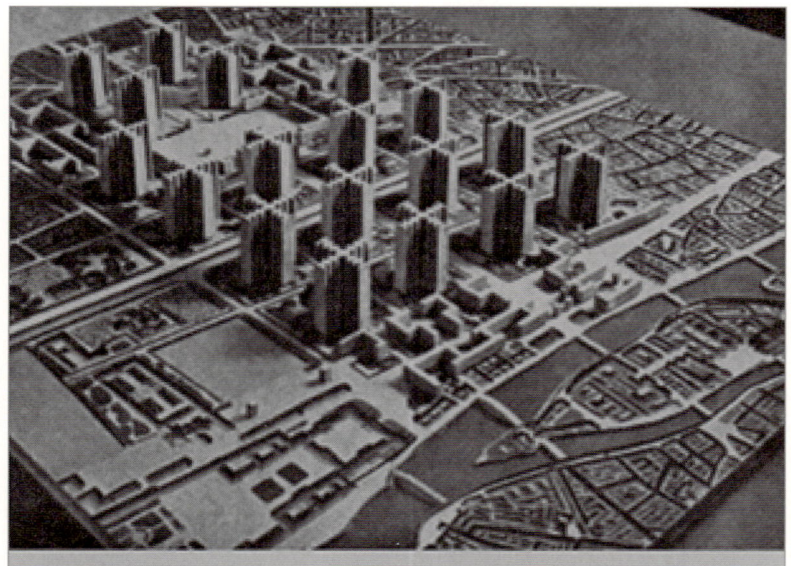

코르뷔지에의 '현대 도시' 구상
코르뷔지에는 무솔리니의 초청을 받아 로마에서 건축에 관해 강의했고, 나치 지배 아래 비시 정권에서 도시계획연구위원으로 활동했다. 그의 무모한 초고층 도시 계획은 근대주의의 극단화로서 좌와 우를 떠나서 사람을 기계로 여기고 통제하려 했던 전체주의와 통한다.

하고 있다. 도시는 그 자체로 가장 거대한 문화물이라는 점에서 보자면, 문화도시라는 말은 공허한 동어반복에 불과한 것으로 비치기도 한다. 그러나 문화물이라고 하기에는 너무나 엉망인 우리의 도시들을 보노라면, 문화도시라는 말이 커다란 의미를 지니고 다가오는 듯한 느낌이 든다. 모든 도시는 문화도시이고, 문화도시여야 한다. 그러나 한국의 도시는 결코 그렇다고 말할 수 없다. 아파트와 스모그와 간판에 짓눌린 한국의 도시들은 모두 이를테면 '반문화의 문화'를 보여줄 뿐이다. 더욱이 깜깜한 밤하늘에 둥둥 떠다니는 수많은 시뻘건 십자가들이라니!

한국에서 이른바 문화도시에 관한 논의가 시작된 시점은 비교적 정확히 확인할 수 있다. 그것은 1996년 11월 1일에 창간된 문화부의 격주간지 『문화도시 문화복지』에서 시작되었기 때문이다. 이 잡지의 창간사에서 당시 문화부 문화정책국장이었던 김순규는 시대의 변화에 따른 '문화도시화운동'을 제창했다. 그런데 이듬해인 1997년 11월에 김영삼 정부의 잘못과 IMF를 지배하는 서구 금융자본의 탐욕으로 말미암아 한국은 IMF의 경제 규제를 받게 되었다. 이런 상황에서 1998년 2월에 출범한 김대중 정부는 정보산업과 문화산업의 성장을 강력히 추진하기 시작했다. 그 결과 얼마 지나지 않아서 전국의 모든 지자체가 너나없이 '문화도시'를 핵심목표로 제시하게 되었다. 그러나 그렇게 해서 문화도시로 성공한 지자체는 아직 단 한 곳도 없는 것 같다.

문화도시란 무엇인가? 2001년 가을에 문화연대 공간환경위원회가 서울시정개발연구원의 의뢰를 받아 연구한 성과물인 『문화도시 서울 어떻게 만들 것인가』(시지락, 2002)라는 책에서 연구책임자였던 정기용은 '기본이 바로 선 도시, 고유한 자기 정체성을 가진 도시, 공공성이 확장되고 보장되는 도시, 삶이 문화가 되는 도시, 문화도시를 위한 접근이 문화적인 도시'라는 답변을 제시했다. 이 다섯가지 항목은 많은 함의를 품고 있다. 전봇대와 전깃줄이 멋대로 설치되어 있지 않고, 도로가 멋대로 놓여 있지 않고, 건물이 멋대로 들어서 있지 않고, 공간에 축적된 시간이 멋대로 파괴되지 않고, 사람들의 주거권과 정주권이 멋대로 무시되지 않는, 따라서 사람들이 일상생활 속에서 도시를 문화물로 일구고 살아갈 수 있는 도시가 바로 문화도시라는 것이다. 이런 관점에서 보자면, 우리는 무엇보다 문화도시를 특별한 토목사업이나 건축사업과 연관해서 파악하는 '편견'을 버려야만 한다.

그러나 한국에서 '문화도시화운동'은 대대적 개발과 투기의 또 다른 명분으로 악용되고 있다. 2조원인 넘는 혈세를 들여서 광주를 문화도시로 바꾸어 놓겠다는 '광주 문화중심도시 프로젝트'도 그 예이다. '국립 아시아 문화전당'(2015년 개장)을 짓는다고 광주가 세계적인 문화도시가 될 수 있을까? 사실 '문화중심도시'라는 명칭 자체가

초고층 건물들로 가로막힌 해운대
2005년 1월에 부산 환경연합에 강의하러 갔을 때 찍은 사진이다. 마침 해운대에서 워크샵이 열려서 이 사진을 찍을 수 있었다. 지금 해운대는 전국의 최고층 건물 지역이다. 그 동안 삼성의 '타워 팰리스'보다 높은 두산의 건물들이 세 동이나 계속 들어섰다. 그 안쪽으로도 고층 아파트들이 끝없이 들어서 있다. 참으로 답답한 경관이다.

문제를 잘 드러내고 있지 않은가? 이 사업을 위해 광주항쟁의 가장 중요한 유적인 전남도청 별관을 훼손하는 것은 광주의 가장 중요한 현대 문화재를 훼손하는 것이 아닌가? 자기만의 문화를 파괴하고 문화도시가 될 수는 없는 노릇이다. '명박천 개발사업'으로 귀결된 '청계천 복원사업', 해운대를 파괴하고 들어서는 초초고층 건물들에서도 같은 문제를 볼 수 있다. 한국에서 가장 많은 사람들이 찾는 해수욕장인 부산의 해운대는 이미 초초고층 건물들로 심각하게 훼손되었다. 그런데 2011년에 해운대에 108층의 건물을 짓겠다는 계획이 강행되기 시작했다. 이것은 해운대의 경관을 최대한 사유화해서 공공재로서 해운대의 가치를 최소로 줄이는 것이다. 이런 식으로 우리만의 자연, 역사, 문화를 없애는 것은 결코 문화도시를 만드는 길이 아니다.

한국의 도시들은 멋지고 즐거운 문화도시와는 거리가 멀다(김민수, 2009). 건물은 거친 시멘트 덩어리라고 불러야 할 흉칙한 모습이고, 간판은 건물과 거리를 장식하는 것이 아니라 심각하게 더럽히고, 전봇대와 전깃줄은 사람들을 위협하고 거리를 더럽힐 뿐만 아니라 가로수를 괴롭히고, 거리는 온갖 쓰레기와 불법주차된 각종 차량들로 더럽고 위험하다. 2000년대 중반에 『동아일보』에 재미있는 기사가 실렸다. '한국에서 긁을 곳은 공항과 호텔뿐'이라는 제목의 기사였다. 업무나 여행을 위해 한국을 찾은 외국인이 카드를 긁으며 돌아다닐 곳이 없다는 내용이었다. 사실 이 문제는 이미 오래 전부터 잘 알려진 것이다. 2000년대 초에 주한미군 방송에서는 이 문제와 관련된 홍보물을 방송하기도 했다. 한국에 근무하게 된 한 군인이 거울 앞에서 홀로 하소연한다. 이 나라에는 볼 것도 없고, 놀 것도 없고, 갈 곳도 없다는 것이다. 이런 문제로 고민하는 군인은 상담소를 찾아서 상담을 받기 바란다는, 우리로서는 대단히 부끄러운 내용이었다.

그런데 『동아일보』 기사에 재미있는 댓글들이 달렸다. 그 중에 한국의 도시문화가 안고 있는 문제를 잘 보여 주는 글이 있었다. 한국을 여행한 외국인들이 가장 강렬하게 기억하고 있는 것이 '유흥문화'라는 내용이었다. 오늘날 선진국의 관광문화를 주도하는 것은 도시관광이다. 아름다운 건물과 거리를 갖고 있는 도시는 그 자체로 가장 중요한 관광지가 될 수밖에 없다. 수많은 사람들이 그 도시를 찾아서 아름다운 건물과 거리를 오가며 즐기고 배운다. 이런 관광객들을 상대로 각종 서비스업이 성장하고 발전한다. 그러나 한국의 도시들은 오가며 즐기고 배우는 관광의 대상이 아니다. 우리의 도시들이 그나마 '경쟁력'을 갖춘 것은 오직 저급한 유흥문화뿐인 것 같다. 액션 연기로 유명한 미국의 한 남자 배우가 서울을 아주 좋아하는데, 그 이유인즉슨 서울 강남의 룸싸롱에서 폭탄주를 만들고 술에 젖은 화장지를 벽에 던져 붙이는 짓이 너무 재미있어서였다는 얘기도 있었다. 일본에서는 오래 전에 한국의 '유흥문화'를 소개하는 만화, 잡지 등이 발간되었다.

　여기저기 높다란 현대식 건물들을 짓는 것으로는 결코 문화도시를 만들 수 없다. 그런 식의 문화도시를 만드는 것이 불가능하지야 않겠지만, 적어도 오랜 역사를 간직한 도시에서 그런 건물을 짓는 것은 엄청난 문화적 파괴를 저지르는 것이기도 하다. 자연과 역사와 사람을 돌보는 건축이 아니라면 오랜 역사를 간직한 도시를 문화도시로 다듬는 것은 불가능하다. 한국의 경우에 대부분의 도시에서 문화도시는 만들어지는 것이 아니라 다듬어지는 것이어야 한다. 대부분의 도시가 오랜 역사를 간직하고 있기 때문이다. 문화도시 열풍은 분명히 하나의 기회일 수 있다. 여기서 건축가들이 할 수 있으며, 해야 하는 일은 아주 많다.

미래의 도시

제임스 트레필(James Trefil)은 과학저술로 유명한 미국의 물리학자다. 그는 『도시의 과학자들』이라는 책에서 교외도시, 가상도시, 우주도시 등을 과학기술의 발달에 따라 나타날 수 있는 미래의 도시로 제시한다. 폴 버호벤 감독의 〈토탈 리콜〉(1990년)같은 영화에서 재미있게 묘사되기도 했지만 사실 우주도시는 실현할 수 없기 때문에 무시해도 좋겠다. 달이나 화성에 도시를 만드는 것은 고사하고 극소수의 사람들이 그곳을 다녀오는 것도 엄청난 비용이 필요하기 때문이다. 그리고 우리가 건강하게 살기 위해서는 생태계가 있어야 하는데, 인공적으로 완전한 생태계를 조성하는 것은 불가능하다. 가상도시는 요컨대 정보통신망의 발달에 따른 공간이용방식의 변화를 뜻하는 것으로서 이미 우리는 그 효과를 상당히 체감하고 있다. 교외도시는 도시가 도시 밖의 비도시지역으로 커져 나가는 것과 일정한 간격을 두고 작은 도시들이 비도시지역에 형성되는 것으로서 우리는 이미 이 새로운 도시적 현상으로 말미암아 심각하게 고통받고 있다.

한국의 경우에 교외도시는 그나마 자연이 살아 있던 전통적인 비도시지역조차 급격히 막개발의 삭막한 도시지역으로 바뀌는 것을 뜻한다. 이러한 교외도시들을 연결하기 위해 거대한 콘크리트 순환고속도로가 도시들의 외곽지역에 어지럽게 건설되면서 자연의 파괴는 한층 확대되고 강화된다. 도시화에 따라 인구 집중이 계속 심화된 것에 이어서 자동차가 널리 보급되어 주거지의 지리적 확대가 계속 이루어진 결과로 생겨난 현상이다. 조만간 석유위기가 현실화되면, 많은 교외도시들이 급속히 퇴락하게 될 것이다. 석유 고갈이라는 관점에서 보자면, 도시의 초고층 건물들과 함께 교외도시들은 문명의 거대한 쓰레기 더미가 되어 버려질 우려가 크다. 이것이야말로 우리가 맞이하게 될 가장 명확한 미래의 도시일지 모른다. 장기적으로 보아서 투기꾼과 개발업자가 주도하는 신도시사업의 가장 심각한 문제는 여기에 있다. 물론 서울과 같은 초거대 중심도시의 문제는 더욱 더 심각하다.

마찬가지로 심각한 또 다른 문제가 있다. 트레필은 오늘날 기술적으로 지을 수 없는 건물은 없다고 한다. 스탠리 큐브릭의 영화 〈2001: 스페이스 오딧세이〉(1968년)의 원작을 쓴 소설가 아서 클라크는 지구와 우주를 잇는 엘리베이터를 구상하기도 했다. 트레필은 이런 것도 만들 수 있다고 주장한다. 물론 이것은 터무니없는 주장이다. 물리학자가 이런 주장을 하는 것은 큰 잘못이다. 대기권은 지상 1,000km에 이른다. 공기가 어느 정도 있는 대류권도 지상 30km, 우주 방사선을 차단하는 오존층이 형성되어 있는 성층권도 지상 50km에 이른다. 100층 건물이라고 해야 지상 300m, 1,000층 건물이라고

한강로의 초고층 아파트
용산 삼각지 주변의 초고층 아파트 단지. 용산 미군기지 주변은 이미 심각한 초고층 난개발 상태에 있다. 이곳에는 '강북의 강남'으로 선전되며 엄청난 투기의 광풍이 몰아쳤다. 현재 용산에서 추진되는 가장 큰 재개발 계획은 용산역 철도정비창 부지와 한강변 서부이촌동을 대상지로 하는 '용산 국제업무지구 도시개발사업'이다. 이 사업은 2007년 7월에 통합개발안이 발표되었고 2009년 3월 국제설계경기를 통한 마스터플랜이 선정되었다. 그러나 이 사업은 31조원에 이르는 막대한 사업비를 조달할 수 없어서 제대로 진행되지 못했다. 그 결과 2010년 9월에 사업의 주도권이 삼성 컨소시엄에서 코레일과 롯데관광개발로 넘어갔으나 역시 막대한 사업비를 조달하지 못해서 다시 중단되었다.

해야 지상 3,000m밖에 되지 않는다. 그러나 아무튼 세계 각국에서 초고층 건물들이 경쟁적으로 들어서고 있다. 특히 중국이 위험한 경쟁의 선두에 서 있다. 이런 식으로 중국의 생태위기는 급격히 심화되고 있다. 그런데 면적 대비 초고층 건물, 즉 초고층 건물의 밀도로 따지자면, 한국이 훨씬 더 높을 수도 있다. 대형댐의 경우 중국이 세계 최다 보유국이지만, 대형댐의 밀도는 한국이 세계 최고 보유국이다.

한국에서도 초고층 건축과 관련된 학회와 업체의 활동이 대단히 활발하다. 심지어 일부 초고층 건축 전문가들은 어렵게 돌려 받게 된 용산 미군기지에도 새로운 '타워 팰리스'를 지어야 한다고 주장하기도 했다. 이것은 용산 미군기지라는 공유재를 극히 불평등한 방식으로 사유화하는 것이자 서울의 생태위기를 극히 반생태적 방식으로 더욱 악화시키는 것이다. 초고층 건물은 엄청난 양의 자원을 낭비하

용산의 재개발 현장
2009년 1월 20일 새벽, 김석기 서울경찰청장의 지휘 아래 경찰이 생계의 터전을 빼앗는 초고층 재개발에 반대하며 용산의 남일당 건물에서 농성하고 있던 시민들에 대한 진압을 강행했다. 이 무모한 진압으로 5명이 숨지는 참사가 빚어졌다. 그러나 2012년 8월 현재까지 이곳에서는 어떤 공사도 진행되지 않고 있다. 2009년 8월의 쌍용자동차 농성 노동자에 대한 폭력진압(당시 조현오 경기경찰철장 지휘)이 이명박 정권의 반노동성을 보여주는 대표사례라면, 2009년 2월의 남일당 농성 시민들에 대한 폭력진압(당시 김석기 서울경찰청장 지휘)은 이명박 정권의 반서민성을 보여주는 대표사례이다.

고 생태계를 훼손하는 거대한 반자연의 구현체이다. 그러므로 생태
위기가 심화될수록 자원 낭비와 자연 훼손의 초고층 건물은 더욱 더

용산 미군기지 도시계획 (용산공원 정비구역 종합기본계획, 2011년 10월 11일)

양극화의 상징이 되기 십상이다. 초고층 건물을 미래의 도시로 제시하는 것은 큰 문제이다. 생태적 차원에서나, 사회적 차원에서나, 초고층 건물은 가능한 한 짓지 말아야 한다. 사실 경제적 차원에서도 그렇다. 1999년에 앤드류 로렌스가 처음 발표한 '마천루 지수'는 마천루가 지어질 즈음에 경기가 나빠지는 것을 보여주었기 때문에 '로렌스 저주'로도 불린다. 중국은 이미 '로렌스 저주'에 빠졌다. 이런 점에서 최근에 한국의 마천루 건설 계획에 제동이 걸린 것은 그나마 다행이다('마천루, 축복인가 재앙인가 – 100층 이상 계획 10여 곳 중 3~4곳만 착공할 듯', 〈서울신문〉 2012년 7월 18일).

이탈로 칼비노는 공간과 도시에 관한 기이한 이야기인 『보이지 않는 도시들』에서 도시의 혁신에서 자신감과 신중함이 중요함을 지적한다.

> 안드리아 주민들의 성격 중 기억할 만한 장점이 두가지 있습니다. 자신감과 신중함입니다. 그들은 도시에서의 모든 혁신이 하늘의 형태에 영향을 미친다고 확신하며 모든 결정을 하기 전에 그 결정이 그들에게 그리고 도시와 세계 전체에 초래할 위험과 이득이 무엇인지를 계산합니다(Calvino, 1972: 190).

신중함이 결여된 자신감은 바벨탑의 위험으로 귀결될 수 있을 뿐이다. 탐욕에 사로잡힌 '돈 사회'의 맹목적 자신감은 더욱 더 그렇다.

미래의 도시는 지금보다 훨씬 생태적이어야 한다. 미래의 도시는 햇빛과 바람과 물과 흙이 살아 있는 곳이어야 한다. 이제 도시도 에너지와 물과 식량을 최대한 자급할 수 있는 공간으로 다시 태어나야 한다. 자신은 콘크리트와 아스팔트로 뒤덮인 채 전기와 식량과 물을 외부의 비도시지역에 의존하는 도시는 지속될 수 없다. 미래의 도시는 지금처럼 드넓은 비도시지역을 생태적으로 착취하는 기생도시의 면모를 일신해야 한다. 이를 위해 건물들은 가능한 에너지를 자급할

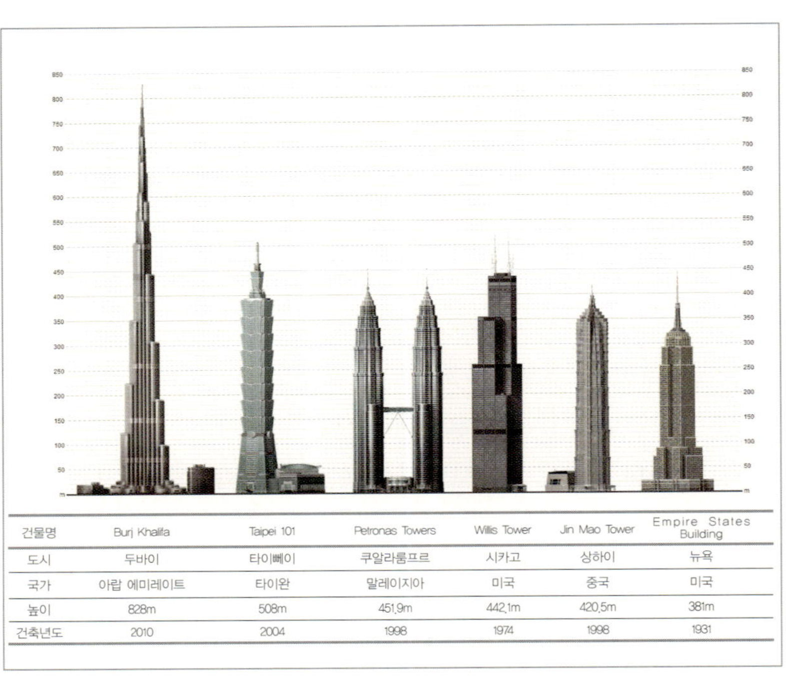

건물명	Burj Khalifa	Taipei 101	Petronas Towers	Willis Tower	Jin Mao Tower	Empire States Building
도시	두바이	타이뻬이	쿠알라룸프르	시카고	상하이	뉴욕
국가	아랍 에미레이트	타이완	말레이지아	미국	중국	미국
높이	828m	508m	451.9m	442.1m	420.5m	381m
건축년도	2010	2004	1998	1974	1998	1931

세계의 마천루

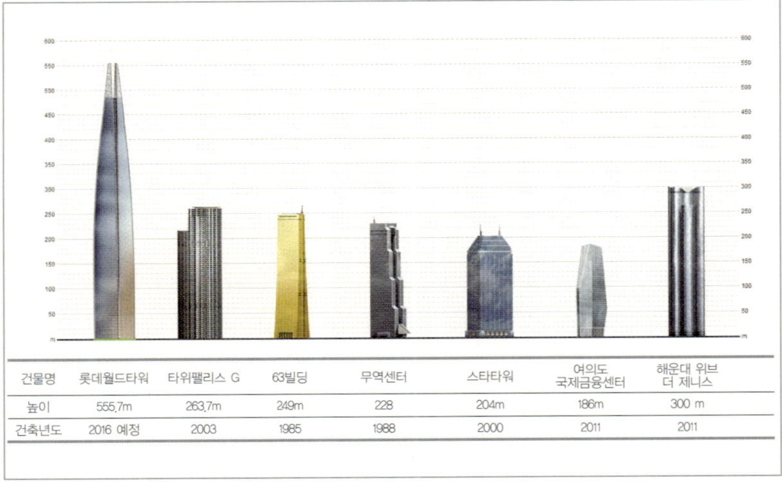

건물명	롯데월드타워	타워팰리스 G	63빌딩	무역센터	스타타워	여의도 국제금융센터	해운대 위브 더 제니스
높이	555.7m	263.7m	249m	228	204m	186m	300 m
건축년도	2016 예정	2003	1985	1988	2000	2011	2011

한국의 마천루

수 있어야 하고, 또한 식물들이 벽이며 옥상에서 자유롭게 살 수 있
어야 한다. 현재의 문제를 극복한 미래를 향한 건축의 논의와 실천이
더욱 빨리 깊어지고 강해져야 한다(홍성태, 2005).

【참고자료】

김민수(2009), 『한국 도시디자인 탐사』, 그린비

김원(1999), 『우리 시대 건축 이야기』, 열화당

문화연대 공간환경위원회(2002), 『문화도시 서울, 어떻게 만들 것인가』, 시지락

최종덕(1995), 『부분의 합은 전체인가』, 소나무

홍성태(2005), 『생태문화도시 서울을 찾아서』, 현실문화

Beck, Ulich(1992), 홍성태 옮김(1997), 『위험사회』, 새물결

Calvino, Italo(1972), 이현경 옮김(2007), 『보이지 않는 도시들』, 민음사

Mollenkopf, John and Castells, Manuel eds.(1991), Dual City: Restructuring New
        York, Russell Sage Foundation

Savage, Mike and Warde, Alan(1993), 김왕배 · 박세훈 옮김
                    (1996), 『자본주의 도시와 근대성』, 한울

Trefil, James(1993), 정영목 옮김(1999), 『도시의 과학자들』, 지호

전깃줄로 어지러운 대학로의 한 골목

건축과 일상

중요한 일상

일상은 일상 생활의 준말이다. 그것은 매일 매일 똑같이 반복되는 생활을 뜻한다. 그러나 시대와 사회에 따라 일상은 큰 차이를 보인다. 일상의 차이는 사회의 차이를 보여준다(de Certeau, 1980). 예컨대 들뢰즈와 가타리가 주장했듯이 자본주의는 욕망의 흐름을 막고 일상을 왜곡할 수 있다(Deleuze and Guattari, 1972). 이 때문에 푸코는 『안티 외디푸스』를 "비파시스트적 생활 입문"이라고 보았다(영어판 머리

뉴욕 브로드웨이의 타임스 스퀘어
타임스 스퀘어는 초고층 건물들, 자동차들, 식당들, 극장들, 간판들로 극히 복잡한 곳이지만 이곳에서 이루어지는 다채로운 일상도 자고, 먹고, 죽는 과정 속에 있다.

말). 일반적인 면에서 일상의 본질은 반복이라고 할 수 있다. 숨쉬고, 밥 먹고, 잠자고, 배설하고, 산책하는 행위 등 일상을 이루는 모든 행위는 우리가 살아 있는 내내 되풀이된다. 죽음은 더 이상 이러한 일상의 행위를 할 수 없게 되는 것이다. 죽은 자는 더 이상 숨쉬지 않으며, 잠자지 않고, 밥 먹지 않고, 배설하지 않고, 산책하지 않는다. 그의 몸을 이루는 물기는 하늘로 날아오르고(혼), 그의 몸을 이루는 고체는 분해되어 흙으로 돌아간다(백). 일상의 행위는 생명을 이루는 필수 활동이다.

> 반복이 일상의 형식적 본질이라면, 일상의 내용적 본질은 바로 삶이다. 일상이 이루어지지 않는다면 삶도 이루어지지 않는다. 일상에 관한 관심은 바로 삶에 관한 관심이다. 일상을 무시하고 풍요로운 삶을 살 수는 없다. 또한 삶은 죽음을 배제하지 않는다. 죽음이 없다면 삶도 없다. 사실 우리의 삶은 다른 삶의 죽음으로 이루어지며, 우리의 죽음은 다른 삶으로 이어진다. 이 불가피한 연관은 생태계의 가장 중요한 특징인 순환을 이룬다. 우리는 모두 이 세상에 잠시 머물다가 떠나가며, 그래서 새로운 우리가 이 세상에 계속 나타나게 된다. 따라서 일상에 관한 관심은 삶에 관한 관심이자 죽음에 관한 관심이기도 하다. 삶과 죽음은 모든 존재의 운명이다. 삶과 죽음을 떠난 존재는 존재하지 않는다. 그러므로 일상에 관한 관심은 모든 존재에 관한 관심이며 우주에 관한 관심이 아닐 수 없다.
> 　오랫동안 일상은 사소한 것으로 여겨졌다. 일상의 행위는 누구나 반복적으로 하는 것이기 때문에 그렇게 여겨졌던 것이다. 그러나 일상의 행위는 존재를 가능하게 하는 근원적 행위이므로 결코 사소하게 여겨서는 안 될 것이다.
> 　매일 되풀이되는 삶, 그것이 일상이다. 따라서 진기하고 특별한 '사건'들은 일상의 개념과는 거리가 멀다. 그러나 어떠한 '사건'들도 일상의 바탕 없이는 일어나지 않는다. 여기에 일상이 갖는 이중적 성격이 있다(박재환, 1994: 24).

무위당 장일순 선생처럼 나락 한 알 속에서 우주를 찾는 것은 결코 쉬운 경지가 아니지만, 그런 가르침을 마음에 새기고 잊지 않도록 애쓰는 것은 누구나 할 수 있는 일이다(장일순, 1997). 또한 일상은 거의 언제나 지루한 것으로 여겨졌다. 반복되는 것은 지루하다. 좋은 말도 계속 반복해서 들으면 짜증나게 되고, 심지어 그 뜻을 의심하게 된다. 그러나 반복은 바로 존재의 본질이다. 더 이상 일상의 행위를 반복할 수 없게 되면, 우리는 존재를 더 이상 유지할 수 없게 된다. 지루한 일상이 존재의 본질이라는 것은 존재의 운명이다.

1960년대에 들어와서 서구의 역사학과 사회학에서 일상에 대한 새로운 관심이 크게 일어나게 되었다. 이러한 새로운 관심은 일상사 혹은 생활사, 그리고 일상생활의 사회학이라는 이름으로 불리게 되었다(박재환 외, 1994; 강수택, 1998). 독일의 미시사학파, 프랑스의 앙리 르페브르, 미셸 세르토, 미셸 마페졸리 등은 그 대표적인 학파나 학자들이다. 르페브르가 프랑스를 대상으로 그 연구사를 세밀히 제시하기도 했지만(Lefebvre, 1968), 이러한 변화는 19세기에 확립된 비가시적 거대 구조 중심의 역사관이나 사회관이 20세기에 들어와서 제대로 들어맞지 않는다는 것을 알게 된 것과 밀접한 연관을 맺고 있다. '자본주의 자동붕괴론'을 핵심으로 하는 마르크스의 역사발전론은 그 대표적인 예이다. 정치와 경제의 거시구조를 중심으로 사회의 운명을 예언하는 이러한 역사발전론이 과학의 지평선 너머로 저물고 사회의 구성과 작동을 구체적으로 세밀하게 검토하고자 하는 미시적 접근들이 생활의 장에서 떠오르게 되었다. 요컨대 저기 어디에서 벌어지고 있는 거시적 구조에 대한 관심이 약화되고 지금 여기에서 사람들이 살아가고 있는 미시적 방식에 대한 관심이 강화되었다.

서구에서 1960년대에 크게 일어난 변화가 한국에서는 1990년대에 들어와서 크게 일어나기 시작했다. 1980년대에 정치와 경제로 대표되는 구조의 문제가 어느 정도 해결되었기 때문에 이런 변화가 나타났다. 모든 사회 구성원의 삶을 규정하는 구조의 문제가 해결되지 않은 상태에서는 대다수 사회 구성원이 구조의 문제에 깊은 관심을 기울이게 된다. 그러나 그것이 어느 정도 해결되면 대다수 사회 구성원이 자신의 삶에 관심을 기울이게 된다. 그 결과 일상사에 관한 다양한 연구들이 이루어져서 예컨대 조선시대의 일상을 흥미롭게 살펴볼 수 있게 되었다. 또한 부산대 사회학과의 박재환 교수를 중심으로 일상생활에 관한 연구가 본격적으로 이루어지기 시작했다. 일상에 관한 연구가 크게 발전한 프랑스에서 유학하고 온 사회학자들을 중심으로 한국인의 일상에 관한 연구서가 발간되어 널리 읽히기도 했다 (일상문화연구회, 1997; 박재환 외, 2008). 모두 고성장과 민주화라는 거대한 구조적 성과를 바탕에 두고 나타난 중요한 노력이었으며, 또한 그 구조적 성과를 더욱 다듬고 보완할 수 있는 노력이었다.

일상의 건축

일상의 행위 자체는 변할 수 없다. 예컨대 먹고 배설하는 행위는 고대의 원시인이나 현대의 문명인이나 모두 게을리 할 수 없는 가장 근원적인 일상의 행위이다. 그러나 그것을 어떻게 하느냐는 시대의 변화에 따라 늘 변해왔다. 예컨대 무엇을 어떻게 먹는가, 그리고 어디서 어떻게 배설하는가는 계속 변해왔다. 또한 음식에 대해서는 관심이 많은 데 비해 배설에 대해서는 그렇지 않다. 그러나 먹는 것과 싸는 것은 생명의 양대 근원이다. 사실 아파트로 대표되는 고층 공동주택은 배설을 실내에서 완전히 위생적으로 처리할 수 있는 수세식 기술이 개발됨으로써 비로소 가능해졌다. 일상에 대한 온전한 이해를 위해서 우리는 배설에 대해 더 많은 관심을 기울여야 한다.

　당연한 것이지만 일상은 공간 속에서 이루어진다. 따라서 건물과 일상은 뗄 수 없는 관계를 이루고 있다. 건축은 생명을 이루는 일상을 빚는 활동이다.

'일상성'이야말로 건축이 사람들과 관계맺는 특질이며 특권이다. 그러나 바로 이러한 특질과 특권을 갖는 건축문화에 대한 현재 우리나라의 상황은 여러 가지 면에서 회의적이다(정기용, 2008: 39).

이런 상황을 가장 잘 보여주는 것은 바로 일상의 건물을 대표하는 주택이다. 사실 주택은 삶과 죽음의 모든 과정이 이루어지는 신성한 공간이다. 그러나 오늘날 우리의 주택은 그 신성성을 잃어버린 지 오래이다. 이미 주택은 상가만큼이나 세속적 공간이 되고 말았다. 많은 사람들이 '재테크'의 수단으로 주택을 마련하며, 주택을 전혀 신성한 공간으로 생각하지 않는다. 사실 출산과 죽음은 이제 더 이상 주택에서 이루어지지 않는다. 대부분의 아기들이 병원에서 태어나고, 대부분의 노인들이 병원에서 죽음을 맞는다. 주택의 신성성을 회복하는 것은 우리 존재의 신성성을 회복하는 것일 수도 있다.

한편 〈2005년 인구센서스〉를 추계한 결과에 따르면, 우리나라의 인구는 4,725만4천 명, 주택은 1,331만7천9백호로 나타났다. 주택의 유형은 아파트가 661만6천 가구로 전체의 52.5%, 단독 32.1%, 다세대 9.2%, 연립 4.5% 등의 순이었다. 아파트가 전체 재고주택의 절반을 넘어선 것은 이 조사가 처음이었다. 5년 뒤인 〈2010 인구주택총조사 잠정집계 결과〉에 따르면, 인구는 4,821만9천 명(수도권(서울, 인천, 경기) 2,361만6천 명으로 전체의 49.0%), 가구는 1,733만 4천 가구, 주택은 1,487만 7천 호로 나타났다. 주택의 유형은 아파트 58.3%였고, 연립주택 등을 포함한 공동주택 71.0%였다. 공동주택이 전체 주택의 70%를 넘은 것이다. 이에 비해 1985년에는 단독주택이 전체 주택의 77.3%, 아파트는 13.5%를 차지했다. 20년 동안 아파트 공사가 쉴없이 진행된 결과, 마침내 이 나라는 세계 유일의 '아파트 공화국'이 된 것이다. 산에도, 들에도, 바닷가에도, 강가에도 고층 아

삼양동의 아파트 산
국립공원 북한산의 산자락을 대대적으로 파괴하고 고층 아파트 단지가 대대적으로 들어서서 경관, 바람길,
동물들의 이동로와 서식지 등이 모두 크게 훼손되었다.

파트들이 들어서 있는 나라는 아마도 한국밖에 없을 것이다.

토건국가와 투기사회의 구조적 문제가 이러한 '아파트 공화국'의 바탕에 자리잡고 있다. 한편에서 거대한 토건사업을 벌여서 경제성장을 이루고자 하는 국가정책이 펼쳐지고 있고, 다른 한편에서 이 정책에 적극 적응해서 돈을 벌려는 사람들이 활발히 움직이고 있다. 이렇게 해서 이 나라 전체가 수십 년째 거대한 공사판인 상태에 머물러 있고, 심지어 공기업들이 나서서 이런 끔찍한 상황을 더욱 강력히 부추기고 있으며, 그 결과 아파트의 건설과 투기가 이 나라의 건축을 둘러싼 가장 중요한 일상적 현상이 되고 말았다. 이런 점에서 단독주택의 몰락은 사회의 기능적 분화에 따른 필연적 현상일 뿐만 아니라 이러한 토건국가와 투기사회의 구조에 의한 기형적 현상이기도 하다. 여기서 더 큰 문제는 물론 토건국가와 투기사회에 있다.

'아파트 공화국'의 이면에서 단순히 단독주택의 몰락이 진행되는 것이 아니라 우리의 일상이 영위되던 귀중한 건물들이 마구 파괴되

어 사라진다. 프랑스의 사회학자 쟝 보드리야르는 현대 서구 사회를
대상으로 해서 '소비사회'의 이론을 제시했다. 이에 따르면 사물의
'자살'은 사회를 위해 필수적이다.

> 오늘날 생산되는 것은 그 사용가치가 달성 가능한 내구성을 위해서 생산
> 되는 것이 아니라, 반대로 가격의 인플레적 상승과 똑같은 정도의 속도로
> 재촉되는 그 사멸을 위해 생산된다. … 생산질서는 창고에서의 사물의 아
> 대량학살 또는 이 계산된 '자살'을 대가로 해서만 살아남으며, 이 조작은
> 기술적 '사보타주' 또는 유행의 영향에 의한 조직적인 폐기에 의존하고
> 있다(Baudrillard, 1970: 48).

건물도 이런 소비사회의 '자살'에서 자유롭지 않다. 건축업을 위해,
토건업을 위해, 경제를 위해 멀쩡한 건물들이 파괴된다. 토건국가와
투기사회는 이 문제를 극단적으로 악화시킨다. 이 병적인 사회 구조
속에서는 많은 사람들이 가족의 일상을 담고 있는 귀중한 집이 위험
한 것으로 판정되어 철거되기를 열렬히 바란다.

그런데 이런 '아파트 공화국'의 바탕에는 '편리성'으로 대변되는
일상의 변화가 자리잡고 있기도 하다. 일상의 변화에 비추어 보아
서 기존의 주택이 여러모로 불편했던 것이다. 아파트는 좋은 단독주
택만큼 쾌적하기는 어렵지만 좋은 단독주택이 제공할 수 없는 '규모
의 경제'를 작동시킨다. 예컨대 냉난방과 같은 기본적 필요의 충족조
차 아파트는 단독주택보다 훨씬 우월하게 처리할 수 있다. 자동차의
이용은 더욱 더 그렇다. 단독주택 중에서 주차공간을 확보하고 있는
것은 극소수일 뿐이다. 국토해양부의 조사결과에 따르면, 2011년 6
월말 현재 전국 자동차 등록대수는 1,826만 대였다. 인구 2.77명당 1
대, 가구당(1,733만4천 가구) 1.05 대를 보유하고 있는 셈이었다. 이
렇듯 자동차가 급증하면서 자동차의 이용에 편리한 아파트의 건설이
촉진되기도 한 것이다.

경축! 아파트 정밀구조 안전진단 통과!
강남의 한 저층 주공아파트에 안전하지 않아서 철거해야 한다는 진단 결과를 축하하는 현수막이 내걸렸다.
재건축을 해서 엄청난 돈을 벌 수 있게 되기 때문이다. 토건국가와 투기사회의 일그러진 자화상이다.

아파트는 주택의 지배적 형태를 극단적으로 바꿔 놓았다. 이제 '아파트 키드'는 집이라는 말에서 담장, 마당, 마루, 방, 지붕으로 이루어진 전통적 주택을 떠올리지 않으며, 커다란 시멘트 상자에 수백 개씩 뚫려 있는 구멍들을 떠올린다. 그리고 그 구멍의 크기로 주택의 가치를 평가하고 친구들을 구별한다. '아파트 공화국'은 모든 국민을 명확하게 위계화한다. 살고 있는 아파트의 이름과 크기가 그 사람의 능력과 지위를 즉각적으로 확인해주는 지표로 활용된다. 이 때문에 소송을 통해서라도 아파트의 이름을 어떻게든 바꾸려는 노력이 곳곳에서 강력히 펼쳐졌다. 사실 이미 1990년대 중반부터 아이들은 아파트로 각자의 소속을 확인했다. 구성원들이 서로를 동등한 존재로서 존중하고 배려하는 공동체적 일상이 살아 있는 사회를 만들고자 한다면, 살고 있는 아파트로 사람들을 구별하고 차별하는 이런 '아파트 공화국' 자체를 심각한 사회문제로 여기지 않으면 안 된다.

어떤 아파트는 단지 안에 아이들이 놀 수 있는 작은 마당이나 전통마을의 '마을 숲'과 비슷한 숲을 조성해 놓은 곳도 있다. 그러나 1990년대 이후에 지어진 아파트에서 이런 공간을 찾는 것은 사실상 불가능하다. 최근에 지어진 아파트일수록 공간의 구성과 그 안에서 이루어지는 일상의 방식을 급격히 바꿔 놓았다. '타워 팰리스'에서 잘 볼 수 있듯이, 그것은 외부와 단절된 거대한 '성채'이며, 그 안에서는 철저히 기계적인 일상이 이루어진다. 이것은 환기나 외부인의 방문과 같은 당연한 일상적 요구나 활동이 모두 컴퓨터로 24시간 통제되는 기계들에 의해 이루어지는 것을 뜻한다. 고층일수록 이 문제는 강화된다. 숨을 쉬고, 물을 마시고, 배설하고, 이동하는 등의 일상적인 활동들이 모두 기계의 통제와 작동을 통해 이루어진다. 그 기계는 전기 체계와 수도 체계라는 거대 기계 체계의 말단이다. 따라서 이 거대 기계 체계가 작동하지 못하게 되면, 초고층 건물일수록 빠르게 그 가치를 상실하고 만다.

건축의 일상

일상이 빚어지는 일상의 건축에서 일어나는 문제들만큼이나 건축이 이루어지는 건축의 일상에서도 여러 문제들을 볼 수 있다. 우리의 일상은 주택을 비롯해서 여러 건물들을 오가는 것으로 이루어진다. 그런 만큼 건축이 얼마나 일상을 잘 고려해서 이루어지는가는 좋은 일상을 위해 대단히 중요한 과제가 아닐 수 없다. 또한 좋은 건축은 그 자체로 우리의 일상을 풍요롭게 해 줄 수 있다. 따라서 건축의 일상을 보살피는 것은 그 자체로 우리의 일상을 보살피는 것이기도 하다. 건축을 단순히 도구로 여기는 것은 우리의 일상을 그렇게 보는 것으로 이어진다. 일상의 관점에서 보아서 건축의 가장 기본적인 사명은 생명과 건강을 돌보는 것이다. 나쁜 재료로 아무리 맛있는 음식을 해 먹어도 건강에는 나쁠 뿐이다. 건강한 건축은 건강한 일상을 빚는 중요한 활동이다.

　우리의 건축은 일상을 잘 돌보고 있는가? 어떤 건물의 안으로 들어

삼일빌딩

가기 위해서는 우선 문을 지나야 한다. 담이 없는 건물은 많아도 문이 없는 건축물은 없다. 그런데 한국의 건물들은 문에서부터 우리의 일상에 관한 고려가 사실 많이 부족하다. 그것은 대체로 문턱이라는 '장애물'에 대한 고려가 부족한 데서 비롯된 현상으로 보인다. 더욱이 큰 건물일수록 길과 바로 연결되지 않도록 만들어져 있는 경우가 많다. 예컨대 '조국 근대화'의 상징인 김중업의 '3·1빌딩'이나 김수근의 '세운상가'에 들어서기 위해서는 여러 개의 계단을 올라가야 한다. 이런 건물들은 이를테면 건강한 성인을 위한 건물이라고 해야 할 것이다. 장애인에 대한 고려가 전혀 없다는 것은 다시 말할 필요도 없다.

사실 이런 차단성은, 서양의 경우도 그렇지만, 전통 건물에서 더욱 명확하게 나타난다. 궁궐을 둘러보면, 모든 문에서 높은 문턱을 만나게 되고, 모든 건물은 높은 기단 위에 지어져서 계단으로 올라가야 한다. 소아마비를 앓은 왕이 있었다면 아무리 왕이었어도 일상이 정말 너무나 힘들었을 것이다. 궁궐의 건물들이 아닌 일반 주택의 경우도 양반의 기와집과 평민의 초가집을 떠나서 모두 마당과 방이 바로 이어지지 않는다. 온돌을 통한 바닥 난방을 했기에 방은 지면보다 위에 구들장을 놓아 만들었기 때문이다. 당시는 소아마비 환자도 많았을 것이고 다리 골절의 부상을 입은 사람들도 많았을 텐데 그 사람들에게는 정말 너무나 불편한 주택이었을 것이다. 그런데 이렇게 짓지

창덕궁의 보춘정

않아도 되는 근대 이후의 건물들도 이렇게 지어졌던 것이다.

건강한 성인을 위한 건물은 사실 '건강한 성인 남성을 위한 건물'로 좀더 좁혀서 규정될 필요가 있다. 이 문제를 잘 보여주는 것은 화장실이다. 2000년대 중반에 건물에서 여자 화장실을 충분히 확보하기 위한 획기적인 정책의 변화가 이루어지기는 했다. 그러나 이 바뀐 정책이 목표를 이루기까지는 꽤 오랜 시간이 걸릴 것이다. 1960~70년대에 지어진 건물들 중에는 아예 여자 화장실을 따로 만들지 않은 경우도 많았다. 성적 차별의 경제학이 작동한 결과이며, 여성의 사회 활동이 미미하던 시대의 산물이다. 그런데 심지어 1990년대 중반에 지어진 서울대학교 사회과학대학 건물의 4층에도 여자 화장실을 따로 만들지 않았다. 잘못을 바로 잡는 것이 쉽지 않다는 것을 이런 예에서 잘 알 수 있다.

오늘날 우리는 많은 현대식 건물들 안에서 일상을 보내고 있다. 이러한 현대식 건물들은 온갖 첨단기술들을 모두 동원해서 대단히 편리하게 만들어졌다. 그러나 이러한 현대식 건물들은 에너지를 비롯한 자원을 심각하게 낭비하며, 또한 그 자체로 심각한 오염의 문제를 안고 있기도 하다. 대표적인 예가 이른바 '시멘트 독'의 문제이다. 이제까지 이 문제는 주로 시멘트에 포함되어 있는 방사성 물질인 라돈과 관련되어 논의되었다. 그러나 2000년대 중반의 조사에서 시멘트에 포함된 중금속의 문제가 더욱 심각한 것으로 드러났다. 사실 정부는 1995년부터 시멘트를 제조하는 과정에서 산업폐기물을 함께 소각하고 있으며, 나아가 1999년부터 산업폐기물을 시멘트에 혼합할 수 있도록 하고 있다. 이 때문에 시멘트 공장 주변의 주민들이 심한 호흡기 질환을 앓게 되었으며, 시멘트도 각종 위험물질들로 심각하게 오염되고 있다.

이렇게 시멘트 정책의 변화에 따라 시멘트 공장 주변의 공해가 새로운 논란의 대상이 되었다. 시멘트의 생산 자체가 심각한 공해의 논란을 일으켰는데 여기에 산업폐기물을 혼합할 수 있도록 했으니 논란이 커지는 것은 당연했다. 이 논란은 이른바 '쓰레기 시멘트', '중금속 시멘트'에 대한 강력한 비판과 우려로 이어졌다(최병성, 2008; 홍성태, 2007). 그런데 아파트는 다름 아닌 시멘트로 짓는다. 그러므로 시멘트로 이루어진 아파트는 '쓰레기 시멘트', '중금속 시멘트' 논란의 핵심을 이루게 되었다. 이 문제는 영월에서 목사로 살며 서강을 비롯한 영월의 자연을 지키기 위해 애쓰던 최병성 목사에 의해 널리 알려지게 되었다. 2008년에 이명박 정권이 들어서고 신설된 방송통신심의위원회는 시멘트 업계의 진정을 일방적으로 받아들여 시멘트의 문제를 알리는 최병성 목사의 블로그를 폐쇄하는 또 다른 문제를 일으키기도 했다.

본래 시멘트는 이른바 '냉복사'를 일으켜 생명체의 열을 빼앗아

아름다운 한반도 지형 너머로 보이는 시멘트 공장
시멘트 공장에 대한 관리를 크게 강화하고, '쓰레기 시멘트'의 생산을 엄격히 규제해야 하고, 시멘트의 사용을 크게 줄여야 한다.

간다. 그런데 산업폐기물을 혼합한 시멘트는 6가 크롬 등의 중금속을 다량 함유해서 생명체의 건강에 심각한 악영향을 끼친다. 2006년 9월 11일에 당시 국회 환경노동위원회 소속의 우원식 의원(열린우리당)이 공개한 〈시멘트 중 중금속 함량조사 연구 최종보고서〉에 따르면, 국내 10개 시멘트 시료 가운데 6개 시료에서 6가 크롬이 2.17~4.44mg/l 검출되어 국내 지정폐기물의 기준치 1.5mg/l를 1.4배~3배나 초과한 것으로 나타났다. 우원식 의원이 공개한 보고서는 시멘트 업체들이 모호한 폐기물 분류체계 아래서 중금속이 많이 함유된 산업폐기물과 부산물을 따로 처리하지 않은 채로 부원료와 보조연료로 써왔기 때문이라고 지적했다. 따라서 아파트를 비롯해서 시멘트로 지어진 이 땅의 모든 현대식 건축물들이 '지정폐기물 그 자체일 수도 있다'는 지적까지 나왔다(〈미디어다음〉, 2006년 9월 12일).

2000년대 중반에 아파트 실내를 꾸미면서 마구 사용하는 유독성 본드가 이른바 '새집 증후군'의 문제를 일으키는 것으로 밝혀지면서 사회적으로 큰 논란을 일으켰지만, 사실 이런 본드의 문제에 앞서서 아파트라는 거대한 건물을 이루고 있는 시멘트 자체가 지독한 문제를 안고 있는 것이다. 이런 상황에서 '실내 오염'의 문제가 건축의 일상을 규정하는 가장 중요한 문제로 떠오른 것은 그저 당연할 뿐이다. '간판공해'로 대표되는 건축물의 외적 오염도 아주 심각한 사회문제이지만 시멘트에서 비롯되는 '실내 오염'은 우리의 건강과 생명을 위협한다는 점에서 더욱 더 심각한 사회문제이다. 오늘날 우리는 처음부터 병들어 있는 건물 사이를 오가며 지내서 병들기 쉬운 일상을 살고 있다. 그러므로 이 나라에서 아토피('이상한 병')는 사실 더 이상 이상한 병일 수 없다.

즐거운 일상

인생은 일상의 축적이다. 일상이 행복하지 않으면 결국 인생이 행복

서울 부암동 일대
이 일대는 자연보호, 군사보호, 문화재 보호 등 여러 겹의 보호지구라서 고층 개발이 강력히 억제되고 있다. 1990년대 이후 비리를 통해 일부 고층 개발이 이루어지기도 했으나 서울의 다른 곳에 비해 여전히 자연과 역사가 잘 지켜지고 있는 곳이다. 사람들이 이곳을 좋아하는 이유는 이 때문이다. 거대한 콘크리트 아파트를 피해 일상의 여유를 느낄 수 있는 것이다.

하지 않은 것이다. 정치와 경제에 관심을 기울이는 이유도 결국 일상의 만족을 위한 것이다. 정치와 경제가 사회를 구성하는 구조를 이룬다면, 그 위에서 또는 그 안에서 우리의 생활이 이루어진다. 따라서 정치와 경제는 생활을 규정하는 위력을 가지지만 그렇다고 해서 그것이 우리의 목적은 아니다. 우리의 목적은 더 나은 생활이고 구조는 그것을 위한 조건이다. 이 점을 혼동해서는 안 된다. 우리가 구조를 개혁하고자 하는 까닭은 그렇게 해서 더 나은 생활을 하기 위해서이다. 일상을 사소한 것으로 여기고 일상에 무관심했던 태도야말로 사실은 문제의 중요한 원천이었다. 일상을 존중하지 않고 풍요롭게 하지 못하는 정치와 경제는 근원적으로 잘못된 것이다. 이런 점에서 일상에 관한 새로운 관심은 정치와 경제에 관한 새로운 관심이기도 하다.

우리의 일상은 많은 건물을 통해서 이루어진다. 그러므로 건축은 일상을 빚어내는 공간활동이라고 할 수 있다. 이런 점에서 우리는 건

서울의 한 아파트 놀이터
1980년대 후반에 지어진 이 고층 아파트는 동간 간격이 넓고, 동 앞 뒤로 조성된 정원에 나무들이 많고, 놀이터도 거의 동마다 설치되어 있어서 누구나 편하게 휴식을 취할 수 있다. 이렇게 넓은 정원을 공유할 수 있다는 것이야말로 아파트의 가장 큰 장점이다. 이런 공유의 공간이 없는 아파트에서 사는 것은 그야말로 콘크리트 절벽에 구멍을 뚫고 사는 것과 다를 바가 없다.

축에 관해 말 그대로 일상적으로 관심을 기울여야 한다. 그러나 그 출발은 건축을 위한 삶이 아니라 삶을 위한 건축이어야 한다는 것이다. 건축가는 멋있는 건물을 짓는 사람이 아니라 건강한 건물을 짓는 사람이어야 하고, 나아가 좋은 삶을 위한 공간적 조건을 개선하는 전문가여야 한다. 단지 자신의 '예술적 성취'를 위해 멋있는 건물을 짓는 데만 골몰하는 건축가는 필경 일상의 공간을 파괴하고 급기야 일상 자체를 심하게 훼손하기 십상이다. 자본에게 예속된 건축가만큼이나 예술에만 골몰하는 건축가도 건축의 사회성을 제대로 이해하지 못하고 있다는 근본적인 문제를 안고 있다. 건축과 일상에 관한 관심은 건축가의 사회적 의무와 과제에 대해 다시금 돌아보게 한다.

우리의 현실을 돌아보면, 우리의 일상은 각박하고 답답하다. 건축을 존중하지 않는 사회의 문제가 그 중요한 원인이기도 하다는 것은 다시 말할 필요가 없다. 우리가 일상적으로 마주치는 건물들은 아주 자주 우리를 일상적으로 괴롭히기 위해 지어진 것 같은 모습을 하고 있다. 건물 자체의 문제뿐만 아니라 허접한 간판이나 전봇대-전깃줄, 널리 쓰레기들의 문제도 심각하다. 그러나 이런 문제들을 포함해서 건물의 형태와 입지가 우리의 풍요로운 일상을 위해 가장 적극적으로 개선되어야 한다. 그것은 물론 제인 제이콥스가 제안한 것과 같이 기존의 지역사회와 지역주민을 적극 존중하는 방식으로 이루어져야 한다. 건축주의 욕망만이 아니라 건축가의 능력과 시민의 관심이 건축을 이끌고 가는 힘이 되어야 한다. 이런 변화를 촉발하고 주도하는 것은 전문가로서 건축가의 중요한 사회적 책임이다. 좋은 건축을 위한 사회적 환경을 제대로 구축하기 위해서도 건축가는 자폐적 장벽을 부수고 사회적 소통을 확대하기 위해 애써야 할 것이다.

즐거운 일상은 좋은 사회의 핵심적 목표이다. 좋은 사회를 위한 모든 노력은 결국 사람들의 즐거운 일상을 통해 검증될 것이다. 이미 오래 전에 이른바 서구 선진국들에 대한 연구에서 밝혀졌듯이, 즐거운 일상은 단순히 경제성장을 통해 이루어지지 않는다. 미국의 사회학자 로날드 잉글하트의 『조용한 혁명』(1977년)과 같은 삶의 질에 관한 고전적 연구에서 잘 드러나듯이 경제성장은 결코 즐거운 일상의 충분조건이 아니다. 심지어 최근의 행복지수에 관한 연구에서 볼 수 있듯이, 경제성장은 즐거운 일상의 필요조건조차 아닐 수 있다(이정전, 2008). 자연과 문화가 살아 있으며 사람들이 서로 존중하고 배려하는 곳일수록 즐거운 일상이 이루어지기도 쉽다. 경제성장이 곧 사회발전으로 이어질 것이라는 근대화론의 가정은 틀렸다. 좋은 경제성장만이 사회발전으로 이어질 수 있다.

이런 관점에서 일상에서 즐겁게 만날 수 있는 건물이 많은 곳을 좋은 사회의 목표로 추구할 수 있을 것이다. 그것은 자연에 끼치는 영향을 가능한 줄이고, 역사를 담고 있는 공간과 문화를 지키는 건물이

전깃줄로 어지러운 대학로의 한 골목
이 사진은 2004년에 찍은 것이다. 몇 해 뒤 젊은이들이 많이 찾는 이 유명한 길의 전봇대−전깃줄은 모두 사라졌다. 지금은 아주 깨끗하다. 이 사진과 비교해 보면 전봇대−전깃줄이 얼마나 흉칙한 문제를 일으키는가를 쉽게 알 수 있다.

다. 그것은 파괴를 당연한 것으로 여기는 것이 아니라 보존과 공존을 당연한 것으로 여기는 건물이다. 그것은 사람들의 접근과 이용을 차별하지 않는 것은 물론이고 이동을 위한 통로를 내놓는 건물이다. 이런 건물에서 형태에 대한 관심은 분명히 중요하기는 하지만 결코 결정적이지는 않다. 자연과 역사와 사람을 위한다는 관점이 명확한 건물들이 늘어날수록 좋은 사회는 더욱 더 가까워질 것이다. 건축은 사회와 무관하지 않으며, 사회의 영향을 일방적으로 받는 것도 아니고, 오히려 적극적으로 사회를 만들어내는 활동일 수 있다.

이렇게 쓰고 보니 아무래도 건축을 감시하고 개혁하기 위한 시민운동이 강력히 펼쳐져야 할 것 같다. 지금의 상태로는 건축 내부에서 좋은 건물을 만들기 위한 노력이 활발히 펼쳐지기가 상당히 어려울 것으로 보이기 때문이다. 자본의 힘이 강력한 영향력을 행사하는 가운데 형태에 대한 관심이 건축에 관한 논의를 주도하고 있다. 그러나 건축은 분명히 형태 이전의 문제이자 형태를 뛰어넘는 문제이다. 즐거운 일상을 위한 즐거운 건축을 건축가들에게 요구하고 건축가들과 함께 실천하고자 하는 시민들이 많아질수록 실제로 그렇게 될 날이 가까워질 것이다. 사실 21세기로 들어서면서 이런 변화가 시작되었으니 이제 머지않아 그 성과가 뚜렷이 나타날 것 같다.

【참고자료】

강수택(1998), 『일상생활의 패러다임』, 민음사
박재환 외 편역(1994), 『일상생활의 사회학』, 한울
박재환 외 편저(2008), 『일상생활의 사회학적 이해』, 한울
이정전(2008), 『우리는 행복한가』, 한길사
일상문화연구회(1997), 『한국인의 일상문화』, 한울
장일순(2007), 『나락 한 알 속의 우주』, 녹색평론사
정기용(2008), 『사람 건축 도시』, 현실문화
최병성(2008), ' 생명 위협하는 쓰레기시멘트', 『함께사는 길』 2008년 1월호

홍성태(2007), 『대한민국 위험사회』, 당대

Baudrillard, Jean(1970), 이상률 옮김(1991), 『소비의 사회』, 문예출판사

de Certeau, Michel(1980), Steven Rendall(1984), Steven Rendall(1984), The Practice of Everyday Life, The Univ. of California Press

Deleuze, Gilles and Felix Guattari(1972), 『Robert Hurley et al. trans.(1983), Anti-Oedipus, The Univ. of Minnesota Press

______________, 최명관 옮김(1994), 『앙띠 오이디푸스』, 민음사

Inglehart, Ronald(1977), The Silent Revolution: Changing Values and Political Styles among Western Publics, The Princeton University Press.

Lefebvre, Henri(1968), 박정자 옮김(1990), 『현대세계의 일상성』, 세계일보사

런던의 '오이' 건물

건축과 여성

남성사회의 여성

우리는 남성사회에서 살고 있다. 20세기의 100년 동안 여성의 권리가 많이 신장되었다고 해도 여전히 우리는 남성사회에서 살고 있다. 남성사회에서는 단지 남성이라는 이유로 남성이 여성보다 우월한 지위를 누리며 살아간다. 여성보다 남성이 월등한 것으로 나타나는 각종 지표들은, 예컨대 여성의 사회활동 비율, 여성 고위직 기업인이나 공무원의 수, 여성 국회의원의 수 등은 이런 사실을 잘 보여준다. 이 지표들은 여성과 남성의 동등한 경쟁의 결과가 아니라 실제로 여성에 대한 각종 차별의 결과이기 때문이다. 남성사회에서 남성은 여성을 차별하는 구조를 통해 부당한 이득을 얻기 쉽다. 이런 구조는 남성을 다양한 이데올로기를 통해 당연시되고 있다(한국여성연구소, 2005). 이 후진적인 이데올로기는 크게 남성이 여성보다 뛰어나다는 남성 우월 이데올로기와 남성이 여성보다 중요하다는 남성 우선 이데올로기로 나뉜다.

물론 이런 여성 차별의 사실을 적극 활용해서 사익을 챙기는 여성들도 있다. 이런 사람들은 어디에나 있는 법이니 구태여 말할 필요가 없을 것이다. 그러나 여성이라는 이유만으로 이런 사람들을 지지해야 한다는 일부 여성들의 주장에 대해서는 동의하기 어렵다. 천사는 성별이 없는지 몰라도 악마는 그렇지 않은 것 같기 때문이다. 여성의 모습을 한 '여성 악마'를 지지하는 것이 과연 여성을 위한 것이 될 수

인왕산 국사당의 선바위
'국사당'(중요민속문화재 28호)은 조선의 나라 사당으로서 남산 정상에 있었으나 1925년에 일제가 남산에 '조선신궁'을 지으면서 인왕산 자락으로 강제이전했다. 그 위에 '선바위'(서울시 민속자료 4호)가 있다. 이 바위는 아들을 낳게 해 달라고 비는 중요한 기도 대상이다.

있을까? 여성의 차별적 지위를 적극 활용해서 사익을 챙기는 여성들은 여성이라기보다는 사실 '여성 악마'에 더 가까운 존재다. '남성 악마'가 훨씬 더 많지만 그렇다고 해서 '여성 악마'를 늘리는 것도 잘못이다. 사람의 이름으로 '악마'를 지지하는 일은 하지 말아야 한다. 우리는 사람이 추구해야 하는 보편적 가치를 적극적으로 추구하는 남성과 여성을 존중해야 한다. 남성이 하건, 여성이 하건, 잘못은 잘못일 뿐이다.

그러나 이런 문제가 여성에 대한 차별을 합리화해 줄 수는 없다. 여성에 대한 차별은 그 자체로 인권에 어긋나는 큰 잘못이다(최현, 2008). 현대 사회는 차별의 원리가 아니라 평등의 원리에 기반을 두고 있다. 인권을 지키는 것은 무엇보다 평등의 원리를 지키는 것이다. 만일 모든 사람이 평등하지 않다면, 민주주의는 결코 성립할 수 없다. 민주주의는 역사적으로 계속 발전해왔다. 그것은 정치 민주주의로 시작해서, 경제 민주주의로 나아갔으며, 다시 생태 민주주의로 나아가고 있다. 미국의 정치철학자 존 롤즈는 『정의론』에서 정의는 사회구성의 제1원리라고 지적했다(Rawls, 1971). 이러한 정의의 핵심에 평등이 자리잡고 있다. 민주주의에서는 남성과 여성, 약자와 강자, 빈자와 부자, 젊은이와 늙은이 등의 다양한 생물적, 사회적 차이를 떠나서 모든 사람은 사람으로서 다른 사람에 대해 동등한 권리와 의무를 가지는 평등한 주체이기 때문이다.

여성에 대한 차별을 당연시하는 것은 결국 인간에 대한 차별을 당연시하는 것이다. 19세기 중반에 청년 마르크스와 엥겔스는 『공산주의 선언』(1848년)에서 여성해방의 정도는 인간해방의 지표라고 설파했다. 여성과 남성이 인간을 이루는 것이니, 더욱이 모든 남성은 여성의 자식이니, 여성의 해방이 없이 인간의 해방은 사실 불가능한 것이다. 그러나 서구에서도 여성해방은 20세기에 들어와서야 이루어지기 시작했다. 그 핵심은 정치의 대표를 선출하고 정치의 대표로 나설 수 있는 참정권의 확보였다. 참정권은 민주주의의 핵심인 정치적 주체로서의 평등권을 실현하는 것이다. 구성원의 참정권이 어느 정도로, 어떤 방식으로 보장되느냐에 따라 민주주의의 성격과 정도는 확연히 달라지게 된다. 따라서 우리는 참정권을 지표로 해서 민주주의의 발전 정도를 파악해 볼 수 있다. 모든 독재는 직간접적으로 참정권을 억압하고 왜곡해서 작동된다.

미국의 경우를 예로 보자면, 남북전쟁(1861~65년)을 계기로 흑인 남성의 참정권이 부분적으로 인정되었다. 노예제 폐지론자인 공화당의 애이브러험 링컨이 대통령에 당선된 결과였다. 이에 대응해서 백인 남성은 백인의 권력을 확보하기 위해 점차 백인 여성의 참정권을 인정하게 되었다. 그러나 미국에서 백인 여성의 참정권은 1차 세계대전 뒤인 1920년에 완전히 인정되었고, 모든 흑인의 참정권은 1955년부터 시작된 흑인 민권운동의 결과로 1965년에야 인정되었다. 사실 서구 전체에서 여성의 참정권이 확립된 것은 놀랍게도 2차 세계대전 이후의 일이었다. 두 차례의 세계대전을 거치면서 군에 징집된 남성들을 대신해서 여성의 사회활동이 크게 늘어나지 않을 수 없었고, 이런 엄혹한 시대적 상황을 배경으로 해서 여성의 정치권이 자연스럽게 강화될 수 있었던 것이다. 물론 이를 위한 여성들의 피나는 노력이 이미 19세기 초부터 서구의 각국에서 펼쳐졌던 것은 다시 말할 필요가 없다.

미국의 저명한 물리학자이자 근본생태론자인 프리초프 카프라는 1982년에 출간한 『전환점』이라는 책에서 가부장제는 문명과 함께 시작된 가장 오래된 지배방식이기 때문에 우리가 그 문제를 잘 깨닫지 못한다고 지적한다. 이어서 그는 현대의 석유문명이 곧 종말을 고하고 새로운 햇빛문명이 시작될 것이며, 이와 함께 마침내 가부장제도 종말을 고하고 새로운 평등문명이 시작되어야 한다고 주장한다(Capra, 1982). 지금 우리는 여기저기서 강한 여성들을 쉽게 볼 수 있는 사회에서 살고 있다. 그러나 사회적으로 여성은 여전히 약자다. 이른바 '역차별'의 문제에 대해서도 주의해야 하지만, 여전히 여성차별이 더 크고 기본적인 문제라는 사실을 잊지 말아야 한다.

성의 사회적 구성

남성사회의 문제는 무엇보다 피해자인 여성들의 오랜 세월에 걸친 고된 싸움을 통해 조금씩 개선되었다. 그것은 인권을 신장하는 과정이었으며, 또한 인간의 의미를 더욱 온전히 확립하는 과정이었다. 그러나 전체 상황은 여전히 열악하다. 예컨대 세계 4대 고대 문명이 피어난 곳들 중의 한 곳이며 오늘날 중국과 함께 세계 경제를 이끄는 경제 대국으로 떠오른 인도를 보자. 인도에서는 지금도 해마다 많은 여성들이 남편의 불만 때문에 학살당하고 있다. 인도를 신성이나 영성의 땅으로만 묘사하는 것은 큰 잘못이다. 인도의 힌두교도들은 공공연히 여자 아이를 재앙으로 여긴다. 인도에서는 지참금 문제로 신부들이 산 채로 화형당하거나 많은 여자들이 창녀로 인신매매되는 일이 여전히 흔하다. 2011년 7월에는 12살 여자 아이가 아버지와 오빠에게 눈과 장기를 주기 위해 강제적으로 자살하는 참사도 벌어졌다.

이렇게 끔찍한 정도는 아니라고 하더라도 한국에서도 양성평등은 아직 상당히 고귀한 목표에 가깝다. 여성은 남성과 같은 일을 하고도 평균 60% 정도의 임금밖에 받지 못한다. 그리고 여전히 결혼이나 임신을 하면 퇴직을 강요하는 회사들이 많다. 임신한 여성에게 정상근무를 하거나 퇴직을 요구해서 낙태하는 일도 종종 일어난다. 여성에 대한 성추행과 성폭행도 다반사로 일어나고 있다. 여성에 대한 명백한 차별이 곳곳에서 버젓이 행해지고 있다. 여전히 노동을 천시하고 여성을 무시하니 임신, 출산, 육아가 굉장히 어렵고, 이 때문에 세계 최저 수준의 저출산이라는 심각한 인구 문제가 나타나게 되었다. 그러나 저출산의 대안이 고출산은 아니다. 한국은 세계적으로 손꼽히는 인구 과밀국이기 때문에 인구가 크게 줄어야 한다. 인구는 적지만 서로 존중하고 최상의 능력을 발휘하며 최고의 만족을 누리는 사회가 좋은 사회이다. 우리에게 필요한 것은 차별의 철폐이다.

여성이라는 이유만으로 남성에 비해 열등한 대우를 받는 것은 명백히 차별이다. 생물적 존속이라는 점에서 사실 남성보다 여성이 훨씬 귀한 존재이다. 19세기 프랑스의 사실주의 화가 오귀스트 쿠르베의 '세계의 기원'이라는 작품은 이 사실을 잘 보여준다. 이 작품은 침대에 벌거벗고 누운 여성의 무릎에서 가슴까지를 그린 그림인데 그는 사실적으로 묘사한 여성의 성기를 화면의 중앙에 배치했다. 그의 메시지는 명확하다. 모든 사람은 여성의 성기를 통해 수정되고 출생한다! 그러나 평등의 가치를 비난하는 자들은 여성에 대한 차별을 당연한 것이라고 주장한다. 그들은 인간은 타고난 능력의 차이가 있으므로 평등은 애초부터 문제를 안고 있으며, 사회의 발전을 위해서는 차별의 제도화를 적극적으로 추진해야 한다는 주장조차 한다. 이런 자들은 차이와 차별을 구별하지 못하고, 여성을 본질적으로 남성에게 부속된 존재로 여긴다. 그들은 무지와 편견에 사로잡혀 자신들의 어머니를 모욕한다.

여전히 무식하고 무례하고 폭력적인 차별주의자들이 이 사회 곳곳에 널려 있지만, 양성평등의 강화와 인권의 신장은 거스를 수 없는 역사의 명령이다. 그런데 아직까지 남성 사회의 문제는 주로 사회적 관계나 제도의 차원에서 다루어지고 있다. 공간적 존재인 우리가 살아가기 위해 꼭 필요한 공간의 구성과 관련해서 여성해방이나 양성평등의 주제는 잘 다루어지지 않고 있다. 그러나 사실 도시야말로 남성사회의 문제를 가장 분명하게 보여주는 거대한 물리적 사례라고 할 수 있다. 고대의 모든 도시는 남성 도시였으며, 현대의 모든 도시도 상당한 정도로 그렇다. 우리는 형태, 기능, 안전의 면에서 남성도시와 남성건축의 문제에 대해 성찰하고, 여성의 관점에서 대대적인 개혁을 계속 추구해야 한다. 그 결과 모든 구성원이 더욱 아름답고, 편리하고, 안전하게 살 수 있게 될 것이다.

나는 1995년 여름에 미국 환경운동과 환경정책에 관한 연구를 위해 미국을 방문했을 때 샌프란시스코 현대미술관의 건축 학예사인 아론 베츠키의 『성을 짓기』(1995)라는 책을 구입했다. 이 책의 부제는 '남자, 여자, 건축, 그리고 성성의 구성'이다. 생물적 속성으로만 여겨지던 성을 사회적 구성물로 여기게 된 것은 여성해방 내지 양성평등 운동의 중요한 성과다. 성은 생물적 속성인 것만이 아니라 사실 시대와 사회에 따라 다르게 인식되고 처리되는 사회적 구성물이기도 하다. 현대 사회이론은 성에 관한 이런 인식을 진지하게 받아들이고 있다. 『성을 짓기』는 이런 현대 사회이론을 건축과 도시에 적용한 흥미로운 결과물이다.

저자인 아론 베츠키(Aaron Betsky)는 건축과 도시를 통해 성이 사회적으로 어떻게 구성되는가를 보여준다. 그는 개선문과 콩코르드 공원을 잇는 파리의 중심 가로인 샹젤리제(Avenue des Champs-Elysees)에 대해 다음과 같이 말한다.

"샹젤리제를 걷고 있을 때면 왜 나는 언제나 내가 있을 곳이 아닌 것 같은 느낌이 드는 걸까요?"내가 파리의 장려함에 점점 더 열광하고 있을 때, 한 여자가 내게 물었다. "당신이 여자이기 때문입니다."나는 이렇게 대답했다. 내가 걸으면서 설명하고 있던 샹젤리제는 남자들이 설계했다. 그것은 그들의 힘을 재현한다. 심지어 여러분은 그것이 남자의 몸을 재현

파리의 샹젤리제 거리
개선문 앞 건널목에서 콩코르드 광장 쪽을 바라본 모습. 멀리 가운데에 이집트에서 약탈해 온 오벨리스크가 보인다. 개선문과 오벨리스크는 이 거리가 프랑스 제국주의를 대표하는 곳이었음을 보여준다.

한다고 말할 수도 있다(xi).

사실 샹젤리제는 루이 뷔통을 비롯해서 유명한 '명품'의 본점들이 즐비한 곳이라서 세계 각국에서 온 수많은 여성들이 늘 들끓는다. 그러나 이렇게 여성들이 좋아하는 샹젤리제가 남성의 욕망을 대변하는 방식으로 남성에 의해 설계되고 건설된 것일 수 있다. 실제로 17세기에 처음 건설되었을 때나 19세기에 오스망 공작에 의해 재건설되었을 때나 샹젤리제는 남성들이 포악한 프랑스 제국주의의 상징가로로 만들었다. 그래서 여자들은 샹젤리제에서 늘 불편할 수 있다. 이런 사실에 관한 생각을 아론 베츠키는 다음과 같이 좀더 일반화해서 제시한다.

> 남자는 공간을 지배하고, 여자는 성, 자연, 문화 쪽으로 돌려진다. 남성 육체의 상상은 마천루의 남근적 건설에서 우리의 공공 건물들의 '근육질' 건설에 이르기까지 도처에 널려 있다. 남자는 지배하며, 그들의 힘은 건축을 통해 실현된다(xii).

베츠키의 설명과 같이 현대의 건물은 대부분 남성의 남근이나 근육을 재현하는 것으로 인식될 수 있다. 현대 도시에서 여성을 느끼기는 대단히 어렵다. 그러나 이러한 남성사회의 건축은 물리적 견고성이나 형태적 자연성의 논리와 맞물려서 건축과 건물에 대한 양성평등의 차원에서 올바른 인식을 가로막을 수 있다.

남성사회의 건축

이제 남성사회의 건축이라는 주제에 대해 좀더 일반적인 방식으로 살펴보도록 하자. 남성사회라는 역사구조적 조건은 건축에 어떤 영향을 미치는가? 성의 사회적 구성에 관한 사회이론이 널리 확산되었고, 양성평등 운동이 널리 퍼졌는데도 불구하고, 건축은 왜 변하지 않는가? 아니, 건축은 왜 더욱 더 남근적이고 근육질적으로 변하는가? 건축에서 여성해방 또는 남성평등 운동은 실패했는가? 사실 남성과 여성에 빗대어 건축을 구분하는 것은 문제가 있는 것이지만, 그렇다고 해도 남근적이거나 근육질적이지 않은 건축이 어려운 이유는 무엇인가? 형태, 기능, 안전의 면에서 여성을 존중하는 것은 더욱 아름답고, 편리하고, 안전한 건축을 위해 필수적인 과제가 아닌가?

　남성사회의 출발점은 남성은 강해서 바깥 일을 하고 여성은 약해서 집안 일을 한다는 생물적 성별 분업의 논리이다. 오랜 옛날 원시사회에서는 분명히 이렇게 해야 했다. 그러나 현대 사회에서는 이렇게 하지 않아도 된다. 우리는 윤리와 법과 기술을 만들어서 남성과 여성이 평등하게 살 수 있는 세상을 만들었다. 그러나 생물적 성별 분업의 논리는 오래 전에 남성은 강고하고 여성은 유약하다는 논리로 일반화되었다. 이에 따르면, 건물은 튼튼해야 하니 당연히 남성을

미국 LA 시청

표상하기가 쉽다. 그러나 강고한 남성, 유약한 여성의 이분법은 사실 잘못이다. 마찬가지로 건물이 강고해야 하기 때문에 남성을 표상하기 쉽다는 것도 잘못이다. 건축물의 구조와 형태는 명확히 구분된다. 구조는 무엇보다 강고성을 추구해야 하지만 형태는 그렇지 않다. 남성적 형태의 지배는 남성사회의 (무)의식이 이윤 중심의 경제주의와 맞물려서 강력히 작동한 사회적 결과에 가까울 것이다.

이른바 남성적 건물은 남성과 여성에 관한 잘못된 이분법을 물리적으로 재현하는 것이라고 할 수 있다. 이렇게 해서 남성적 건물은 남성사회를 더욱 강화하는 문화적 장치가 될 수 있다. 그리고 그것은 남성과 건물의 오랜 연계를 떠올리는 (무)의식의 강화작용을 촉진할 수 있다. 이러한 남성적 건물의 대표적 예는 하늘에 닿을 듯이 높은 마천루이다. 길게 높이 솟은 건축물은 흔히 강력하게 발기한 남근에 비유되곤 한다. 미국 TV 드라마나 영화에서 자주 보이는 로스앤젤레스 시청사는 남근형 건물의 좋은 예이다. 1928년에 완공된 32층의 LA 시청사는 고대 메소포타미아의 거대 피라미드형 신전인 지구라트를 형상화했다고 한다. 그러나 멀리서 보기에 이 거대한 건물은 높이 솟은 본관 양 옆의 저층 부속건물들 때문에 더욱 더 남근을 적나라하게 형상화한 것으로

런던의 '오이' 건물
스위스의 보험회사인 '스위스 리'(Swiss Re)가 건축주인 '오이'(Gherkin)의 본명은 주소를 딴 '30 Saint Mary Axe'이지만 '오이'를 닮았다고 해서 '오이'라는 별명을 얻게 되었다. 전체를 유리로 덮은 초고층 건물이지만 친환경 설계로 널리 알려졌다. 그 설계와 건축의 과정은 〈Building the Gherkin〉(미리암 폰 악스 감독, 2005년)이라는 다큐 영화로 기록되었다.

보인다. 흔히 '오이'라고 불리는 런던의 스위스 은행 건물(노만 포스터 설계)도 그렇게 보일 수 있다.

이러한 마천루의 남근성 때문에 어떤 여성은 '타워 팰리스'를 가리켜 '타워 페니스'라고 부르기도 했다. 이미 1990년대 말부터 이 나라의 모든 도시들에서 이런 '페니스'들이 빠르게 늘어났다. 특히 서울은 조만간 아예 '페니스 도시'가 되지 않을까 하는 생각이 들기도 한다. '초고층화의 가속화'가 진행되고 있는 것이다. 그런데 이것은 2000년대에 들어와서 서울뿐만 아니라 전국의 모든 대도시에서 쉽게 볼 수 있는 일반적 현상이 되었다. 그리고 2010년대에 들어와서 이 현상은 '100층 건설 경쟁'으로 더욱 강화되었다. 부산의 경우는 해운대가 그 집중적 지역이 되었다. 이것은 해운대라는 자연을 크게 파괴하는 것이면서 해운대라는 공유재를 강력히 사유화하는 것이기도 하다. 이에 맞서 부산에서는 2011년부터 해운대 108층 건물의 건설을 막기 위한 시민운동이 적극 펼쳐지기 시작했다. 세계적인 위험 시설인 부산의 고리 핵발전소가 해운대에서 불과 21km밖에 떨어져 있지 않은 사실에 비추어 보더라도 해운대는 초고층 난개발 지역이 되어서는 안 되는 곳이다. 더욱이 해운대는 이미 최고층 건물들이 모인 곳이다.

타워팰리스 G동

삼성의 '타워 팰리스'는 A동에서 G동까지 모두 7개의 동으로 이루어진 초고층 초고가 아파트들이다. 한때 한국 최고층 건물이었던 지상 69층(264m)의 타워 팰리스 G동은 2004년에 완공되었다. '타워 팰리스'를 제치고 들어선 최고층 건물은 2011년에 완공된 부산 해운대의 '두산 위브 더 제니스'(We've the Zenith)로 지상 80층(안테나와 첨탑을 포함 301m)이다.

이렇게 '페니스'로까지 불리는 초고층 건물들이 늘어나는 까닭은 그것이 강고성의 원리를 더 잘 구현하거나 미학적으로 더 아름답기 때문이 결코 아니다. 사실 초고층 건물들은 땅을 최대한 경제적으로 사용하고자 하는 욕망과 의지의 산물이다. 최대지대와 최대이윤을 향한 자본의 욕망과 의지가 초고층 건물을 건축하는 실질적인 동력이다. 이런 점에서 남성사회의 건축은 남성사회와 경제주의가 내밀한 관계를 맺고 있다는 사실을 명확히 보여준다. 자본이 지배하는 자본사회에서 경제주의는 더 많은 돈을 벌기 위한 노력과 태도를 뜻할 뿐이다. 그러므로 결국 남성사회의 건축은 남성이 여성보다 더 돈을 밝히는 존재라는 사실을 보여준다고도 할 수 있다. 그렇지 않다면 남성사회의 건축은 그저 노골적인 '페니스'의 미학이 지배하는 건축일지도 모른다.

남성사회의 건축은 형태에서 남성적일 뿐만 아니라 시설에서도 대체로 남성적이다. 많은 건축물들이 '건강한 성인 남성'을 이용주체로 상정하고 있는 것으로 보인다. 대표적인 예로는 화장실을 들 수 있다. 평등의 원리를 올바로 적용한다면, 여성 화장실이 남성 화장실보다 많아야 하고 넓어야 한다. 잘 알다시피 여성이 생리 현상을 처리하는 데 남성보다 훨씬 번거롭기 때문이다. 그러나 현실은 반대이다. 여기에도 남성사회와 경제주의의 원리가 작용하고 있다. 여성의 사회활동이 갈수록 확대되면서 다행히 이런 현실은 그 자체로 커다란 문제로 인식되기 시작했다. 그러나 아직 크게 개선된 것으로 보이지는 않는다. 더욱 더 많은 건물들에서 실질적인 개선이 이루어져야 한다. 특히 각종 공공건물들과 시설들에서 여성 화장실이 크게 늘어나야 한다.

21세기에 들어와서 크게 늘어나는 이른바 '누드 빌딩'이나 '누드 계단'은 더욱 강력하게 여성들을 당혹스럽게 하거나 불편하게 할 수 있다. 여성들이 외부의 시선에 쉽게 노출될 수 있기 때문이다. 짧은 치마를 입고 창가에 앉아서 커피를 마시며 즐거운 시간을 보내다가 불쾌한 경험을 하게 될 수도 있다. '누드 빌딩'에서는 외부가 완전히 투명한 유리로 마감되어 있어서 탁자 아래 쪽도 외부의 시선에 완전히 노출될 수 있기 때문이다. '건강한 성인 남성' 중심의 건축관이 지배하는 남성사회에서 여성에 대한 배려와 존중이 충분히 이루어지기는 아무래도 어려운 것 같다. 그러나 남성의 인권을 위해서도 여성에 대한 배려와 존중은 중요하다. 이 점을 명확히 인식하고 사회적으로 확산하는 것은 더욱 인간적인 사회를 만들기 위한 필수적 과제이다.

남성사회의 건축이 형태와 시설에서 남성적이라는 평가를 받는 것은 당연한 일일 것이다. 그러나 그것은 문화라는 면에서나, 인권이라는 면에서나, 큰 문제를 안고 있다. 이 문제를 해결하기 위해서는, 더욱 적극적으로 남성과 여성의 관계에 대해 고민하고, 양성평등을 구현하기 위해 노력해야 한다. 그러나 이와 관련된 여러 논의와 갈등들이 보여주듯이 그것은 결코 쉬운 일이 아니다. 이 문제는 단순히 형태와 시설에 그치는 것이 아니기 때문에 더욱 더 그렇다. 정말로 개혁되어야 하는 것은 최대지대와 최대이윤을 향해 폭주하는 남성사회와 경제주의의 결합이다.

신문로의 초고층 '누드' 건물들
이런 유리 건물들은 산뜻한 외양과 함께 건축과 관리의 용이성 등의 장점들을 갖고 있지만 냉난방의 어려움, 강력한 자외선의 투사, 외부 시선에의 노출 등의 문제들을 안고 있다.

잘못된 이분법의 문제

남성사회의 건축은 역시 남성 건축가가 지배하고 있다. 유명한 건축가를 떠올려 보자니 남성 건축가밖에 생각나지 않는다. 오세훈 전 서울시장이 근현대 운동사를 간직한 소중한 동대문 운동장을 파괴하고 강행한 희한한 동대문 디자인 플라자를 설계한 자하 하디드가 떠오른다. 그녀는 시민의 의견을 무시한 오세훈 덕에 서울에서 세계 최대의 비정형 건물을 구현할 수 있었다. 잘 생각해 보니 이제까지 몇 명의 여성 건축가를 만났던 것 같다. 이에 비해서 내가 만났던 남성 건축가는 훨씬 많은 것이 분명하다. 반면에 건축을 배우는 학생들 중에서는 훨씬 많은 여성들을 만났으니 앞으로는 훨씬 더 많은 여성 건축가를 만날 수 있을 것으로 생각한다.

이 나라에서 여성 건축가는 아직 확실히 드문 것 같다. 아마 세계적으로도 그런 것 같다. 건축사는 물론이고 건축학사도 확실히 남성이 지배하는 것 같다. 건축이 토목만큼이나 남성사회의 그늘이 짙게 드리워진 영역이라는 사실을 여기서도 엿볼 수 있을 것 같다. 심지어 이 나라에서 여성은 건축과 관련해서 건축가보다는 '복부인'이라는 부정적 모습으로 더 자주 나타난다. '복부인'은 '부동산 투기를 일삼는 여성'을 뜻하니 아주 명백히 여성을 차별하는 말이라고 할 수 있다. 이 말은 1970년대 중반에 처음으로 사용되었다. 당시 박정희 정권의 대대적 부동산 개발에 따라 부동산 투기가 본격적으로 시작되었는데, 여기서 주부들의 활약이 크게 두드러지면서 '복부인'이라는 말이 만들어졌던 것이다. 1980년에는 심지어 '복부인'이라는 제목으로 영화도 개봉되었을 정도였다.

사실 복부인은 대단히 경멸적 의미를 담고 있다. 남성 노인이 주도하던 복과 덕을 나눠주는 복덕방을 투기적 복부인이 한갓 투기의 대상으로 만들었다는 뜻이 담겨 있는 것이다. 그런데 2000년대에 들어와서 이와 상당히 겹쳐지면서도 다른 이미지가 만들어졌다. 좋은 아파트를 선택할 수 있는 능력을 갖춘 훌륭한 소비자라는 이미지가 그것이다. 이 이미지는 아파트를 설계하고 건설하는 것은 남성들이지만 그것을 사는 것은 대체로 주부들이라는 성별 분업이 사회적으로 작동하고 있는 현실을 반영하고 있다. 나아가 복부인이라는 경멸적 이미지가 현명한 투자자라는 이미지로 바뀌기도 했다. 이런 식으로 여성들에게 아파트의 소비를 강력히 권장했던 것이다. 이런 점

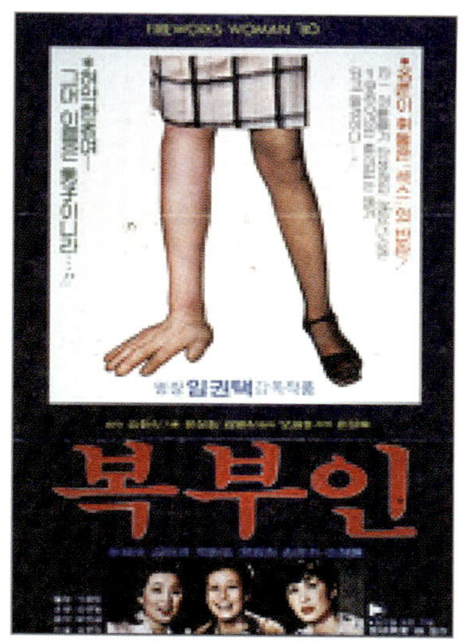

영화 '복부인'의 포스터
임권택 감독의 작품으로 1980년 8월 15일에 개봉됐다. '허약한 자여, 그대 이름은 남자이니라'라는 포스터의 문구가 눈길을 끈다.

에서 남성사회의 건축이 안고 있는 문제를 여기서도 다시 살펴볼 수 있다. 물론 이와 함께 여성이 복부인과 같은 '투기사회'의 핵심주체로 나타나고 있는 것에 대해서도 유념해야 한다.

1990년대 중반 이후 김남주, 이미연, 이나영, 송윤아, 이영애, 최지우, 김지호, 김희애, 채시라, 신은경, 최명길, 장서희, 고소영, 김혜수 등 '최고'의 출연료를 받는 여성 연예인들을 내세운 그 많은 아파트 광고들이 한결같이 이런 이미지를 퍼트렸다. 여성 연예인들에게 아파트 광고는 예전의 화장품 광고만큼이나 '대박'을 뜻하는 것이 되었다. 그런데 오늘날 아파트가 안고 있는 여러 문제들을 염두에 두자면, 아파트 광고를 하는 여성 연예인들은 자신의 사회적 책임에 대해서도 잘 알고 있어야 한다. 거대한 숲을 파괴하고 들어선 아파트를 오히려 자연을 돌보는 생태적 아파트로 광고하거나, 포름알데히드

본드나 카드뮴 시멘트로 뒤범벅된 아파트를 친환경 아파트로 광고하는 것은 분명히 잘못이다. 여성 연예인들이 다수를 차지하고 있기는 하지만 남성 연예인들도 사회적 책임에 대해 깊이 고민해야 한다. 광고는 단지 쉽게 큰 돈을 버는 좋은 기회에 그치지 않는다.

여성들이 남성사회의 여러 문제들을 야기하고 악화하는 심각한 주체가 되기도 한다. 그러므로 남성사회의 문제를 바로잡기 위해 남성은 악하고 여성은 선하다는 식으로 주장할 수는 없다. 용산 미군기지라는 거대한 생태적 공공용지에 '타워 펠리스'와 같은 초고층 오피스텔을 지어야 한다고 주장하는 여성 건축가도 있었다. 나는 이런 주장은 사회적으로 극히 위험하다고 생각한다. 남성사회의 문제를 바로잡는 것은 올바른 것을 구현하는 것으로 이루어져야 한다. 이를 위해 양성평등을 더욱 더 폭넓게 구현하는 것과 여성으로 표상되는 가치를 구현하는 것은 엄밀히 구별되어야 한다. 다시 말하지만, 남성이 하건, 여성이 하건, 잘못된 것은 잘못된 것일 뿐이다. 물론 그렇다고 해서 여성이 남성에 비해 사회적 약자라는 사실은 분명하다. 여성에 대한 차별을 시정하고 여성을 존중하는 것은 무조건 중요하다.

남성은 강고하지만 여성은 유약하다는 식의 남녀 이분법은 심각한 일반화의 오류를 범하는 명제이면서 또 다른 사회적 편견을 야기하는 화용론적 실천이라고 할 수 있다. 작은 것, 부드러운 것, 그리고 조화에 대한 관심은 결코 여성에게 고유한 것이 아니다. 그것은 남성사회에서 여성적 표상으로 고착되었을 뿐이다. 그러나 바로 그 때문에 이 소중한 가치들을 구현하는 과정과 양성평등을 확산하는 과정은 함께 이루어질 수도 있다. 이러한 이중적 과정의 관점에서 우리의 건축을 대대적으로 검토하고 개혁을 실천해야 할 때가 되었다. 니체를 빌어 말하자면, 이미 한낮의 시간이다. 해야 할 일을 미루면, 곧 해가 서쪽으로 기울고 짙은 어둠이 찾아올 것이다.

그런데 대체 무엇을 어떻게 해야 할까? 형태보다는 기능의 개혁이 더 중요하고, 기능보다는 안전의 확보가 더 중요하다. 다시 샹젤리제에 관한 베츠키의 설명을 보자.

> 샹젤리제를 그렇게 아름다운 장소로 만드는 바로 그 속성이 거기서, 특히 밤에, 여성들을 불편하게 만드는 것이다. 샹젤리제는 온통 기념비, 비인간적 크기, 열린 공간들, 딱딱한 표면들의 장소이다. 여성들뿐만 아니라 '약한' 사람들은 누구나 자신이 당하기 쉽다고 느끼는 폭력과 이런 공간 사이에는 밀접한 연관이 있다. 저 거대한 가로들과 텅 빈 광장들은 연결, 대화, 지원의 장소가 아니라 권력의 시험장이며, 삶 자체로부터 저 폭력이 계속 일어나게 하는 이 도시를 통해 명백히 우리가 휘저어 놓은 법적 및 도덕적 제약의 얇은 층일 뿐이다. 예의와 제약의 보이지 않는 망은 아주 자주 무너지며, 여성들은 습격당하고, 강간당하고, 폭행당하고, 또는 모욕당할 뿐이다. … 해답은, 많은 여성주의 도시 비평가들이 말하듯이, 공동체적 삶의 대안 모델을 창출하는 것이다. 고립된 집들과 텅 빈 거리들 대신에, 우리는 작은 집단의 사람들이, 되도록이면 아이들이 놀 수 있고 모두가 안전하게 느낄 수 있는 안마당들에 모여서, 소유권, 공간, 과제를 공유할 수 있는 유연한 주거가 필요하다. 어떤 면에서 이러한 전망은 공포의 도시에 대한 대안을 제공하지만, 다른 면에서 그것은 단지 하렘을 복제한다(Betsky, 1995: 177~178).

저 먼 옛날부터 거대 건축과 거대 도시는 거친 탐욕과 폭력이 횡행하는 남성사회의 표상이었다. 여성이 대표로 제시되고 있는 작은 건축과 작은 도시가 모든 구성원의 복리에서 더 중요하다. 마샬 버만은 거대하고 폭력적인 근대주의 도시 계획을 강력히 비판하고 인간적인 도시를 제시했던 제인 제이콥스의 주장이 아직 여성주의라는 말이 사용되지 않던 1960년대 초에 여성주의를 대단히 풍부하게 제시했던 것으로 파악했다(Berman, 1982: 322~323). 여성을 위하는 것은 모두를 위하는 것이다. 그 실현은 대단히 어렵지만 계속 추구해야 한다.

【참고자료】

최현(2008), 『인권』, 책세상

한국여성연구소(2005), 『새 여성학 강의』, 동녘

Berman, Marshall(1982), All that is Solid Melts into Air, Penguin Books

Betsky, Aaron(1995), Building Sex, William Morrow and Company Inc.

Capra, Fritjof(1982), 구윤서 · 이성범 역(1985), 『새로운 과학과 문명의 전환』, (주)범
        양사 출판부

Rawls, John(1971), 황경식 옮김(1990), 서광사

용산 미군기지의 블럭담, 철조망, 경고판

건축과 군대

현대 사회와 군대

오늘날 군대는 도처에 있다. 영국의 안토니 기든스같은 사회학자는 군대를 '근대 국가'의 필수적 요건으로 설명하고 있기도 하다 (Giddens, 1985). 군대라는 강력한 '폭력조직'이 있어야 내적으로 권력을 유지하고 외적으로 독립을 유지할 수 있기 때문이다. 군대의 역할은 여기에 그치지 않는다. 징병제가 실시되는 국가에서 군대는 가족과 학교에 이은 가장 거대한 재사회화 기관으로 작동한다. 대다수의 젊은 남자들이 군대생활을 하며 군사문화를 몸에 익힌다. 이런 점에서 우리는 현대 사회의 특징을 살펴볼 때, 반드시 군대의 기능과 기여에 주목할 필요가 있다. 물론 건축의 면에서 보더라도 군대는 오랜 옛날부터 현대에 이르기까지 성벽, 성곽, 기지, 도로 등의 다양한 시설과 건물과 그 파괴를 통해 건축에 대해 직간접적인 영향을 대단히 크게 미쳤다.

한국은 인구 대비 군인 수가 세계에서 가장 많은 나라일 것이다. 한국에서 군대는 젊은 남자들에 대한 최대의 억압기관이자 최대의 재사회화 기관이다. 보편적 징병제를 하지 않는다면, 한국의 청년 실업은 훨씬 더 심각해질 것이고, 서구와 같은 청년 폭동도 빈발할 것이다. 한국의 군대는 보편적 징병제에 기반하고 있기 때문에 병역 기피는 대단히 심각한 문제이다. 이 점에서도 이명박 정권의 문제는 아주 두드러졌다. 이명박 대통령, 정운찬 국무총리, 김황식 국무총리,

원세훈 국가정보원장, 안상수 한나라당 대표 등이 모두 군 면제자로서 병역 기피에 대한 심각한 의혹을 일으켰기 때문이다. 한창 피가 끓는 나이의 청춘들은 좁은 막사 안에서 함께 생활하는 것만으로도 엄청난 스트레스를 받을 수밖에 없다. 그런데 한국의 군대는 여전히 폭력으로 유지되고 있고, 이 때문에 살인과 자살의 문제마저 끊이지 않고 있다. 이런 상황에서 이른바 상류층이니 고위층이니 하는 것들은 병역 면제를 받는 경우가 흔하고, 병역을 하더라도 해외여행을 즐기는 식의 황당한 군 생활을 한다. 군대는 가장 정의로워야 하는 곳인데, 한국 군대는 가장 불의한 곳이라는 인식이 널리 퍼져 있다.

징병제와 불평등의 문제를 해결하기 위해서는 결국 상당한 군축과 모병제를 실행해야 할 것이다. 징병제를 시행하는 상황에서도 인간적인 넓이의 공공 공간과 개인 공간을 제공해서 군인들의 스트레스 문제를 크게 완화해야 한다. 그러나 한국 군대는 그렇게 하지 않고 공공연한 폭력으로 억누르고 있다. 이 때문에 한국 군대에는 구타, 기합, 욕설, 노역, 갈취 등의 각종 폭력이 만연해 있다. 2011년 7월에 해병대에서는 폭력에 시달리던 한 병사가 동료 병사들을 사살한 사건이 발생했으며, 이 사건이 일어나기 전날 역시 해병대의 한 병사가 폭력에 시달리다 자살했고, 이 사건이 일어난 며칠 뒤에 역시 해병대의 한 병사가 폭력에 시달리다 자살했다. 해병대는 오래 전부터 폭력으로 악명이 높았지만 사실 모든 한국 군대가 크게 다르지 않다. 여자들도 이 문제에 깊은 관심을 기울여야 한다. 남자의 인권이 침해되는 것은 결국 인간의 인권이 침해되는 것이고, 남자의 폭력화는 결국 인간의 폭력화이며, 여자도 그 피해를 입게 된다. 군대 생활에 대한 솔직한 고백과 증언이 폭넓게 이루어지고, 이에 기초해서 활발한 연구와 제안이 이루어져야 한다(김삼석, 2001; 군인권센터).

2차대전 이후 미국에서는 군대의 강력한 정치적, 경제적, 사회적

영향에 초점을 맞춰서 '군산복합
체론'이라는 이론이 제시되었다.
이것은 사회의 존속을 위한 하나
의 기능체로서 고안된 군대가 그
자체로 강력한 권력을 소유해서
자신의 존속을 위해 사회를 이용
하는 역설적 상황에 대한 비판적
분석의 결과였다. 시드니 렌즈라
는 학자의 저서가 이 분야의 '고
전'이라고 할 수 있는 데, 이 책은
오래 전에 고 서동만 교수의 번역
으로 국내에서 출간되었다(Lens,
1970). '군산복합체론'은 군대와
산업이 서로 단단히 결합되어 자
원의 낭비와 경제의 왜곡을 가져
오며, 이를 위해 공포의 동원과 무

아이젠하워의 고별 연설 장면

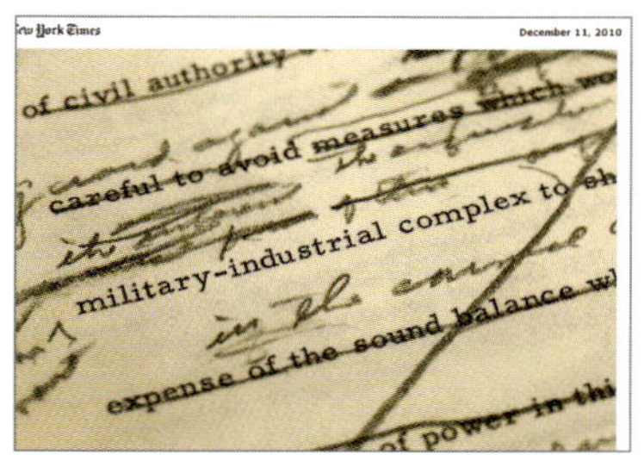

2010년 12월 10일에 발견된 아이젠하워의 고별사
초고

아이젠하워는 2차 세계대전의 영웅으로 닉슨을
부통령으로 해서 공화당 대통령이 되었으나 전쟁
을 사업으로 여기는 군부와 기업의 문제를 올바로
인식하고 강력히 비판했다.

력의 증강이라는 강력한 정치적 기제를 작동시킨다는 것으로 줄일
수 있다. 그 실체를 세상에 처음으로 밝힌 것은 2차 세계대전의 전쟁
영웅으로 미국의 대통령이 되었던 드와이트 아이젠하워였다. 공화당
대통령이었던 그는 새로 당선된 민주당 대통령 존 케네디에게 권력
을 넘겨주기 직전인 1961년 1월 17일 군산복합체가 미국과 세계를 위
협하는 현실을 고발하는 '고별사'를 발표했다.

  2004년 2월 14일에 암으로 세상을 떠난 사회학자 김진균 교수는
1980년대 말부터 '군산복합체론'에 입각해서 한국 사회를 포함한 현
대 사회를 연구하는 작업을 본격적으로 펼치기 시작했다. 나는 1993
년 가을부터 지도교수였던 김진균 교수의 연구에 참여해서 1996년

손상된 미국 국방부 건물

2차 세계대전 때인 1941년 9월에 착공되어 1943년 1월에 완공된 이 거대한 5각형 건물은 세계에서 가장 큰 업무용 건물이다. 2001년 12월에 찍은 위성사진은 2011년 9월 11일의 비행기 공격으로 서쪽이 심하게 손상되었음을 보여준다.

초에는 김진균 교수와 함께 『군신과 현대 사회』라는 공저를 출간했다. 그리고 그 뒤에 선생과 내가 함께 쓴 관련 글들, 그리고 각자가 쓴 관련 글들을 모아서 2007년 2월에 『한국 사회와 평화』라는 제목으로 또 한 권의 공저를 출간했다. 김진균 교수가 '경제의 군사화'라는 구조적 문제에 초점을 맞추었다면, 나는 '사회의 군사화'에 더 큰 관심을 기울였다. '건축과 군대'라는 주제도 그 중의 하나이다.

오늘날 한국은 세계 10위권의 경제대국일뿐만 아니라 마찬가지로 군사대국이기도 하다. 국토의 크기는 세계 109위밖에 되지 않는 작

미국 국방부 건물의 전경
펜타곤 뒤 포토맥 강 건너에 워싱턴 기념탑이 우뚝 솟아 있는 것이 보인다. 펜타곤은 제한된 구역에서 안내를 따라 관광을 할 수 있다. 나는 1995년 2월에 미국 군수산업 연구를 위해 워싱턴을 방문했을 때 '펜타곤 관광'을 했다.

은 나라가 엄청난 경제력과 군사력을 보유하고 있는 것이다. 어느 정도인가? 2007년 미국의 CIA가 발표한 〈세계 군사력 보고서〉에 따르면, 한국의 종합 군사력은 세계 9위에 이른다. 한국군은 세계적인 강군이다. 한국군은 대략 60만 명 정도의 군인들을 보유하고 있으며, 전국적으로 수 억 평의 땅을 각종 기지, 부대, 훈련장으로 사용하고, 수 만 채의 건물을 각종 시설, 주거 등의 용도로 사용하고 있을 것이다. 이에 비해 북한의 전력은 훨씬 뒤떨어져 있다. 그도 그럴 것이 현대의 군사력은 무엇보다 경제력에 의해 유지되는 것이기 때문이다. 이렇듯 거대한 군사력을 보유하고 있으므로 군대의 사회적 영향력도 거대하지 않을 수 없다. 건축이 그 영향력으로부터 자유로울 수 없는 것은 당연하다. 아니, 건축은 사실 군대의 영향력을 대단히 강하게 받고 있다.

군대의 영향

군대가 건축에 미친 영향은 다양하다. 프랑스의 역사학자 미셸 푸코
는 군대, 감옥 등의 건물이 규율화를 통해 근대화에 큰 영향을 미쳤음
을 보여주기도 했다(Foucault, 1975). 군대가 있는 곳에서 건축은 군대
를 상수로 전제하고 행해진다. 군대는 건물의 형태, 위치, 방향, 높이,
크기, 시설, 운영 등에 모두 영향을 미친다. 가장 분명한 영향은 건물
의 위치에서 살펴볼 수 있다. 군대는 '군사보호구역'이라는 제도를 활
용해서 건물이 들어설 수 있는 곳을 강력히 규제할 수 있다. 군사적
필요에 따라 땅의 이용방식을 결정할 수 있는 것이다. 특히 군사독재
시절에 '군사보호구역'은 무엇보다 강력한 규제제도로 작동했다. 이
때문에 민주화와 함께 '군사보호구역'의 위력은 크게 약화되었다. 사
실 '군사보호구역'은 난개발을 억제하는 구실도 했다. 그런데 민주화
가 토건국가와 투기사회의 문제에 올바로 대응하지 못하고 진행되었

롯데의 123층 건물
이 건물은 건축 승인을 받는 과정에서 급속히 설계가 변경되었으며, 이름도 '롯데 프리미엄 수퍼타워'에서
'롯데 월드 타워'로 바뀌었는데, 그 놀라운 크기에 비추어 보면 '수퍼타워'가 더 나은 것 같다.

기 때문에 '군사보호구역'의 약화는 난개발 문제의 악화로 이어졌다.

또 다른 주요한 영향은 높이의 규제에서 찾아볼 수 있다. '군사보호구역' 바깥이라고 해도 부근에 군사시설이 있거나 군사활동과 연관되어 있는 곳에 대해서 군대는 대단히 강력한 규제권한을 행사한다. 서울 도심의 '스카이 라인'을 형성한 것은 잘 설계된 도시계획이 아니라 사실은 군대의 강력한 군사적 규제권한이었다. 최대지대를 추구하는 지주들과 자본가들은 어떻게든 초고층 건물을 짓고자 했지만, 군사시설의 보호와 군사활동의 전개를 이유로 강행되는 군대의 규제라는 장벽을 좀처럼 넘을 수 없었다. 그러나 민주화와 함께 이것도 역시 크게 약화되었다. 서울을 예로 들어 보면 민주화와 함께 강남과 강북을 떠나 고층화가 널리 추진되었고, 개발 세력의 대표인 이명박이 서울시장과 대통령으로서 권력을 행사하면서 초고층화가 강력히 추진되었다.

이명박 정권에 의한 군사적 규제의 완화와 초고층화의 강행에서 가장 유명한 예는 롯데 재벌이 잠실에서 짓는 '제2롯데월드' 또는 '롯데 수퍼타워'이다. 무려 123층 555m에 이르는 이 초초고층 건물의 계획에 대해 군은 강력히 반대했다. 잠실의 남쪽으로 특전사령부, 기무사 분실, 성남비행장 등의 주요 군사시설들이 많이 들어서 있었기 때문이었다. 주변의 개발에 따라 특전사령부나 기무사 분실은 다른 곳으로 옮겼지만, 이 지역은 서울의 동남부 통로로서 군사적으로 대단히 중요하며, 여전히 소규모 부대들과 성남비행장이 자리잡고 있다. 그런데 초고층 건물은 원활한 군사시설의 보호와 군사활동의 전개에 부정적 영향을 미치기 쉽다. 특히 군 비행장인 성남비행장의 활용은 크게 제약되고 왜곡될 수밖에 없다. 그런 만큼 군은 롯데의 계획에 강력히 반대하지 않을 수 없었다.

그런데 놀랍게도 롯데 재벌의 잠실 123층 건물 계획에 대한 군의 반대는 이명박-한나라 정권에 의해 무력화되었다. 보수 정권이 정부 내에서 보수를 대표하는 세력이라고 할 수 있는 군의 요구를 무력화해 버린 것이다. 2009년에 착공되어 2015년에 완공되는 123층의 '롯데 수퍼 타워'로 말미암아 군 비행장인 성남 비행장의 효용은 크게 떨어질 뿐만 아니라 아주 위험해진다. 이 점에서 '롯데 수퍼 타워'의 승인은 이명박-한나라 정권이 롯데 재벌에게 엄청난 특혜를 준 것으로서 심각한 의혹의 대상이 되었다. 여기서 나아가 더 넓은 차원에서는 보수의 대표가 군에서 자본으로 옮겨갔다는 것을 확실히 입증한 사건이었거나, 이명박 정권이 군보다 자본의 이익을 더 우선시하는 정권이라는 것을 확실히 입증한 사건이었다고 할 수 있다. 그런데 한국은 재벌이 지배하는 '재벌국가'라고 할 수 있거니와 전자의 상황에서 후자의 변화가 이루어졌다고 할 수 있다. 이제 한국의 보수 세력은 군대와 안보보다 자본과 이윤을 더욱 중시하며, 자기에게 유리한 방식으로 군대와 안보를 내세우고 이용한다.

시설에 대한 군대의 영향으로는 단연 방공포를 들 수 있다. 도시의 높다란 건물들의 옥상에는 방공포들이 설치되어 있기 일쑤이다. 고층 건물 옥상에 방공포를 설치하는 것은 이른바 '방공 건축' 또는 '방공 도시'의 기본에 해당한다. 이것은 비행기를 무기로 처음 사용했던 1차 세계대전의 역사적 산물이지만, 무기로서 비행기에 대한 대응은 2차 세계대전을 앞두고 본격화되었다. 일본은 1937년에 '방공법'을 처음 제정했고, 1941년에 크게 개정했다(손정목, 2003: 242). 현재 고층 건물 옥상에 방공포를 설치하는 것은 '2급 군사비밀'에 해당한다. 따라서 어디에 방공포가 설치되어 있는가에 대해 일반인은 원칙적으로 결코 알 수 없다. 그리고 또한 방공포 때문에 옥상들을 자유롭게 이용하는 것도 불가능하다. 한국에서 고층 건물들의 옥상은 대체로 '군사지역'인 것이다(구영식, 2004). 옥상에서 정말 많은 것

한겨레 옥상정원 '하니누리'

들을 할 수 있으나 군이 이렇게 옥상을 점령하고 있어서 옥상을 제대로 이용하지 못하고 있다.

이 때문에 심각한 분쟁도 일어났다. 2004년 6월에 서울의 삼풍백화점 터에 들어선 '아크로비스타'라는 이름의 초고층 주상복합건물의 계약자들이 시행사인 (주)대상을 상대로 서울시에 진정서를 제출했다. (주)대상이 방공포 등의 군사시설이 아크로비스타 내에 설치되는 것을 알리지 않고 분양했다는 것이다. 사실 옥상은 아주 귀한 공간이다. 외국에서는 옥상에서 파티도 많이 한다. 뉴욕을 무대로 한 '섹스 앤 더 씨티'라는 '미드'(미국 드라마)에서는 이런 모습을 자주 볼 수 있었다. 우리도 옥상을 이렇게 이용할 수 있을 것이다. 고층 건물이 엄청나게 늘어난 만큼 옥상을 전망대나 파티장, 또는 볕을 즐기거나 별을 보는 곳으로 이용하도록 해야 할 것이다. 미사일이 오가는 시대에 옥상에 방공포를 설치하는 식으로 전쟁을 준비한다는 것은 시대착오적이다. 이렇게 해서 군은 큰 이익을 거두겠지만 국민들은 큰 손해를 입게 된다.

　　참혹한 전쟁을 치르고 오랜 군부독재의 시대를 지나면서 군대는 한국 사회에 엄청난 영향을 미쳤다. 우리는 폭력적인 군사문화의 문제를 곳곳에서 너무나 쉽게 확인할 수 있다. 민주화의 결과로 '평화군인회', '군인권센터', '평화네트워크', '참여연대 평화군축센터'와 같은 훌륭한 시민단체들이 만들어졌지만 군사주의의 영향에 비해 그 활동은 아직 너무나 작다. 군사문화의 문제로 무엇보다 중요한 것은 사실 우리 눈에 보이지 않는 것이다. 그것은 우리의 심성이나 습관이나 문화가 되어버린 군사주의이다. 개발주의와 관련해서 그것은 '군사적 성장주의'로 나타났다. 마치 군사작전을 수행하듯이 도로를 만들고 건물을 세우는 것이다. '군사적 성장주의'가 위력을 발휘하는 곳에서는, 양적 성장이 무엇보다 중요하게 여겨지고, 따라서 결과주의가 만연하게 된다(홍성태, 2007). 박정희의 군사독재는 사실 군사-개발독재였으며, 그것은 개발주의를 군사주의와 결합시켜 엄청난 위력을 발휘했다.

　　전시에 적의 진로를 막는 군사적 장애물로 이용하기 위해 고층아파트 단지를 획일적으로 배치한 것에서 군대가 미친 영향의 크기를 잘 알 수 있다. 그러나 군대는 난개발의 저지라는 면에서 긍정적 영향이라는 의도하지 않은 결과를 낳기도 했다. 최고지대와 최대이윤을 노린 막개발과 투기가 횡행하는 한국에서 군대는 공간을 지키는 최후의 보루로 구실하기도 했던 것이다. 서울 석관동의 한국예술종합학교 부근의 변화는 그 좋은 예이다. 전두환이 박정희의 중앙정보부를 개조해서 만든 국가안전기획부가 다른 곳으로 이전하고 그 자리에 노태우 정권 때 설립되어 김영삼 정권 때 개교한 한국예술종합학교가 들어서게 되었다. 국가안전기획부가 이전을 마치고 주변지역이 '군사보호구역'에서 풀리자 바로 고층아파트들이 한국예술종합학교 주변지역에서 우후죽순 격으로 건설되었다. 군사적인 이유로 오랫동안 난개발이 저지되었던 곳이 삽시간에 새로운 난개발 지역으로 변모했던 것이다.

가장 두드러진 예는 서울의 용산 미군기지이다. 이곳은 메인 포스트와 사우스 포스트로 이루어진 본기지만도 82만평에 이르는 넓은 공공용지이다. 이곳은 한국군보다도 훨씬 더 강한 미군의 주둔지였기에, 강홍빈 교수의 말마따나, '금단의 땅'으로서 겨우 '보존'될 수 있었다(강홍빈, 2002: 108). 이곳의 미래에 대해 강홍빈 교수는 이렇게 제안했다.

지나간 과거는 싫다고 사라지지 않고 부정한다고 없어지지 않는다. 그 과거가 남긴 유산을 어떻게 미래를 위한 자원으로 지혜롭게 활용하느냐의 문제만 남아 있을 뿐이다. 불행한 출생역사를 지닌 용산군기지는 오히려 그 연원 때문에, 불행한 과거사를 극복하고 혼란스러워진 서울의 공간구조를 바로잡는 데 요긴한 자원이 될 수 있다(강홍빈, 2002: 113~114).

나는 이곳을 '생명의 숲'으로 조성하자고 제안했다. 이곳을 우람한 나무들이 어우러진 숲으로 만든다면, 이곳은 서울을 살리는 '생명의 숲'이 될 것이다. 그 안에 있는 수십 동의 작은 근대 건축물들은 숲 속의 교육장으로, 전시장으로 활용될 수 있을 것이다(홍성태, 2005). 이곳에 초초고층 주상복합건물을 건설해야 한다고 주장한 건축가도 있었으나, 다행히 2011년 10월 11일 '용산 민족공원 종합기본계획'이 확정되었다.

군 부대의 형태

군대가 일반 건축이나 도시에 미치는 영향에 대해 조금 살펴보았다. 이제는 눈길을 돌려서 군대의 물리적 존재방식 자체를 건축이나 도시의 면에서 살펴보도록 하자. 한국은 세계적인 군사대국인 만큼 전국 곳곳에 각종 군 부대와 군 시설이 널려 있기도 하다. 그러나 전국에 수없이 들어서 있는 군 시설들 중에서 건축적으로 유명하거나 귀중한 것은 없는 것 같다. 오히려 전국 곳곳에서 군 부대와 군 시설은 공간문화를 해치는 것으로 지탄을 받고 있는 것 같다. 전국에 군 부대와 군 시설은 넘치고 있지만 정성을 들여 멋지게 지은 군 건물은 없는 것이다. 이왕에 있어야 하는 군대라면 가능한 멋있게 있는 게 좋으련만 전혀 그렇지 않은 것이 우리 군대의 현실이다. 군사적 용도로 건축된 전근대 시대의 성곽과 누각 등이 귀중하고 아름다운 문화재로 남아 있는 것으로 미루어 봐도 답답한 노릇이다.

이와 관련해서 군사도시로 널리 알려진 원주는 중요한 예이다. 영동고속도로 원주 요금소로 들어와서 원주 시내로 향하면, 먼저 제1군사령부와 주한 미군의 캠프 롱이 양쪽에 자리잡고 있는 언덕을 넘어야 한다. 그리고 다리를 하나 건너면 오른쪽으로 작은 부대를 또 만나게 되고, 다시 다리를 하나 건너면 왼쪽으로 제1군수지원사령부(1군지사)라는 커다란 부대를 만나게 된다. 원주 요금소에서 원주역에 이르는 2km가 넘는 북원로 구간은 그야말로 '군사도시' 원주를 쉽게 체감할 수 있는 집약적 공간이다. 케빈 린치가 지적했듯이 이미지는 그냥 머릿속의 상상이 아니라 외부의 형상이 머릿속에 들어와서 맺힌 심상이다(Lynch, 1960). 군사도시 원주의 이미지는 북원로의 군 부대들이 심어 놓은 것이며, 그것은 결코 밝고 긍정적인 것이 아니라 상당히 칙칙하고 부정적인 것이다.

군 부대는 본래 극히 폐쇄적 공간이다. 따라서 대규모 군 부대가 자리잡고 있는 공간은 그 구성이나 이용의 면에서 아주 답답하게 마련이다. 한국의 많은 도시에서 경제성장에 따른 도시의 확대와 함께 기존 군 부대의 이전이 아주 중요한 현안이 되었다. 서울, 부산, 대구, 춘천, 부평 등 많은 도시들이 이 문제로 오래 전부터 큰 논란을 벌이고 있다. 원주는 2008년부터 캠프 롱의 폐쇄와 1군지사의 이전이 이루어질 예정이었다. 2012년 현재 캠프 롱은 폐쇄되었으나 1군지사의 이전은 아직 이루어지지 않았다. 캠프 롱은 공원으로 개발하기로 했다. 캠프 롱의 지상은 큰 나무들이 우람하게 자라고 있어서 공원으로 만들면 좋을 것이다. 문제는 그 지하이다. 모든 미군 기지들이 그렇듯이 캠프 롱의 지하도 기름과 화학물질로 심하게 오염되어 있다. 이에 대해 미군은 한푼의 보상비도 낼 수 없다는 입장이다. 불평등한 한미행정협정(SOFA) 때문이다(홍성태, 2003).

10여년 동안 원주의 군 부대들을 보면서 자연스레 이런저런 생각을 많이 하게 되었다. 솔직히 나는 꽤 놀라운 심정으로 그것들을 바라보았다. 내가 어려서 보았던 군 부대의 모습과 달라진 것이 전혀 없는 것으로 보였기 때문이었다. 허접한 블럭담을 높이 쌓아 올리고 부분적으로 겉에는 흰색이나 회색으로 페인트칠을 했다. 그리고 여기저기에 '접근금지'라는 경고문을 작은 나무판에 써서 붙여 놓았다. 그 글씨는 물론 종이를 오려서 나무판 위에 놓고 분무기로 페인트를 뿌리는 방식으로 쓴 것이다. 그것만으로도 문득 2000년대에서 1970년대로 돌아간 듯한 느낌이 들곤 한다. 그런데 담장 위를 보면 더욱더 그렇게 된다. 담장 위에는 가시 철조망을 쳐 놓았지만, 어느 곳에는 병을 깨서 그 날카로운 조각들을 시멘트로 붙여 놓았다. 이런 군 부대의 모습은 아직도 우리가 무서운 전쟁 상태에 있다는 것을, 1970년대의 상황에서 크게 벗어나지 않았다는 것을 보여주는 것 같다.

내가 가장 흥미롭게 생각한 것은 미군과 한국군 부대의 형태적 차이였다. 한국군은 블럭담을 쌓고 그 위에 철조망과 병 조각을 설치한 폐쇄형이라면, 미군은 철망담을 둘러치고 그 위에 철조망을 설치한 개방형이다. 내게 이러한 부대의 외형적 차이는 투명성과 책임성의 문제를 아직도 제대로 개혁하지 못한 한국군과 그 문제가 우리보

용산 미군기지의 블럭담, 철조망, 경고판
서울의 한복판에 이렇게 흉칙한 담장이 길게 둘러쳐져 있다. 한국은 수도에 외국군 대부대가 주둔하고 있는 유일한 나라이다. 용산 미군기지가 이전하는 것은 당연하고 필요한 것이지만 그 과정과 내용이 극히 불평등하고 파괴적으로 이루어졌다는 사실을 결코 잊지 말아야 한다. 주한 미군은 핵심 전략전력을 제외하고 하루 빨리 모두 돌아가야 한다.

다는 훨씬 적은 미군의 차이를 공간적으로 드러내 보여주는 것으로 보였다. 또한 한국군은 부지의 원래 형태와 나무를 가능한 밀어내 없애버린 연병장형이라면, 미군은 부지의 원래 형태를 살리고 나무를 잘 보존하는 자연형에 훨씬 가깝다. 미군은 나무를 멋대로 자르지 않으며, 심지어 가지치기도 거의 하지 않는다. 그러나 한국군은 가지치기는 물론이고 줄기를 삭뚝 자르거나 아예 몸통을 통채로 베어 없애기도 한다. 미군은 상당히 개방적이고 생태적인 모습을 하고 있으나, 한국군은 대단히 폐쇄적이고 반생태적인 모습을 하고 있는 것이다.

군 부대의 사무건물이나 막사, 그리고 창고의 모습도 거의 변하지 않았다. 1960~70년대에 지은 소박한 건물이 이제는 많이 낡기도 했다. 많은 한국의 군 부대는 보존과 기록의 노력이 필요한 과거의 창고이다. 미군의 상태도 비슷하다. 그러나 미군은 우리에게서 막대한 세금을 강요해서 최신 시설을 짓는 경우도 많다. 예컨대 2007년

에 우리는 미군 1인당 3,000만원 정도의 방위분담금을 지불해야 했
다. 엄청난 돈이다. 이명박 정권은 이것을 크게 늘렸다. 그러니 미군
쪽이 우리보다는 사정이 훨씬 나을 수밖에 없다. 우리도 군인의 처우
를 개선하고, 군 부대의 모습을 쇄신하며, 또한 노동력 감소의 상황
에 대응하기 위해서, 군인의 수를 줄이고, 무기체계의 개선을 투명하
게 해야 한다. 2010년에 29조5천6백2십7억 원에 이르렀던 한국의 국
방비는 이미 세계 8위의 수준이다. 이 막대한 세금을 제대로 쓰는 개
혁과 나아가 이 막대한 국방비를 줄여 복지에 사용하는 개혁을 이루
어야 한다.

한국에서 군대와 관련된 가장 유명한 건물은 아마도 '전쟁기념관'
(1994년 6월 개관)일 것이다. 그러나 많은 사람들이 지적했듯이 전쟁
은 그 자체로 기념의 대상이 되기 어려우며, 더욱이 우리의 경우는
기념해야 할 전쟁을 치른 적이 없다. 250만 명의 사망자가 발생하고
1천만 명이 넘는 이산가족이 발생한 '한국전쟁'은 세계에서 가장 고
통스런 동족상잔의 비극이었다. 이 점에서 남침을 하도록 적극 권유
한 박헌영, 그리고 실제로 남침을 자행한 김일성의 책임과 문제는 아
무리 강조해도 지나치지 않다. '전쟁기념관'이 한국전쟁 때문에 지
어진 것이라면 차라리 '전쟁기억관'으로 이름을 바꾸는 게 옳을 것이
다. 이 거대한 건물은 한국군은 전쟁에 대한 공포를 조장해서 존속하
며 권위주의를 먹고 산다는 생각을 확인해주기 위해 지어진 것 같다
(양상현, 2005; 정기용, 2008).

민주화의 민주화

'민주화 이후의 민주주의'에 대해 불만이 커진 이유는 이른바 '민주개
혁세력'이 민주적 공공성을 제대로 확립하지 못했기 때문이다. 그 중
에서 가장 중요한 것이 바로 공간의 공공성이다. 한 줌의 투기꾼과 개

발꾼이 혈세를 탕진해서 국토를 난도질하며 막대한 불로소득과 투기이득을 챙기도록 내버려두고 민주주의가 발전하기를 바랄 수는 없다. 민주주의의 발전을 위해서, 그리고 공간문화의 발전을 위해서, 분양원가 공개, 후분양제, 주택보유 제한, 보유세 강화, 주택담보대출 억제, 토지공개념, 경관보호제 등의 여러 정책들을 적극 운용해서 투기꾼과 개발꾼이 존재할 수 없는 선진적 사회체계를 만들어야 한다. 그러나 민주화 정권들은 이런 일을 제대로 하지 못했으며, 그 결과 원조 개발—투기 세력인 이명박 정권이 들어서게 되었고, 이에 따라 문제는 급격히 악화되어 버렸다.

이런 점에서 군대의 역할은 이중적이다. 그것은 건축에 부정적 영향을 미치지만, 또한 개발의 광풍으로부터 건축을 보호하는 긍정적 영향을 미치기도 한다. 물론 후자는 의도한 것이 아니라 사실은 군사독재에서 비롯된 강력한 군 영향력의 의도하지 않은 결과이다. 그런데 다시 결과적으로 봐서 민주화와 함께 군대의 긍정적 영향은 크게 줄어드는 대신에 부정적 영향은 더욱 두드러지는 상황이 강화되었다. 어떤 사람은 민주화로 가장 크게 득을 본 세력은 투기꾼과 개발꾼이라고 말하기도 한다. 공간의 공공성이 본래 약한 상태에서 투기꾼과 개발꾼을 그나마 억제하던 군의 힘이 많이 약해졌기 때문이다. 민주적 공공성이 제대로 확립되지 못한 곳에서는 어디서나 이런 식으로 '민주화의 역설'이 나타나는 것을 볼 수 있다. 나아가 이명박 정권이 들어서자 군 자체가 강력한 난개발의 주체로 나서서 삼성물산, 대림산업 등 재벌과 함께 제주도 강정리의 구럼비 바위를 파괴해 버렸다.

민주주의의 기본 원리는 정의와 평등이다. 자본주의의 기본 원리는 이윤과 경쟁이다. 기본 원리로 보았을 때, 민주주의는 좋은 사회를 지향하고, 자본주의는 나쁜 사회로 귀결된다. 따라서 민주주의가 자본주의를 적절히 규제하지 못하는 곳에서 대다수의 사람들은 피폐한 삶을 살 수밖에 없다. 한국의 민주적 공공성은 여전히 취약하기만 하다. 우리의 일상에 깊숙이 스며들어 큰 영향을 미치는 군대의 문제를 개혁하기 위해 계속 최선을 다해야 하지만, 이와 함께 우리는 '민주화의 역설'을 자아내는 취약한 민주적 공공성의 문제에도 깊은 관심을 기울여야 한다. 박정희 시스템과 신자유주의를 개혁하고 생태적인 복지국가를 향해 나아가지 못하면, 박정희 시스템과 신자유주의의 결합체인 '돈 사회'가 계속 우리를 지배하고 괴롭힐 것이다. '돈 사회'는 돈이 지배하는 사회이고, 그래서 미친 사회이다.

민주화는 민주주의의 형성으로 끝나는 것이 아니다. 미국의 정치학자 로버트 달이 주장했듯이, 민주주의는 더 나은 사회라는 이상을 뜻하기도 한다(Dahl, 1982). 이런 점에서 정말로 중요한 것은 민주화의 지속과 심화이다. 우리는 민주화를 영속적 과정으로 파악해야 한다. 민주화는 기존의 성과 위에서 새로운 시대의 요구를 실현하기 위한 또 다른 민주화로 이어진다. 민주화는 언제나 '민주화의 민주화'로 존재한다(홍성태, 2009). 건축과 군대의 관계도 우리는 이런 관점으로 바라보아야 할 것이다. 민주화를 통해 건축에 대한 군의 영향을 개혁할 길이 열렸으나, 그 결과 난개발의 문제가 더욱 악화되기도 했다. 이 문제를 개혁하는 것은 중요한 민주화의 심화에 해당된다. 건축은 그 핵심적인 동력이 되어야 한다.

【참고자료】

강홍빈(2002), 『서울 에세이』, 열화당
구영식(2004), '서울 시내 고층빌딩 옥상은 국방부 땅?', 〈오마이〉 2004년 11월 3일
김삼석(2001), 『반갑다 군대야』, 삼인
김진균 · 홍성태(1996), 『군신과 현대 사회』, 문화과학사
_______________(2007), 『한국 사회와 평화』, 문화과학사

손정목(2003), 『서울 도시계획 이야기1』, 한울

양상현(2005), 『거꾸로 읽는 도시, 뒤집어 보는 건축』, 동녘

정기용(2008), 『서울 이야기』, 현실문화

홍성태(2003), 『반미가 왜 문제인가』, 당대

______(2005), 『생태문화도시 서울을 찾아서』, 현실문화

______(2007), 『개발주의를 비판한다』, 당대

______(2009), 『민주화의 민주화』, 현실문화

Dahl, Robert(1982), 신윤환 옮김(1992), 『다원민주주의의 딜레마』, 푸른산

Giddens, Anthony(1985), 진덕규 옮김(1993), 『민족국가와 폭력』, 삼지원

Lens, Sydney(1970), 서동만 편역(1985), 『군산복합체론』, 지양사

Lynch, Kevin(1960), The Image of the City, MIT Press

Foucault, Michel(1975), 오생근 역(1994), 『감시와 처벌 – 감옥의 역사』

파리의 '갈레리 비비안'

건축과 상가

상업의 힘

조선은 전통적으로 '사농공상'이라고 해서 상업을 가장 천시했다. 상점을 뜻하는 '가게'는 '假家' 즉 '가짜 집'에서 비롯되었다. 그러나 사실 상업은 문명을 낳은 동력이었으며, 문명의 형성과 함께 더욱 더 번창했다. 쑤마치엔의 『사기』에서 가장 유명한 것은 모두 60편의 '열전'이다. 마지막 60번째는 자신의 이야기기니 사실은 모두 59편이다. 인물들에 대한 평전인 '열전'은 1편 '백이열전'으로 시작해서 59편 '화식열전'으로 끝난다. '백이'는 세속의 명리나 권력으로부터 벗어난 고고한 정신을 대표하는 인물이며, '화식'은 상업을 뜻하는 말로 여기서 제시된 상인들은 세속의 이치에 밝아 세상을 이롭게 하고 많은 재화를 쌓은 인물들이다. 쑤마치엔은 '열전'을 통해 우리가 추구해야 할 생활의 기초로 초월적 정신과 현세적 물질의 조화를 제시했던 것이다.

쑤마치엔은 '화식열전'의 도입부에서 노자의 '소국과민'론을 비판했다. '작은 나라에서 자급하고 만족하며 사는 사람들'을 추구하는 것은 이미 그 시대에도 맞지 않는 것이 되었다는 것이다. 이런 인식 위에서 그는 다음과 같은 정치관을 밝혔다.

최선의 위정자는 백성의 마음에 따라 다스리고, 차선의 위정자는 이익을 미끼로 해서 백성을 인도하고, 그 다음의 위정자는 도덕으로 백성을 설교하고, 또 그 다음의 위정자는 형벌로 백성을 다듬어 가지

19세기 말 종로의 가가들
길 양쪽에 '가가'들이 늘어서서 넓은 종로를 골목처럼 보이게 만들어 버렸다. 1897년의 대한제국 수립을 앞
두고 조선은 1896년에 내부령 제9호 '한성내 도로의 폭을 규정하는 건'을 공표해서 종로와 남대문로의 가가
들을 정비하고 도로를 넓혔다.

런히 하며, 최하의 위정자는 백성과 다툰다(사마천, 91: 525)

쓰마치엔은 실질적인 이익을 이렇듯 중요시했으며, 그 수단으로는 상업을 가장 중요시했다. 그 바탕에는 농공상을 똑같이 생활의 근원으로 파악하는 인식이 자리잡고 있었다.

『주서』에 말하기를 "농민이 생산치 않으면 식량이 결핍하고, 공인이 제작치 않으면 제품이 결핍하며, 상인이 판매하지 않으면 삼보(식량, 자재, 제품)가 끊어진다. 산택관이 생산치 않으면 자재가 적어지며 자재가 적어지면 산림과 호소가 개척되지 않는다"라고 했다. 이 농민·산택관·공인·상인의 넷은 백성의 의식의 근원이다(사마천, 91: 527)

상업을 천시한 것은 조선의 큰 문제였다. 박제가와 같은 북학파 실학자들이 크게 탄식하며 비판했듯이 조선에서 도로나 집같은 기초적인 물질문명조차 제대로 발달하지 못한 것은 문명 발달과 문명 교류의 가장 중요한 동력인 상업이 고루하고 폐쇄적인 성리학 세력에 의해 강력히 억압되어 제대로 발달하지 못했기 때문이다.

서구는 가장 대표적인 예이지만 아랍, 중국, 일본 등에서도 상업이 건축에 미친 큰 영향을 쉽게 볼 수 있다. 상업은 두가지 방식으로 건축에 큰 영향을 미쳤다. 첫째, 직접적인 방식이다. 상업은 시장이라는 장소를 필요로 하고, 이에 따라 상업의 발달은 다양한 시장이 만들어졌다. 터키 이스탄불의 '그랑 바자르'(대시장)는 15세기에 건축된 세계 최대의 재래시장이자 세계 최고의 지붕 건물 시장으로서 터키의 상업과 생활을 살펴볼 수 있는 중요한 장소이다. 미국 뉴욕의 '첼시 마켓'은 원래 공장이었던 건물을 식료품 시장으로 개조한 보존형 재건축의 대표적인 예이다. 이런 외국의 시장들에 비해 한국의 시장들은 여전히 많이 더럽고 혼잡한 상태에 있다. 둘째 간접적인 방식이다. 상업의 발달로 큰 부를 쌓은 권력자나 상인들은 다양한 건물들의 건축을 강력히 추진했다. 종교, 군사, 주거 등의 용도는 달라도 그 동력은 대부분 상업으로 쌓은 큰 부에서 나왔다. 또한 상업의 발달은 문명의 교류를 촉진해서 건축의 발전에 크게 이바지했다(정수일, 2006). 근대에도 이런 일은 계

파리의 '갈레리 비비안'

파사쥬(passage)는 19세기 초반에 파리에서 나타난 둥근 천장의 아케이드형 저층 상가인데 투명유리로 천장을 만들어서 자연채광을 하고 복도 양쪽으로 가게들이 늘어서서 사람들이 지나가며 물건들을 구경할 수 있었다. 남아 있는 파사쥬들 중에서 빨레 르와얄 근처의 '갈레리 비비안'이 가장 멋진 곳으로 꼽힌다. 파리를 '19세기의 수도'로 여겼던 발터 벤야민에게 파사쥬는 특히 중요한 곳이었고, 그의 연구노트인 『아케이드 프로젝트』에는 '갈레리 비비안'에 대한 자료들도 있다(Benjamin, 1927~1940).

속되었다. 19세기 유럽의 문화적 수도였던 프랑스 파리의 실태를 살펴볼 수 있는 '갈레리 라파예트'(대형 백화점)와 '파사쥬'(저층 상가)는 일본에 영향을 미쳤고, 다시 그 영향은 일제의 식민지 시기에 일본의 기업과 상인들을 통해 한국에도 전해졌다.

현대 한국은 상업을 통해 그 기반을 다졌다. 재벌들은 박정희 독재의 비호 아래 '종합상사'를 세워 많은 부를 쌓았다. 산업의 면에서 보자면, 한국의 재벌은 공업과 상업의 결합체이다. 재벌은 이제 종래의 시장들을 공략해서 이미 다수의 시장들이 없어져 버렸고, 수백만 명의 중소·영세 상인들이 벼랑 끝으로 내몰리고 있다. 더럽고 혼잡한 문제를 안고 있기는 해도 나름대로 오랜 역사와 사연을 간직한 다양한 시장들이 없어지는 대신에 거대한 시멘트 성채의 모습을 한 대기업의 '마트'들이 곳곳에 들어섰다. 이제 한국의 상업과 상가를 대표하는 것은 전통적인 시장이 아니라 재벌들의 '마트'이다. 마트들은 한국의 상업과 도시들을 재편하고 있다.

이마트의 힘

오늘날 한국에서 가장 큰 힘을 가지고 있는 유통업체는 동대문시장이나 남대문시장이 아니라 재벌들의 '마트'이다. 이것은 사실 거대한 구조와 일상의 변화이다. 강홍빈은 고성장에 따라 이루어진 남대문시장의 변화를 다음과 같이 요약했다. 전통적인 시장이 중심을 이루던 사회는 시나브로 사라지고 있는 것 같다.

> '한강의 기적'이 진행되면서 오히려 이 지역의 황금기는 지난다. 구매력을 가진 고객은 강남으로 떠나고 돈줄 역시 여의도로 옮겨 버린다. '민중문화인'은 인사동·낙원동으로 옮겨 가고, '포스트모더니스트'들은 신촌•등지로 분산되어 버린다. 압구정동에 고급 상권을 빼앗기고, 대학가와 아파트촌 슈퍼마켓에 저가시장을 잠식당한 이 지역은 자동차 시대가 열리

> 면서 다욱 더 경쟁력을 잃는다. 편의점, 양판점, 카테고리 킬러 등 새로운●
> 형태의 매장이 신도시 건설과 더불어 광역화되는 상권을 장악하고, 대기
> 업과 외국자본까지 밀려들어 오면서 남대문시장과 명동의 위상은 한층●
> 더 위축된다(강홍빈, 2002: 70)

재벌들의 마트는 단지 새로운 시장이 아니라 전통적인 시장에 의해 운영되던 사회를 재벌들의 마트에 의해 운영되는 사회로 바꿔 놓고 있다. 재벌은 구조를 장악하고 생활을 지배하게 되었다. 이렇게 해서 '재벌국가'의 문제는 더욱 더 악화된다. 주요 마트들의 규모별 순위를 보자면, 신세계의 '이마트'가 1위, 영국 테스코의 '홈플러스'가 2위, 롯데의 '롯데 마트'가 3위이다. 이밖에도 대형 유통업체는 이랜드의 '2001 아웃렛', 농협의 '하나로 마트' 등이 있고, 회원제로 운영되는 미국의 '코스트 코'도 있다. 프랑스의 '카르푸'는 경쟁에 져서 철수했다. 오늘날 한국에서 이런 유통업체는 대체로 '마트'로 불리는데, 이것은 백화점보다는 저렴하게 다양한 물건을 편리하게 살 수 있으며 재래시장보다는 비싸지만 깨끗하고 편리하다는 특징을 갖고 있다. 2010년 현재 '마트'의 매출액은 백화점보다 10조원 이상 많으며, '마트'의 활성화와 함께 재래시장은 급속히 쇠락하고 있다(박은숙, 2008).

이런 여러 마트들 중에서도 그 영향이 단연 두드러지는 마트는 '이마트'이다. 이제 이마트는 단순한 유통업체의 수준을 넘어서 다양한 영역에서 강력한 영향을 미치고 있는 것 같다. 이마트는 20세기 말 한국에서 태어나서 이미 21세기 한국 사회의 한 상징이 된 것 같다. 그것도 경제적 차원을 훌쩍 넘어선 문화적 차원의 상징이다. 이마트는 시나브로 우리의 일상과 의식에 지배적 영향력을 미치게 된 것은 아닐까? 이미 너무나 많은 사람들이 이마트를 애용하고 있지 않은가? 그 결과 이미 너무나 많은 사람들이 이마트에 길들여진 것이 아

이마트 은평점의 모습
이마트 은평점은 거대한 매장 건물과 그보다는 작지만 역시 거대한 주차장 건물로 이루어져 있다.

닐까? 이마트는 단순히 편리한 상가 공간을 넘어서 필수적인 생활 공간, 문화 공간으로 확립되지 않았는가? 이마트를 찾는 것은 단순히 좋은 물건을 싼 값에 편리하게 살 수 있기 때문인가? 이마트는 과연 우리에게 무엇인가?

이마트는 (주)신세계가 1993년에 설립한 한국 최초이자 최대 대형 할인매장이다. 2012년 현재 전국의 이마트 매장 수는 133개이고, 여기에 트레이더스(창고형 할인마트) 7개, 메트로(중소형 할인마트) 6개가 있으며, 중국의 이마트 매장 수는 28개이다(〈위키피디아〉, '이마트'). 2010년의 이마트 매출액은 12조5천억원에 이르렀다. 세계 최대의 할인매장인 미국의 월마트도 한국에서는 맥을 못 추었고 결국 이마트에게 흡수되어 버렸다. 이마트는 한국의 유통업을 지배하는 공룡들 중의 공룡이다. 이미 2007년에 이마트는 당시 최고의 인기를 누리고 있던 삼성전자의 휴대전화 '애니콜'을 제치고 '대한민국 100대 브랜드'의 1위를 차지하기도 했다. 이것은 이마트의 힘을 단적으로 보여준 놀라운 기록이었다. 이를테면 2000년대 중반을 지나면서 이마트는 단순히 물건들을 싸게 파는 대형 할인매장이 아니라 한국인의 생활을 지탱하는 기반으로 확립되었던 것이다. 이마트의 힘은 참 엄청나다.

그런데 이마트 건물은 그 힘에 비해 보잘 것 없다. 사실 그저 덩치가 크고 둔한 모습이다. 밖을 밝은 색으로 칠한 커다란 창고가 이마트의 기본 외관이다. 그래서 건물의 외적 특징이 아니라 옥상에 설치한 커다란 간판 때문에 이마트라고 알아볼 수 있다. 삼각형 꼴로 변형된 영어 E자가 이마트의 로고인데 이것은 노란색 바탕에 크게 써놓은 것이 이마트의 간판이다. 여기서 E자는 'Everyday Low Price'(매일 싼 가격)을 뜻한다. 전국 어디서나 이 이마트의 표지를 간판으로 사용하고 있기 때문에 멀리서도 쉽게 이마트를 알아볼 수 있다. 인지의 면에서 이마트의 간판은 한국에서 아마도 가장 크게 성공한 사례일 것 같다. 삼성의 로고보다 이마트의 로고가 훨씬 즉각적이고 인상적이다. 긴 타원형을 기울이고 그 안에 영어로 SAMSUNG이라고 써 놓은 삼성의 로고는 눈이 아니라 머리로 알아봐야 하는 것이다. 그러나 이마트는 2011년 6월에 신세계로부터 분립하면서 로고를 확 바꾸었다.

사실 건물만큼이나 단순하고 커다란 이마트 간판이야말로 이마트의 힘을 단적으로 보여주는 것이다. 밝고 경쾌해 보이는 노란색 바탕 위에서 강력히 두드러져 보이는 영어 E자는 이마트의 강력한 힘을 명확히 보여준다. 이마트의 힘은 유통업의 차원을 넘어섰다. 이마트는 한국인의 생활에 큰 영향을 미치고, 수많은 가게들과 상인들의 삶에 큰 영향을 미치고 있다. 이마트는 그것이 들어선 주변 지역의 공간에 영향을 미칠 뿐만 아니라 도시 전체의 공간에 영향을 미친다. 기존의 가게들과 시장의 쇠락은 그 대표적인 예이다. 이미 수천 개의 가게들과 수백 개의 시장들이 문을 닫고 없어졌다. 그 결과 이마트로 대표되는 대형 유통업체들에 맞서서 전국의 수백만 중소·영세 상인들이 힘을 모아 싸우게 되었다.

사막의 신기루

2000년대 중반에 당시 내가 살던 월계동에 전국에서 가장 큰 이마트가 들어섰다. 월계동 이마트 매장은 워낙 넓기 때문에 2층밖에 되지 않는다. 그래서 다른 곳에 비해 훨씬 더 쾌적하고 편리하게 물건을 살 수 있다. 그리고 건물 옥상에 주차장이 있고, 건물보다 훨씬 더 넓은 일반 주차장이 있다. 이곳은 너무 넓어서 아파트 단지를 지어도 될 정도이다. 사실 이마트가 이곳을 결국 아파트로 재개발할 것으로 관측하는 사람들도 있다. 그 자리는 옛 경춘선 철길 옆인데, 그 전에는 경춘선과 연결된 거대한 시멘트 공장이 있었다. 내가 살던 아파트 단지는 동쪽에는 중랑천이 흐르고 서쪽에는 철로가 있어서 조용한 곳이다. 이런 곳에 이마트가 들어서다니 나는 영 마뜩치 않았다. 아무래도 동네가 시끄러워질 것 같아서였다. 이마트가 들어서면 아무튼 오가는 사람들이며 차량들이 크게 늘어나기 때문이다.

그런데 사람들의 반응은 사뭇 달랐다. 이곳에 사는 사람들이건, 다른 곳에 사는 사람들이건, 나와는 달리 대부분의 사람들은 두가지 이유에서 이마트가 들어서는 것을 환영했던 것 같다. 첫째, 이마트가 들어서면 살기가 아주 편해진다는 것이었다. 대형 할인마트가 집 옆에 들어서기 때문이다. 좋은 물건들을 싼 값에 편하게 살 수 있으니 생활의 면에서 아주 좋겠다는 반응이었다. 둘째, 그렇기 때문에 집값이 오를 가능성도 크다는 것이었다. 이마트는 단순한 유통시설이나 편의시설이 아니라 집 값에도 상당한 영향을 미치는 경제시설인 것이다. 사람들이 이마트를 어떻게 보고 있는가, 그 영향력을 어떻게 생각하고 있는가에 대해 내가 처음으로 배운 것은 이런 내용이었다.

요컨대 이마트가 바로 옆에 들어서니 생활의 면에서, 그리고 경제의 면에서 아주 좋겠다는 게 사람들의 대체적인 의견이었다.

그런데 이상한 일이 일어났다. 이마트가 문을 열고 얼마 지나지 않아서 그 진입로 부근에 이마트를 비난하는 커다란 현수막이 나붙은 것이었다. 내용인즉슨 '이마트는 사막의 신기루'라는 멋있는 문구였다. 그 까닭을 살펴보니 이마트에서 가동하는 대형 에어컨이 문제의 원천이었다. 이마트는 쾌적한 실내 환경을 유지하기 위해 일년 내내 대형 에어컨이나 난방기를 가동한다. 이 때문에 상당한 소음이 발생해서 주위에 악영향을 미칠 수 있다. 따라서 이마트의 바로 앞에 위치한 아파트 주민들이 강력히 항의하게 되었던 것이다. 그들은 이마트의 내적 쾌적이 외적 불쾌를 통해 이루어지는 것이라는 사실을 널리 보여주었다. 이것은 아주 중요한 문제이다. 쾌적한 이마트는 주변을 사막처럼 훼손하고 만들어지는 신기루일 수 있기 때문이다.

사실 주민들로서는 대단히 억울하고 화가 나지 않을 수 없었을 것이다. 원래 내가 살던 아파트 단지와 이마트가 들어선 시멘트 공장 사이에는 커다란 이태리 포플러 나무들이 늘어서 있었다. 미국을 통해 들어온 귀화식물인 이 나무들을 예전에는 강변에서 흔히 볼 수 있었으나 이제는 보기 어렵게 되었다. 아주 아름다운 나무들이었다. 여름에는 그 푸른 잎을 보는 것만으로도 시원해졌다. 성북역에서 전철을 기다리며 그 나무들을 보노라면, 아파트 단지가 거대한 포플러 숲으로 둘러싸여 있는 것 같았다. 그렇게 아름다운 나무들을 보며 살던 사람들이 어느 날 갑자기 일년 365일 하루 24시간 윙윙거리는 커다란 소음을 내는 커다란 시멘트 상자나 보며 살게 된 것이다. 이마트가 그 아름다운 포플러 나무들을 모조리 베어 없앴기 때문이었다. 그 나무들을 그냥 두는 것이 여러모로 좋았을 텐데 이마트는 자신의 모습을 널리 보이기 위해 그렇게 무참한 짓을 한 것 같다.

　그러나 현수막은 오래지 않아 사라지고 말았다. 이마트와 주민들이 어떤 합의를 했던 모양이다. '사막의 신기루'를 인정하지 않을 도리가 없으니 합의를 하는 수밖에 없었을 것이다. 이렇게 직접적 피해를 입은 소수 주민들의 항의가 있기는 했지만, 월계동 이마트는 문을 열자마자 많은 사람들로 붐비게 되었다. 주위의 하계동이나 공릉동은 말할 것도 없고 멀리 삼양동이나 금호동에서도 이곳으로 물건을 사러 온다. 이마트는 보통 인구 30만 명을 고객으로 설정하며, 서울에서는 상권을 보통 반경 5km 이내로 설정한다. 그러나 훨씬 먼 곳에서 훨씬 많은 사람들이 찾아올 수도 있다. 이마트가 중소 상가나 골목 상권에 미치는 영향은 실로 엄청난다. 주말 저녁에는 장을 보려는 사람이나 보고 가는 사람들로 이마트 주위의 보도와 차도는 늘 북적인다. 아름다운 포플러 나무들은 모두 사라졌고, 이마트는 호황을 누리고 있다.

　월계동 이마트는 큰 성공을 거둔 것으로 보이지만, 내게 이마트는 언제나 '사막의 신기루'를 떠올리게 한다. 사실 이마트는 그 대표일 뿐이고 이런 류의 대형 할인유통매장들이 모두 마찬가지이다. 대형 할인유통매장들은 많은 사람들에게 커다란 편리를 제공하고 있지만, 거대한 시멘트 성채라고 할 수 있는 그 건물은 주변을 답답하게 한다. 이마트를 비롯한 대형 할인유통매장들의 성공은 이렇게 주변을 답답하게 하고 최대이윤을 추구한 결과인 것이다. 그들은 오아시스가 되기 위해 주변을 사막으로 만들고 있는 것은 아닌가? 그들은 주변을 오아시스로 만들기 위한 노력을 생각조차 못하고 있는 것은 아닌가? 그들의 형태 자체가 관련된 사람들, 주변 지역들과 공생을 싫어하는 그들의 본성을 보여주고 있지 않은가?

이마트의 시대

이마트의 성공을 단지 재벌의 힘만으로 설명하는 것은 잘못이다. 이마트와 같은 새로운 형태의 대형 유통업체가 호황을 누리는 이유는 시대의 변화에 부합하는 여러 장점을 가지고 있기 때문이다. 그 장점을 올바로 이해하지 못한다면, 이마트를 비롯한 대형 유통업체들의 문제에 올바로 대응하기 어려울 것이다. 이마트를 올바로 이해하기 위해서는 우선 시대의 변화에 대해, 그리고 이어서 그에 부합하는 이마트의 장점에 대해 살펴봐야 할 것이다. 이마트가 번창하게 된 구조적 조건에 해당되는 시대의 변화는 어떤 것인가? 무엇보다 중요한 것은 고성장으로 대표되는 경제의 변화이다. 고성장에 따라 전통적인 재래시장이 아니라 백화점과 비슷한 형태의 매장을 찾는 사람들이 크게 늘어나게 되었던 것이다.

한국은 해방 이후 수많은 사람들의 큰 노력으로 계속 경제 성장에 성공했다. 박정희의 독재로 고성장을 이뤘다는 것은 완전히 잘못된 인식이다. 독재는 부패를 낳고, 부패는 패망을 낳는다. 한국이 계속 고성장을 이룰 수 있었던 것은 수많은 사람들이 잘 살기 위해 피땀을 흘려 노력하고 민주화 운동이 계속 펼쳐져서 독재를 타도하고 민주화를 이룰 수 있었기 때문이다(홍성태, 2006과 2009). 그 결과 1970년대 말에 한국은 이른바 중진국 수준에 이르게 되었다. 이에 따라 재래시장과 백화점으로 양분되었던 유통구조에 큰 변화가 나타나기 시작했다.

> 사람들의 시장 이용 패턴에도 변화가 일어났다. 오랫동안 소비자들로부터 사랑을 받아오던 재래시장에 대신하여 수퍼마켓, 백화점, 쇼핑센터, 연쇄점 등 근대적인 시장들이 잇따라 들어섰다. 근대시장의 이용률도 자연히 높아져 갔다. ... 이처럼 근대시장이 급성장하게 된 데는 60년대 말 이후 낙후된 유통구조를 근대화시키려는 정부의 노력이 주효했기 때문

서울의 한 재래시장
입구에 산뜻한 간판을 세웠지만 좁은 길의 양쪽에 가게들이 들어선 시장은 산뜻한 것과는 거리가 멀기만 하다.

이었다. 그러나 또 한편에서 그것은 70년대 중반을 넘어서면서부터 일어나기 시작한 소비자들의 수요 패턴 변화에 기인한 바도 컸다. … 그런 점에서 1979년에 개점한 롯데쇼핑센터는 소비자들의 관심을 끌기에 충분했다. … 롯데는 기존의 사고를 과감히 떨치고 쇼핑공간에 문화라는 개념을• 주입하였다. … 그 결과 '전생활 백화점'이라고 하여 쇼핑은 물론이거니와 문화 · 레저 · 스포츠를 함께 즐길 수 있는 복합문화 공간으로 탈바꿈하게 되었다(신한종합경제연구소, 1991: 224~225).

이렇듯 재래시장과 백화점 사이에 새로운 '근대적인 시장들'이 많이 나타났고, 여기에 '전생활 백화점'이 영향을 미쳐서 새로운 대형 할인유통매장이 만들어졌는데, 그 기폭제는 1980년 '이랜드'의 등장을 시작으로 빠르게 성장한 새로운 '중저가 브랜드' 시장이었다(신한종합경제연구소, 1991: 230~231).

여기서 무엇보다 중요한 것은 중산층의 확대이다. 고성장과 민주화의 결과로 이전과는 다른 경제적 능력과 문화적 취향을 갖춘 사회적 주체가 대거 형성되었던 것이다. 중산층은 문화적 만족을 추구할

아파트 상가의 간판 공해
한국의 상가들은 대체로 벽면의 각종 간판들과 옥상의 교회 간판들로 난잡한 모습을 하고 있다. 이와 달리
이마트는 볼 품 없이 육중하지만 백화점처럼 깨끗한 모습을 하고 있다.

경제적 능력을 갖춘 존재이다. 재래시장의 저가 상품은 기피하지만
백화점의 고가 상품은 부담스러운 중산층이 확대되어 '중저가 브랜
드'와 그 대리점이 나타나게 되었다. 이마트와 같은 대형 유통업체는
이런 변화의 연장선에서 나타난 것이다. 한국 경제의 고성장과 중산
층의 형성이 이마트의 번창을 야기한 가장 중요한 시대의 변화인 것
이다. 사실 중산층은 현대 한국 사회를 설명하기 위한 핵심 개념이
다. 현재 한국 사회는 '중산층 사회'이다. 소득으로 보았을 때, 중산
층은 전체 인구의 60% 정도를 차지한다. 이처럼 큰 비중을 차지하기
에 중산층 자체도 상중하로 나눌 수 있다. 그러나 대체로 안정적 소
득을 갖고 나름대로 문화적 욕망을 추구한다는 공통점을 갖는다. 또
한 경제 위기와 경쟁 강화에 따라 비정규직의 확대와 자영업자의 감
소가 진행되고, 이것이 바로 중산층의 약화와 감소로 이어지고 있는
현실에 주의해야 한다. 중산층의 약화는 그 경제적 능력이 약해지는
것을 뜻하고, 중산층의 감소는 그 수가 줄어드는 것을 뜻한다. 중산

층의 약화와 감소는 사회를 크게 불안정하게 만드는 핵심적인 요인이다.

시대의 변화에 부응한 이마트의 장점은 크게 세가지로 살펴볼 수 있다. 첫번째는 사회적인 것이고, 두번째와 세번째는 사회적 변화에 조응한 공간적인 것이다. 첫째, 신뢰성이다. 이마트와 같은 대형 할인업체에서는 비교적 좋은 제품을 저렴하게 살 수 있다. 이마트와 같은 대형 유통업체는 상당히 강력하게 판매하는 물건을 관리하고 있다. 공적 평가를 중요시하는 젊은 세대가 재래시장보다 대형 유통업체를 선호하는 것은 주로 이 때문이다. 물론 그렇다고 해서 문제가 없는 것은 아니다. 예컨대 이마트에서는 국민적 우려를 야기했던 미국산 쇠고기를 판매하고 있다. 이것은 국민적 우려보다 자기의 이익을 더 중요시하는 이마트의 태도를 단적으로 보여주는 예라고 할 수 있다. 더욱이 이마트 광명점에서 미국산 쇠고기를 한국산으로 속여 팔다가 적발되기도 했다. 둘째, 편리성이다. 이것은 다시 세가지로 나누어 볼 수 있는데, 여러 종류의 물건들을 집약적으로 살펴볼 수 있다는 것, 아기들을 데리고 가도 아무런 문제가 없다는 것, 자동차를 몰고 가기에 좋다는 것이다. 요컨대 이마트는 자동차 시대에 가족 단위로 아주 편리하게 물건을 살 수 있는 유통공간이다. 세째, 복합성이다. 이마트는 자동차 시대에 중산층을 대상으로 다양한 욕망을 동시에 충족시키는 공간으로 기획되었다. 이마트는 단순한 유통공간을 넘어서 놀이공간, 휴식공간, 문화공간, 학습공간 등을 겸하고 있다. 이런 복합성 때문에 이마트는 대체로 젊은 중산층 가족의 생활공간으로 확립될 수 있었다.

오늘날 한국 사회는 세계 10위의 경제력을 가지고 있는 '경제대국'이다. 부침은 있었지만 40년에 걸친 고성장의 결과로 한국은 이렇게 놀라운 경지에 이르게 되었다. 물론 빈곤층은 여전히 있고, 양극화가 심화되고 있기도 하다. 그러나 고성장으로 대표되는 시대의 변화는 이루어졌다. 한국은 생산과 분배에서 여전히 상당한 문제가 있기는 해도 이미 가난한 나라가 아니라 부유한 나라이다. 단지 싼 물건이 아니라 신뢰성, 편리성, 복합성을 위해 돈을 더 지불할 사람들이 크게 늘어난 것이다. 이렇게 해서 이마트 등의 대형 할인유통매장이 전체 할인유통시장을 장악하는 거대한 변화가 이루어지게 되었다. 앞으로 오랫동안 이 구조를 해체하는 것은 분명히 불가능할 것이다.

이마트의 문제

이마트 등의 대형 할인매장은 여러 장점들뿐만 아니라 심각한 문제들도 낳고 있다. 이에 대해서도 우리는 세세히 검토해 볼 수 있을 것이다. 사실 그 거대한 기능과 영향에 비추어 보자면, 문제를 가능한 꼼꼼히 잘 살펴볼 필요가 있다. 건축의 면에서도, 거대한 시멘트 성채가 불쑥 들어서서 주변과 조화를 이루지 못하고 동네를 답답하게 만들거나, 내부의 구조와 구성도 극히 단순해서 사람들을 답답하게 만드는 문제가 있다. 그러나 여기서는 주로 사회적 차원에서 초점을 맞춰서 다음과 같이 크게 네가지 문제를 개략적으로 제시해 보고자 한다.

첫째, 주변의 생활공간에 미치는 피해. 가장 흔한 것은 교통량이 늘어서 발생하는 교통혼잡과 교통사고의 가능성이 높아지는 문제이지만 냉방기와 난방기의 소음 문제도 있고 매장 건물 자체가 주변을 답답하게 만드는 문제도 있다. 둘째, 크고 작은 주위의 상권에 미치는 부정적 영향. 이 문제는 이미 심각한 사회문제가 된 상태이다. 이른바 '이마트 피자'는 그 대표적인 예이다. 그런데 사실 피자가 아니어도 이마트가 들어서면 주변의 수퍼마켓은 물론이고 구멍가게들도 큰 피해를 입게 된다. 셋째, 수많은 납품업체나 업자들에게 미치는 막강한 권력. 이마트와 같은 대형 할인매장은 중소 업자들이나 농어

이스탄불의 '그랑 바자르'
우리의 재래시장들도 '그랑 바자르'처럼 깨끗하고 아름다운 문화공간으로 거듭나기를 바란다. 그리고 '이마트'와 같은 대형 할인유통업체들은 재래시장들이나 동네 가게들을 없애는 공룡이 아니라 공생을 추구하는 조력자로 거듭나기를 바란다.

민들에게 커다란 영향력을 행사한다. 이마트의 싸고 좋은 상품은 이들에 대한 압박의 산물이기도 하다. 그 결과 이들의 영업이 크게 어려워질 수 있다. 넷째, 이마트 노동자의 권익을 심각하게 침해하는 문제. 이마트는 (주)신세계의 것이고, (주)신세계는 삼성재벌에서 독립했다. 잘 알다시피 삼성재벌은 노동조합을 강력히 거부한다. 이마트도 마찬가지이다. 이마트는 노동자의 당연한 권리를 제대로 인정하지 않고 있다.

2011년 7월 2일 이마트 탄현점에서 냉동기의 보수작업을 하던 4명의 노동자들이 질식해 숨졌다. 이에 대해 7월 6일 노동건강연대, 등록금넷, 민주노동당 홍희덕 의원, 반값등록금학부모모임, 전국민간서비스산업노동조합연맹, 참여연대, 청년유니온, 노동자 건강권 실현을 위한 공동행동은 이마트가 최소한의 법적 안전조치도 취하지 않은 밀폐공간에서 작업을 하도록 해서 발생한 사고라고 지적하고

이마트를 '산업안전보건법' 위반으로 노동부에 고발할 계획을 발표
했다. 4명의 사망자 중에는 대학 학비를 벌기 위해 임시직으로 일하
던 서울시립대생도 있었다. 그의 장례는 8월 15일에야 치러졌다. 이
마트를 실제로 경영하고 있는 (주)신세계의 정용진 부회장은 5월에
재혼했는데, 그가 사는 분당의 집은 싯가 200억을 넘는 초호화주택
인 것으로 알려졌다.

　이런 여러 문제들을 떠올리노라면 이마트에 가는 일은 결코 즐겁
지 않다. 이 때문에 가능한 한 이마트에 가지 않고 동네의 다른 작은
상점들을 이용하기 위해 애쓰게 된다. 아마도 적지 않은 사람들이 그
렇게 할 것이다. 그러나 많은 사람들에게 이미 이마트는 단순한 시장
이상의 장소인 것 같다. 요컨대 그곳은 고성장을 통해 이루어진 '풍
요사회 한국', '소비사회 한국'을 체감하고 학습하는 장소이다. 널찍
하고 깨끗하고 밝은 공간과 활기찬 사람들은 그 자체로 폐허에서 성
공한 '멋진 한국'을 상징한다. 이 점에서 이마트는 단순히 경제적 장
소가 아니라 분명히 이데올로기적 장소이다. 여기서 이마트의 사회
적 책임에 대해 생각하게 된다. 상업의 면에서, 이마트는 포플러를
모두 베어 없애는 것과 같은 '싹쓸이식 경영'으로 '멋진 한국'을 몹시
불안하게 만들고 있다. 무서운 이마트는 '무서운 한국'을 만들게 될
것이다. 이마트는 이 사실을 잘 깨달아야 한다.

　이마트는 바뀌어야 한다. 무엇보다 '싹쓸이식 경영'으로 제압하고
군림하는 존재가 아니라 '생태적 경영'으로 공존하고 상생하는 존재
가 되도록 해야 한다. 노동자들을 억압하고, 납품업체들을 제압하
고, 동네 가게들을 질식시키는 것은 잘못이다. 이런 문제가 계속 악
화되면 결국 이마트는 '공공의 적'으로 규정되고 강력한 사회적 저항
에 부딪히게 될 것이다. 이마트를 위해서나, 이 나라를 위해서나, 이
마트는 경영을 확 바꿔야 한다. 여기서 나아가 이마트의 건물도 '생

태적 전환'을 추구해야 한다. 그 넓은 옥상과 벽면을 활용해서 햇빛
발전을 시행하면 이마트는 필요한 전력을 완전히 자체적으로 생산할
수 있을 것이다. 그리고 주변과 벽면의 조경을 적극 추진한다면 이마
트는 많은 녹지를 지역에 제공할 수 있을 것이다. 지금 이마트는 경
영이나 건물이나 한국의 기준으로 극히 상식적인 상태에 있다. 이마
트는 한국적 상식을 벗어난 탈상식의 경영을 적극 추구해야 한다.

【참고자료】

강홍빈(2002), 『서울 에세이』, 열화당
박은숙(2008), 『시장의 역사』, 역사비평사
신한종합연구소(1991), 『7089 우리들』, 고려원
정수일(2006), 『실크로드 문명기행』, 한겨레출판
홍성태(2006), 『현대 한국 사회의 문화적 형성』, 현실문화
______(2009), 『민주화의 민주화』, 현실문화
司馬遷(91),홍석보역(1977), 『사기열전』, 삼성출판사
Benjamin, Walter(1927~1940), Rolf Tiederman edit.(1982), Howard Eiland and Kevin
　　　McLaughlin trans.(1999), The Arcade Project, The Belknap Press of
　　　Harvard Univ. Pres

광화문광장

건축과 광장

붉은 악마 현상

어느덧 10년 전의 일이 되었지만 2002년 6월에 서울을 비롯해서 전
국의 여러 도시들에서 연인원 2,400만 명의 사람들이 거리로 몰려나
와 월드컵을 즐겼다. 2002년 월드컵은 사상 최초로 한국과 일본의 공
동주최로 2002년 5월 31일부터 6월 30일까지 한국과 일본의 각지에
서 열렸다. 이것은 한국과 일본의 우호를 증진한다는 명분으로 수익
을 높이려는 FIFA의 계산의 결과였다. 그 전제는 한국과 일본이 지리
적으로 아주 가깝다는 자연적인 조건이었다. 그러나 이 행사 뒤에도
한국과 일본의 정치적 사회적 관계는 가까워지지 않았다. 오히려 독
도를 노린 일본의 도발은 더욱 더 강화되었다. 2012년 8월 현재 일본
은 8년째 『방위백서』에서 일본의 독도 영유권을 주장했다. 월드컵과
같은 거대한 국제 운동경기를 통해 국가들의 우호를 증진한다는 것은
사실 어디서도 입증되지 않았다.

2002년의 월드컵은 한국과 일본의 관계 개선에는 별 영향을 미치
지 못했지만 수많은 한국인들의 커다란 관심 속에서 엄청난 현상을
만들어냈다. 보통 '붉은 악마 현상'으로 불리는 이 놀라운 현상은 사
실 월드컵보다도 더 흥미로운 것으로 보였다. 국내에서 월드컵이 열
린 것만으로도 어느 때보다 월드컵 열기가 뜨거울 것으로 예상되었
지만, 한국 선수들의 예상을 훨씬 뛰어넘는 선전은 누구도 상상할 수
조차 없었던 놀라운 현상을 낳았다. 그야말로 모든 국민이 '붉은 악

2002년 월드컵과 '붉은 악마'

마'가 되어 거리로 나서서 한국 선수들을 열렬히 응원하는 놀라운 현상이 빚어졌던 것이다. 어떻게 해서 그 많은 사람들이 거리로 나서게 되었던 것일까? 한국 선수들의 선전으로 이 흥미로운 현상을 충분히 설명할 수 있을까? 사람들은 무엇을 찾아 거리로 나왔고, 어디로 가고 있는 것일까?

당연하게도 '붉은 악마 현상'을 둘러싸고 이런저런 논란이 이어졌다(안민석 외 엮음, 2002). 먼저 이 현상을 부정적으로 보는 사람들은 '집단 히스테리'라거나 심지어 '파시즘의 광기'라는 비판을 서슴지 않았다. 강력한 국가주의가 마치 하나의 전통처럼 여전히 살아 있고, 월드컵이 근대 국민국가라는 제도적 바탕 위에서 작동하는 것인 만큼, 이런 비판이 전혀 근거없는 것이라고 할 수는 없다. 반면에 이 현상을 긍정적으로 보는 사람들은 우리가 처음으로 겪은 '자발적 열광'이자 '자발적 축제'라는 찬사를 보냈다. 거리로 몰려나온 수많은 사람들은 동원된 대중이 아니라 스스로 좋아서 나온 사람들이며, 이제는 정부가 강제력을 이용하거나 정보를 조작해서 사람들을 동원할 수 있는 시대가 아니라는 점에서, 이런 찬사도 충분히 강력한 근거를 가지고 있다. 어느 쪽이 더 옳은 것일까? 나는 비판의 소리에도 귀를 기울여야 하지만, 역시 '붉은 악마 현상'의 본질은 '자발적 열광'이자 '자발적 축제'였다고 생각한다.

1960~80년대의 30년 사이에 한국인은 박정희-전두환 독재에 맞서 싸우는 동시에 경제 성장과 사회 발전을 위해 엄청난 '피'와 '땀'을 흘렸다. 그 결과 불과 한 세대 사이에 일인당 GNP가 100달러도 안 되던 가난한 한국은 7,000달러에 육박하는 부유한 한국으로 바뀌었다. 물론 그렇다고 해서 모든 사람들이 다 같은 정도로 잘 살게 되지는 않았다. 그러나 거의 모든 사람들이 물질적으로 더 나은 삶의 수준을 누리게 되었다는 것은 분명하다. 사실 1990년대 초에 '신세

대' 논란이 크게 일어나기 전에 이미 1970년대 초와 1980년대 초에 '신세대' 논란이 크게 일어났다. 이런 세대의 변화에 대한 논란은 급속한 물질적 변화를 바탕에 둔 문화적 변화에서 비롯되었다(신한종합경제연구소, 1991: 110~122, 232~242). '붉은 악마 현상'은 월드컵의 국내 개최와 한국 선수들의 선전이라는 계기적 요인에 앞서서 이러한 구조적 변화의 산물이었다(홍성태, 2006).

붉은 악마 현상과 공간

일하지 않으면 살 수 없지만, 일만 하고 살 수도 없다. 노동만이 아니라 놀이도 필요하다. 노동만이 아니라 놀이도 좋은 것이다. 계속된 고성장에 의해 1990년대 초부터 한국 사회에서도 일만 중요하게 여기고 놀이를 불필요한 것으로 여기는 노동사회에서 노는 것의 가치가 새롭게 드러나고 중요하게 여겨지는 문화사회로 옮아갈 필요가 제기되기 시작했다. 서구에서 1960년대에 나타나기 시작했던 변화가 한국에서 1990년대에 제기되기 시작했던 것이다. 사실 이미 1980년대 초부터 여가와 놀이는 소수 유한계층의 특권이 아니라 다수 대중의 일상이 되었다. '붉은 악마 현상'은 이런 사실을 폭발적으로 확인해 준 사회적 사건이었다. 이 현상은, 노동사회의 눈으로 보면 너무나 희한한 일이었지만, 문화사회의 눈으로 보면 당연하고 즐거운 일이었다(홍성태, 2006).

그런데 '붉은 악마 현상'에서 우리가 특히 주의해 보아야 할 것은, 그것이 사실 무엇보다 '공간적 현상'이었다는 점이다. 좀더 정확하게 말하자면, 그것은 특정한 도시공간을 수많은 사람들이 일시적으로 점유하고 마음껏 노는 현상이었다. 서울은 이러한 특징이 가장 두드러지게 나타난 곳이었지만, 전국의 모든 도시에서 이런 특징이 잘 나타났다. 이 점에서 '붉은 악마 현상'은 우리의 도시가 안고 있는 반인간적 특징들을 되돌아 볼 수 있는 중요한 계기가 되었다. 지난 10년 동안 서울의 경우를 보자면, 육교 철거, 도심 건널목 설치, 세종로 도로 광장 등 상당한 변화들이 있었지만, 여전히 난개발 시멘트 자동차 도시의 문제는 사실상 전혀 해결되지 않고 있다.

역사적으로 보아서 우리의 도시들은 제국주의 침략에서 비롯된 침통한 파괴의 누적물들이다. 제멋대로 생긴 건물들이 제멋대로 들어서 있고, 요란한 간판들이 모든 건물의 얼굴을 뒤덮고 있으며, 그리고 사람이 아니라 자동차가 주인 행세를 하고 있다. 이 과정에서 건축가들은 올바른 목소리를 내지 않았다(정기용, 2008ㄱ: 298~299). '붉은 악마 현상'은 우리 도시의 이러한 지배적 특징을 일시적으로나마 뒤집어 버리고, 도시공간을 이윤과 효율의 공간에서 시민들이 편하고 즐겁게 놀 수 있는 공간으로 바꾸어 버렸다. '붉은 악마 현상'은 초유의 '자발적 열광'이자 '자발적 축제'라는 점에서 놀라운 것이었지만, 도시공간을 수많은 사람들이 모여 노는 곳으로 바꾸어 놓았다는 점에서 더욱 더 놀라운 것이었다.

우리의 도시가 안고 있는 문제는 특히 도심에서 두드러지게 나타난다. 도심은 도시의 공간적 중심이다. 그것은 단순히 지리적 중심이 아니라 사회적 중심이며 상징적 중심이다. 이 때문에 선진국의 도시에서 도심은 무엇보다 시민의 공간이다. 도심에는 시청이 자리잡고 있고, 그 둘레에는 흔히 여러 문화시설들이 들어서 있으며, 자동차의 통행은 엄격하게 통제된다. 반면에 우리의 도시에서 도심은 반시민의 공간이다. 주요 관공서가 자리잡고 있지만, 그것은 오랫동안 일방적인 통치기관이었으며, 그런 만큼 그 둘레에 문화시설들이 들어서 있는 경우는 드물고 무장한 경찰들이 에워싸고 있다시피 하다. 그리고 자동차의 통행이 아니라 시민의 보행이 아주 엄격하게 통제된다.

사회는 공간과 무관한 것이 아니라 공간을 통해 물리적으로 구현된다. 그러므로 사회의 변화와 함께 공간의 구성과 이용방식도 변하

게 된다. 반대로 공간의 구성과 이용방식의 변화는 사회의 변화를 촉
진하게 된다. 도심 광장은 그 좋은 예이다. 광장은 사람들이 오가고
모이고 즐기는 곳이다. 그것은 권력의 통치와 계도의 공간이 아니며,
기업의 이윤과 광고의 공간이 아니고, 시민의 자유와 자치가 샘솟는
공간이다. 그것은 단순히 쉴 곳이 아니라 좋은 도시와 좋은 사회에
대한 감각과 의식을 기르는 곳이다. 이런 점에서 광장의 유무와 구성
은 한 사회의 발전 정도와 특징을 짚어 볼 수 있는 중요한 지표가 된
다. 이와 관련해서 붉은 악마는 중요한 역할을 했다.

　'붉은 악마 현상'은 한국의 도시가 이제 시민의 도시로 바뀔 시점
에 이르렀음을 보여주는 사회적 사건이었다. 가장 활발하게 변화가
추진된 도시는 서울이다. 사실 이와 관련된 깊은 논의는 이미 1994년
에 '서울 정도 600주년'을 맞이했을 때부터 시작되었다. 민주당의 조
순 시장(1994년 7월~1997년 9월), 고건 시장(1998년 7월~2002년 6

런던의 트라팔가 광장
런던의 한복판에 국립미술관이 있고, 그 앞에는 넬슨 제독 기념탑이 솟아 있는 넓은 트라팔가 광장이 있다.
1805년 10월 21일 넬슨 제독의 영국 해군은 프랑스 해군과 스페인 해군의 연합 해군을 격파해서 나폴레옹
의 영국 침략을 막았다. 이 광장에서는 온갖 공연, 연설, 집회가 끊임없이 열린다.

월) 때에 이런 변화에 관한 논의가 시작되었던 것이다. 그러나 이것을 실제로 추진한 것은 한나라당의 이명박 시장(2002년 7월~2006년 6월)이었다. 이런 점에서 민주당의 무능이 이명박의 성공을 가져왔다고 할 수 있다. '붉은 악마 현상'은 1994년부터 시작된 논의가 실현될 수 있는 길을 활짝 열어주었다. 구체적으로 그것은 세종로의 보행로를 넓혀서 광장화하는 것, 서울시청 앞의 '교통광장'을 '보행광장'으로 바꾸는 것, 그리고 건널목들을 설치하는 것으로 구현되었다.

'서울광장'을 위해

서울시청 앞의 '서울광장'은 2004년 5월 1일에 개장했다. 오랫동안 이곳은 차량이 다니는 '교통광장'이었으나 민주화에 따라 사람이 다니는 '보행광장'으로 다시 태어나게 되었던 것이다. 이것은 두가지 점에서 그렇다. 첫째, 1987년 6월 항쟁 직후 이한열 열사의 장례식(1987년 7월 9일)이 이곳에서 열리면서 이곳은 민주화를 상징하는 장소가 되었다. 둘째, 2002년 6월 월드컵 때 붉은 악마의 중심 거점이 되면서 이곳은 시민들의 욕망이 자유롭게 분출되는 곳이 되었다. 전자가 민주화의 시작이라면, 후자는 민주화의 결과이다. 이런 점에서 정작 이곳을 '보행광장'으로 만든 것이 반민주적인 이명박과 한나라당이라는 것은 역사의 역설이라고 하지 않을 수 없다. 그리고 바로 이 때문에 '서울광장'은 왜곡된 광장이 되고 말았다.

'서울광장'은 단순히 서울을 대표하는 도심의 장소가 아니라 민주화를 상징하는 역사의 장소이기도 하다. 요컨대 '서울광장'은 단순히 서울시청 앞의 넓은 마당이 아니라 민주화를 통해 확립된 시민주권의 마당이다. 2002년의 '붉은 악마 현상'은 그 놀라운 결과였다.

> 광장의 진정한 의미는 축제도 없고, 그래서 설사 사람들이 없다고 하여도 비워 있는 상태의 잠재적인 매력이다. 그리고 이보다 더 큰 의미가 있

'붉은 악마'가 열렬히 보여준 특성이 제대로 지켜지지 않는다면, '서
울광장'은 권력의 선전장으로 타락하고 말 것이다. '서울광장'의 이용
에 대한 정책은 권력의 성격이 민주적인가 독재적인가를 보여주는 중
요한 증거이다.

그런데 '서울광장'은 출발부터 시민주권의 마당이 아니라 권력의
선전장이라는 성격을 강하게 지니게 되었다. 이명박 시장과 한나라
당은 '서울광장 조례'를 제정해서 서울시장이 허용한 행사만 서울광
장에서 열 수 있도록 규정했던 것이다. 그 결과 서울광장은 극히 편
파적으로 이용되고 말았다. 그리고 '반민주 독재화'를 강행해서 '총
체적 후진화'의 '강부자 공화국'을 건설하고자 하는 이명박-한나라
(새누리) 세력의 전횡으로 말미암아 '서울광장'은 그 존재이유를 크
게 잃고 실제로 권력의 선전장으로 타락하게 되었다(홍성태, 2009).
이 문제를 바로잡기 위해 2009년에 참여연대를 비롯한 시민단체들은
'서울광장 조례'의 개정을 위한 주민발의 운동을 벌였다. 이 운동은
아주 어렵게 성공을 거두었다. '서울광장'을 시민들이 자유롭게 이용
할 수 있도록 하는 것은 시민주권을 지키는 것, 곧 민주주의를 지키
는 것과 직결되어 있다. 그리고 민주주의를 지키는 것은 이명박-한
나라(새누리) 세력이 강행하는 광우병 쇠고기 수입 강행, 강 죽이기
강행, 복지 축소 등에 따른 생활의 위기에 맞서는 것이다. 민주주의
의 위기와 생활의 위기는 다른 것이 아니다.

시간을 더 거슬러 올라가 보면, 사실 '서울광장'은 참담한 역사의

현장이다. 본래 이곳은 경운궁(덕수궁)과 원구단의 사이에 자리잡은 공간이었다. 경운궁은 고종이 머물던 사실상의 '정궁'이었고, 원구단은 고종이 하늘에 대한제국의 수립을 알린 곳이었다. 고종은 경운궁에 머물면서 대한제국의 수립을 추진하고 서울의 개편을 추구하는 등의 개혁을 모색했다. 그러나 결국 조선은 1905년에 미국과 밀약을 맺은 일본의 식민지가 되고 말았다. 일본은 조선을 군사력으로 강점하고 지배했을 뿐만 아니라 각종 문화적 방식을 동원해서 조선을 통치하고자 했다. 이른바 '풍수침략'은 그 중요한 예이다.

'풍수침략'의 대표적인 예는 공간을 이용한 '문화침략'이다. 조선의 중요한 장소에 일본의 지배를 위한 건물을 멋대로 지은 것이 그 대표적인 방식이다. 경복궁 자리에 들어선 조선총독부 청사와 경운

덕수궁, 성공회 성당, 서울시의회
덕수궁 석조전(1909년 완공), 성공회 대성당(1926년 부분 완공, 1996년 완공), 서울시의회(1935년 경성부 부민관으로 완공, 해방 뒤 오랫동안 국회로 사용) 등이 보인다.

궁 옆에 들어선 경성부 청사는 그 단적인 예이다. 일제는 '왕도'로서 서울의 지위를 경성부로 한 단계 낮추는 방식으로 조선을 모욕했으며, 나아가 그 청사를 경운궁과 원구단 사이에 지어서 조선과 서울이 사라졌다는 사실을 만방에 과시하고자 했다. 이렇게 해서 서울은 조선총독부 청사와 경성부 청사를 중심으로 삼아서 재구성되게 되었다. '서울광장'은 일본 제국주의의 침략을 생생히 증명하는 역사의 현장인 것이다. 그리고 그 주변의 건물들은 박정희의 개발독재를 보여주는 증거들이다.

해방 이후 경성부 청사는 서울시청이 되었다. 귀한 역사 유적인 조선총독부 청사가 김영삼 정부에 의해 1996년에 파괴된 뒤에 서울시청사는 한국은행 건물, 신세계백화점 건물, 제일은행 건물, 서울시의회 건물과 함께 식민지 시대를 대표하는 서울의 건물이 되었다. 그러나 오세훈 시장은 2008년에 이 귀중한 건물을 대대적으로 파괴해서 전임 이명박 시장에 못지 않은 '반달리스트'(문화파괴자)의 모습을 만방에 확인시켜주었다. 경성부 청사가 서울시청이 된 뒤에도 한동안 그 앞은 사람과 차량이 자유롭게 오가는 장소였다. 그러나 박정희 정권이 군사적 성장주의의 방식으로 폭압적 근대화를 강행하면서 그곳은 '교통광장'이 되었고 그 주변에는 과시적인 고층 건물들이 빙 둘러싸서 들어서고 말았다.

1987년의 6월 항쟁을 통해 이룩된 민주화는 서울시청 앞 광장의 놀라운 변화를 낳았다. 2002년 6월의 '붉은 악마' 응원과 효순·미선 추모집회, 2004년 4월의 노무현 대통령 탄핵반대 집회, 2008년 5~7월의 광우병 반대 촛불집회, 2009년 6월의 4대강 죽이기 저지 국민운동은 민주주의에 기초해서 민주주의를 지키고자 한 역사적 사건들이었다. 그러나 이명박은 시장 시절에 '서울광장'을 조성하면서 서울시청 앞 광장을 잔디밭으로 관리하거나 보수단체의 집회장으로 적극

서울시청사와 서울광장
2005년 광복절을 기념한다며 서울시는 청사의 전면을 태극기로 너저분하게 덮고 서울광장에서 요란한 행사를 열었다.

활용하는 면모를 보이더니 대통령이 되어서는 '서울광장'을 경찰의 차량들로 완전히 봉쇄하고 '차벽'을 설치해서 아예 접근 자체를 가로막아 버렸다. 결국 이명박이라는 반민주적 정치인에 의해 '서울광장'은 '반민주 독재화'를 통한 '총체적 후진화'를 상징하는 장소로 전락해 버렸다.

2008년의 촛불집회에서는 야당 의원들조차 경찰의 폭언과 폭행에 큰 고통을 당해야 했는데, 2009년에는 야당 의원들조차 '서울광장'에서 연설을 하거나 집회를 하는 것 자체가 어려워지고 말았다. 이명박 정부와 한나라당은 야당을 그저 들러리로 다루고자 했다. 제1 야당인 민주당조차 철저히 우롱당했다. '서울광장'이 경찰의 폭력에 의해 철저히 봉쇄된 속에서 이명박 대통령과 한나라당은 국회를 자신들의 체육관으로 만들어 버렸다. 주권자인 시민의 힘으로 '서울광장'을 지켜야 한다. '서울광장'이 닫힌 독재의 마당에서 열린 시민의 마당으로 확립되기 위해서는 주권자인 시민의 올바른 선택과 실천이 무엇보다 중요하다. 2011년 10월에 시민의 후보로 당선된 인권 변호사이자 시민 운동가 출신의 박원순 시장은 이 사실을 명확히 확인해 주었다.

'광화문광장'을 위해

2009년 8월 1일에 개장한 '광화문광장'은 특이한 또는 기형적 공간이다. 그것은 일반적인 광장과는 사뭇 다른 형태이기 때문이다. '광화문광장'은 광화문 앞에 있는 세종로라는 큰 길의 가운데에 조성된 긴 마당을 뜻한다. 넓다기보다는 길기 때문에 사실 이곳은 광장이라고 하기에 적합하지 않고, 또한 세종로의 복판에 있기 때문에 사실 이곳은 '광화문광장'이라고 부르기보다는 '세종로광장'이라고 부르는 게 맞다. 이처럼 '광화문광장'은 그 이름부터 적지 않은 문제를 안고 있는 곳이다. '광화문광장'은 대단히 중요한 곳이고, 그런 만큼 우리는 그 문제를 올바로 인식하고 개혁을 추진해야 한다.

그러나 이런 문제에도 불구하고 '광화문광장'은 서울 도심에서 이루어진 획기적인 개혁의 성과라고 할 수 있다. 세종로는 본래 조선을 대표하는 육조 거리였다.

> 세종로는 본래 도로라기보다는 경복궁 앞의 긴 마당이었다. 조선왕조의 중심이 되는 경복궁 앞마당은 한양의 안마당이기도 하였다. … 광화문 앞마당은 현재의 조선일보 사옥 일대에서 시작하는 황토현과 앞쪽의 물길로 차단된 아늑한 장소로서 조선왕조의 중심공간을 형성하고 있었다. …
> 이곳에 들어선 조선의 백성들은 장엄한 광화문과 그 뒤에 안정감있게 버티고 있는 북악산을 배경으로 중심잡힌 조선왕조의 상징 공간을 만날 수 있었다(정기용, 2008ㄴ: 117).

그러나 지금의 세종로는 일본 제국에 의해 만들어져서 일본 제국의 장교였던 박정희에 의해 완전히 자동차가 지배하는 길로 개조되었다.

이런 세종로의 가운데에 사람들이 자유롭게 오가며 노닐 수 있는 긴 공간이 생겨난 것은 일단 좋은 변화이다. 오랫동안 이 길을 사람들이 걸어서 건넌다는 것은 꿈도 꾸지 못할 일이었다. 그 가운데에서 오가며 주변의 경관을 즐기고 사진을 찍는다는 것은 더욱이 그러했다. 그런데 이제 이런 일이 모두 가능해졌다. 꿈이 더 이상 꿈이 아니게 된 것이다.

그러나 '광화문광장'은 여전히 여러 문제들을 안고 있다. 이 문제들은 사실 공간의 문제가 아니라 사회의 문제이다. 우리는 이 문제들을 통해 이 사회의 발전 정도를 가늠해 볼 수 있다. 요컨대 공간의 문제, 특히 공적 공간의 문제는 결코 공간의 문제에 그치지 않는다. 우선 이 점을 올바로 이해하는 것이 중요하다. 공적 공간을 개혁하는 것은 공적 공간을 왜곡하는 사회를 개혁하는 것이다. 공적 공간의 문제를 사회의 문제와 연관해서 이해해야 비로소 그 개혁의 방도를 찾을 수 있게 된다. 그 실질적인 출발은 소수의 정치인과 전문가가 독점한 행정을 투명하게 공개해서 시민들이 참여할 수 있도록 하는 것이다. '광화문광장'의 문제는 생태적, 문화적, 정치적 차원으로 나누어 살펴볼 수 있다.

첫째, '광화문광장'의 생태적 개혁. 현재 '광화문광장'은 돌로 덮여 있는 돌 마당이다. 우람한 은행나무들을 옮기고 돌 마당을 만든 것이다. 이로써 귀중한 세종로의 녹지가 크게 파괴되었고 보도로 옮긴 은행나무들도 시나브로 죽어가고 있다. '광화문광장'은 뜨거운 햇빛을 그대로 반사하는 곳이 되었을 뿐만 아니라 물이 전혀 스며들 수 없는 곳이 되었다. 돌 마당의 정체는 사실 시멘트 마당이다. 이로부터 심각한 침수 문제도 빚어졌다. 2010년 여름에 '광화문광장'은 침수로 큰 논란을 빚었다. 많은 차들이 마치 배처럼 물을 가르고 세종로를 달렸다. 전문가들은 그 원인으로 도심의 시멘트화를 꼽았다. 인

벼 화분이 차지한 세종문화회관의 계단

광장이 제대로 살아나기 위해서는 주변의 건물들이 제대로 바뀌어야 한다. 세종문화회관의 계단은 많은 사람들이 앉아 쉬고, 토론하고, 집회하는 장소이다. 이곳을 전시 장소로 써서 사람들의 이용을 차단하는 것은 잘못이다. 로마의 스페인 계단에 비견될 수 있는 이곳은 벼 화분과 녹물 쇠가 차지할 곳이 아니라 사람들이 자유롭게 앉아서 쉬고 놀아야 할 곳이다. 벼 화분으로 농사의 중요성을 알린다는 발상 자체도 큰 문제이다.

왕, 백악 등 주변 산들의 중턱부터 흙을 볼 수 없을 지경으로 아스팔트, 보도블록, 콘크리트로 뒤덮여 있는 상황에서 '광화문광장'의 시멘트화를 강행해서 심각한 침수를 초래하고 말았다는 것이다. '광화문광장'은 물이 스며들고 풀이 자랄 수 있는 곳으로 완전히 개혁되어야 한다. '광화문광장'은 이미 심각한 상태에 이른 반생태 도시 서울의 문제를 해결하는 생태적 개혁의 공간으로 거듭나야 하는 것이다. 세종로는 투수층 도로로 개편하고, '광화문광장'은 아예 풀과 나무가 자라는 정원형 광장으로 개편해야 한다.

둘째, '광화문광장'의 문화적 개혁. 현재 '광화문광장'은 긴 돌-시멘트 바닥 위에 이순신 장군상과 세종대왕상이 놓여 있는 기이한 공간이며, 무서운 이순신 장군상 앞에는 아이들이 들어가서 노는 분수들이 설치되어 있는 부조화의 공간이다. 이 때문에 2011년 여름에 '광화문광장'은 건축가들이 뽑은 최악의 공간으로 선정되기도 했다.

광화문광장의 정면
박정희 시대를 상징하는 무서운 표정의 이순신 장군 상 아래에 분수대를 만들어 놓고 아이들이 신나게 놀게 해서 극히 부조화스럽지만 놀라운 풍경이 연출되었다. 이 광장 전체를 이렇게 자유로운 곳으로 만들고, 투수 층과 녹지를 가능한 한 늘려야 한다.

'광화문광장'은 비록 세종로의 가운데에 설치된 긴 마당이기는 해도 서울의 공간문화를 이끄는 곳이어야 하는데 전혀 그렇지 못하다는 평 가를 받고 있는 것이다. 이것은 상당히 심각한 문제가 아닐 수 없다. '광화문광장'에는 매일 수많은 사람들이 찾아온다. 그 사람들에게 '광화문광장'은 멋진 곳으로 여겨져야 할텐데 사실은 그렇지 않은 것 이다. 이순신 장군상과 세종대왕상을 다른 곳으로 옮기고 '광화문광 장'을 완전한 빈 곳으로 만드는 것이 우선 필요하다. 그렇게 하면 '광 화문광장'의 어디서나 광화문과 백악을 잘 볼 수 있게 된다. 그리고 문화부와 미 대사관 건물을 시민들이 쉽게 편하게 찾을 수 있는 문화 공간으로 바꿔야 하는데, 2009년 11월 26일 서울시와 정부는 두 곳 을 개조해서 '국립 대한민국 역사박물관'을 건립한다는 국가주의적 계획을 발표했다. 이에 따라 먼저 문화부 건물의 개조부터 시행되어 2012년 5월 30일에 준공되었다. 문화부 건물과 미 대사관 건물은 함게 설계되고 시공되어 1961년에 완공됐으며, 미 대사관 건물은 1968년부터 미 대사관으로 사용되고 있는 것인데, 이 건물은 부디 '한글박물관'과 같은 훨씬 시민적이고 문화적인 용도로 사용되기 바란다.

셋째, '광화문광장'의 정치적 개혁. 현재 '광화문광장'은 시민의 광장이 아니라 통치의 광장이다. 서구에서 잘 볼 수 있듯이 민주국가에서 광장은 무엇보다 시민의 주권이 자유롭게 표출되고 행사되는 무정형의 공간이다. 그러므로 우리는 광장의 이용을 민주국가의 중요한 지표로 볼 수 있다. 이 점에서 '광화문광장'은 2012년 8월 현재 우리가 이 나라의 곳곳에서 겪고 있는 민주주의의 위기를 잘 볼 수 있는 공간이다. 이명박과 오세훈으로 대표되는 한나라당-새누리당 정권은 '광화문광장'의 자유로운 이용을 원천적으로 봉쇄하고 있다. '광화문광장'은 시민들이 억압되고 통제되는 곳이다. 매일 수백 명의 경찰들이 '광화문광장'의 안팎에 배치되어 오가는 시민들을 감시하

태능의 울창한 플라타너스 가로수 길
'광화문광장'은 반생태적 시멘트 도시 서울을 대표하는 장소가 되어 버렸다. 예전 녹지 분리대에 있던 수백 살 먹은 수십 그루의 은행나무들이 죽어가는 것은 참으로 안타깝다. 세종로 보도에 공해에 잘 견디고 우람하게 자라는 플라타너스들을 심어서 세종로를 태능의 플라타너스 가로수 길처럼 만드는 게 좋을 것 같다.

고 있다. 참여연대를 비롯해서 많은 시민단체들이 크게 고생해서 '광화문광장'을 자유롭게 이용할 수 있는 길을 열었지만 한나라당–새누리당 정권은 여전히 시민의 주권을 억압하고 '광화문광장'을 강력히 통제하고 있다. 이와 함께 한나라당–새누리당 정권은 자신의 능력을 치장하고 과시하기 위한 공간으로 '광화문광장'을 활용하고 있다. 이명박이 '광복절 기념식'을 이곳에서 연 것은 그 단적인 예이다. 본래 세종로 일대는 미 대사관 때문에 지독한 통제의 공간이 되었다. 그러나 이제 이곳은 한나라당–새누리당 정권의 반민주성 때문에 심각한 정치적 통제와 과시의 공간이 되고 말았다.

'광화문광장'은 아직 여러 면에서 미흡하지만 사실 적지 않은 성과이며 큰 가능성을 안고 있는 곳이다. '광화문광장'은 하루빨리 반민주성, 반문화성, 반생태성의 문제를 개혁해서 생태문화의 광장이자 생태민주의 광장으로 발전해야 한다. 이 과제가 그렇게 어려운 것은 아니다. 오히려 그것은 오래 전에 서구에서 확인된 상식을 지금 여기에서 구현하는 것이라고 할 수 있다. 그러나 이런 상식조차 정치에 의해 얼마든지 왜곡되고 억제될 수 있다는 것을 우리는 이제 잘 알고 있다. '광화문광장'이 생태문화의 광장이 되기 위해서는 우선 생태민주의 광장이 되어야 한다. 사실 '광화문광장'이 도심에서 시민의 주권과 자연의 회복을 구현하는 곳이 된다면, 그것은 그 자체로 대단히 중요한 세계적인 생태문화의 사례가 될 것이다. 이를 위해 건축가들의 적극적인 관심과 참여가 대단히 중요하다.

광장 문화를 위해

서구 국가들을 보면, 민주화와 함께 시청은 폭력적 통치기구에서 민주적 행정기구로 재편되었다. 시청은 시민들이 선출한 대표가 직원들을 고용해서 시민들의 행복을 위해 다양한 업무를 시행하는 곳이 된 것이다. 이와 동시에 시청 앞의 마당은 군주의 권력을 과시하던 장소에서 시민주권의 장소로 탈바꿈되었다. 시민들은 시청광장에 모여서 자유롭게 노는 것은 물론이고 토론과 집회를 하며 민주주의의 발전을 촉구한다. 시청광장을 잔디밭으로 만들고, 시민들의 이용을 강력히 제한하며, 심지어 '차벽'으로 봉쇄하는 반민주적 시청광장은 서구의 어디서도 찾아볼 수 없다(Mancuso et al., 2009).

이명박 대통령과 오세훈 시장은 '서울광장'을 그저 전시와 과시의 장소로 이용하고 싶어했다. 그들은 시청광장의 민주성에 대해 제대로 모를 뿐만 아니라 도무지 알고 싶어하지도 않았다. 광장에 관한 논의가 한참 펼쳐지기 시작할 때 어느 자리에서인가 정기용은 광장이란 무정형의 장소라고 말했다. 수많은 사람들이 자유롭게 오가며 만나고 사건을 만드는 곳이라는 뜻이다. 그 바탕에 민주주의가 자리잡고 있다는 것은 다시 말할 필요도 없다. 광장을 가로막는 것은 민주주의를 가로막는 것이다. 도심 한복판의 시청광장을 가로막는 것은 더욱 더 그렇다. 이명박 대통령과 오세훈 시장은 이 나라의 민주주의를 가로막았다.

'광화문광장'은 광장이라고 하기 어려울 정도로 조잡스러운 꼴을 하고 있다. 고작 이렇게 하려고 그 기품있는 은행나무 녹지를 없앴는가 하는 생각이 절로 들 정도이다. 보도로 옮긴 은행나무들은 시나브로 죽어가고 있다. 더 심각한 문제는 '광화문광장'을 터무니없는 꽃밭, 시대착오적 6·25 사진 전시장, 요란한 드라마 촬영지, 그리고 심지어 황당한 스노우 보드장으로까지 이용하면서 정작 시민의 권리를 밝히는 곳으로는 사용할 수 없도록 원천봉쇄하고 있다는 사실이다. 현재의 희한한 상태를 계속 유지한다면, '광화문광장'은 결국 서울의 자랑이 아니라 서울의 수치가 되고 말 것이다.

여기서 잠시 광장에 대해 생각해 보자. 그냥 말뜻만을 보자면, 광

아테네의 아크로폴리스와 파르테논 신전

장은 '넓은 마당'이다. 영어로는 보통 square를 떠올리지만 이것은 사각형의 광장을 뜻하고, 아마도 plaza가 더 일반적인 광장에 적합한 말일텐데, 이것은 '넓다'는 뜻의 그리스어 plat에서 비롯된 말이다. 사실 '서울광장'의 영어명도 Seoul Plaza이다. 그런데 광장이 우리에게 중요한 것은 그것이 공간적으로 '넓은 마당'이기 때문만은 아니다. 광장은 '넓은 마당'이어서 시민의 자유로운 교류와 활동이 이루어질 수 있다는 더욱 중요한 사회적, 정치적 의미를 가진다. 이런 점에서 우리는 광장을 뜻하는 그리스어 '아고라'(agora)에 주목할 필요가 있다.

'아고라'는 본래 '사람이 많이 모이는 곳'을 뜻했다. 그러나 '아고라'는 단순히 '사람이 많이 모이는 곳'이 아니었다. '아고라'에 모인 사람은 바로 주권자인 시민이었으며, 그들은 '아고라'에서 문화를 즐기고 토론을 벌였다. 이렇게 해서 '아고라'는 시민의 주권을 상징하는 공간이 되었다(Sennett, 1994: 1장, 2장). 로마의 '포럼'(forum)도 마찬가지였다. 민주주의 사회에서 광장은 단순히 '넓은 마당'이 아니라 시민의 주권이 생생히 살아나는 공간이다. 그곳은 넓을 뿐만 아니라 열려 있어서 누구나 자유롭게 오가며 만나고 놀고 토론하고 주장하는 공간이다. 광장의 가치와 특징은 선험적으로 규정될 수 없다.

일본의 사회학자 타키 코우지는 『사물의 시학』(1984)이라는 책에서 프랑스 대혁명에서 나찌에 이르기까지 서구에서 광장을 정치적으로 어떻게 건설하고 이용하려 했는가에 대해 살펴보고 있다. 광장은 그 형성과 이용의 모든 과정에서 정치와 밀접히 연관되어 있다. 따라서 우리는 광장의 형성과 이용을 공간정치의 관점에서 적극적으로 이해할 필요가 있다. 분명히 광장을 시민들이 자유롭게 이용할 수 있을수록 그 사회의 민주주의가 활성화되어 있다고 할 수 있다. 사실 광장은 전제권력에 맞선 자유주의 운동의 산물이다. 광장의 이용을 원천적으로 크게 제약하는 것은 민주주의는 물론이고 자유주의도 훼손하는 것이다.

정기용은 2002년 월드컵의 광장 문화에 대해 살펴보는 글에서 열린 공간으로서 광장의 가치를 강조하는 동시에 그것이 주변 지역에 영향을 미쳐서 도시 전체가 재조직될 가능성과 필요성을 다음과 같이 제안했다. 여기서 건축가의 역할은 참으로 중요하다.

공간을 정치나 이데올로기에 복속시키는 것이 아니라 해방과 일탈로 탈주하게 하여 일상생활에서 누적된 억압과 구속과 단조로움을 벗어던지는 공동의 장소로 활용하는 것이야말로 도시 속에서 시민들이 향유해야 할 권리이기도 하다. 그러한 권리가 표현되는 공간이 도시(원)의 중심이 될 때, 그 힘은 그 주변으로 퍼져 도시적인 삶을 재조직한다. 그러나 주변은 중심을 위한 하부구조가 아니라 중심과 대등하고 상호보완적일 뿐 아니라 필수적인 것이다. 이런 역동적인 관계의 열려있음이 민주 시민사회의 즐거움이다(정기용, 2008ㄱ: 114).

【 참고자료 】

신한종합경제연구소(1991), 『7089 우리들』, 고려원
안민석 외 엮음(2002), 『월드컵, 그 열정의 사회학』, 한울

정기용(2008ㄱ), 『건축 도시 사람』, 현실문화

_______(2008ㄴ), 『서울 이야기』, 현실문화

홍성태(2006), 『현대 한국 사회의 문화적 형성』, 현실문화

_______(2009), 『후진기어 넣고 앞으로 가자고?』, 한울

Mancuso, Franco et al.(2008) 장택수 외(2009), 『광장』, 생각의 나무

Sennett, Richard(1994), 임동근 외 옮김(1999), 『살과 돌 – 서구 문명에서 육체와 도시』, 문화과학사

多木浩二(1984), 『事物の詩學』, 岩波書店

뉴욕의 센트럴 파크

건축과 조경

조경의 의미

오늘날 건축과 조경은 명확히 분리되어 있다. 그러나 이런 상태는 크게 조정되지 않으면 안 된다. 조경은 건축의 단순한 외적 부분을 넘어서 건축의 중요한 내적 요소가 되어야 한다. 생태위기에 따른 건축의 생태적 전환을 이루기 위해서는 그렇게 하지 않으면 안 된다. 이제 건축은 단지 다양한 재료들로 건물을 짓는 것에 그치는 것이 아니라 건물을 위해 자연을 훼손하고 되살리는 활동까지 포함해야 한다. 이제 건축은 건물, 조경, 도시를 통합적으로 다뤄야 한다. 요약해서 말하자면, 조경은 '인위적으로 자연 경관을 만드는 것'이다. 도시의 건설은 자연의 훼손을 야기했고, 이 문제에 대응하기 위해 조경이 시작되었다. 이런 점에서 조경의 역사는 바로 도시의 역사라고 할 수 있다. 인간은 자연 속의 존재라는 사실을, 인간은 자연을 지키고 즐기고 싶어 한다는 사실을 조경의 역사는 보여준다.

조경의 역사는 멀리 고대 도시로까지 거슬러 올라갈 수 있다. 심지어 '하늘정원'까지도 고대 도시에 만들어졌다. 인도에서 석가모니가 활동하던 기원전 500년 무렵, 신(新)바빌로니아의 왕인 네부카드네자르 2세가 왕비인 아미티스를 위하여 수도인 바빌론의 성벽(城壁) 위에 '하늘정원'을 건설했다. '고대 7대 불가사의'로 꼽히는 이 정원은 엄청난 노력의 산물이었다. 성벽 위에 많은 양의 흙을 가져다가 쌓고 여기에 나무를 심어 숲을 만들었다. 물을 대는 것은 더욱 어려

16세기에 그려진 바빌론의 하늘정원 상상도

운 일이었다. 더욱이 이 지역은 고대에도 메마른 곳이었다. 물탱크와 물펌프를 만들어 유프라테스 강의 물을 끌어들였다고 한다. 이 정원을 '지극한 사랑의 결정체'라고 부르기도 하지만, 그렇게만 보는 것은 너무 낭만적인 것 같다. 피라미드나 만리장성의 건설과정에서 수많은 사람들이 죽고 다쳤던 것처럼 이 정원을 위해서도 많은 사람들이 피와 땀을 흘려야 했을 것이다. 아름답기 그지없는 알함브라 궁전도 5km나 떨어진 곳에서부터 고생해서 산을 뚫고 수로를 건설해서 정원을 만들 수 있었기에 더욱 아름다울 수 있었다.

　근대에 들어와서 조경은 도시 건설의 필수적 요소가 된다. 물론 고대에도 중세에도 조경은 이루어졌다. 예컨대 조선의 서울에서도 조경은 이루어졌다. 가장 좋은 예는 서울의 좌청룡이었던 낙산에 나무를 심어 숲을 가꿨던 것이다. 서울의 동쪽 경계를 지키는 산이었으나 그 세가 약했기 때문에 나무를 심어 인위적으로 그 세를 키우려 했던 것이다. 이것은 '풍수적 조경'이었다. 겸재 정선의 동소문 일대를 그린 '동소문'과 동대문 일대를 그린 '동문조도'(東門祖道)에서 당시 낙산의 모습을 엿볼 수 있다(최완수, 2004: 169~179). 또 다른 예로는 청계천 둑 위에 버드나무를 심었던 것을 들 수 있다. 두 줄로 길게 늘어선 버드나무들이 살랑대는 모습이 일품이었다고 전하거니와, 이것은 둑을 지키기 위한 '토목적 조경'이었으며, 또한 도시의 풍치를 높이기 위한 '문화적 조경'이었다. 그러나 이런 예에도 불구하고 조경이 도시 건설의 필수적 요소로 자리잡는 것은 근대 이후의 일이다. 근대 도시는 대대적으로 자연을 파괴하고 건설되었으며, 바로 이 때문에 조경의 필요성이 크게 강화될 수밖에 없었다.

근대 도시는 사실 무서운 도시였다. 런던의 근대 역사가 잘 보여주듯이 근대 도시 속에서 사람들은 시나브로 죽어갔다. 프리드리히 엥겔스가 24살 때 쓴『영국 노동자계급의 상태』(1844)는 이 비참한 역사에 대한 생생한 기록이다. 조경은 그저 보기 좋게 '인공적 자연을 꾸미는 것'이 아니라 이렇게 무서운 근대 도시를 즐겁고 쾌적한 도시로 만들기 위한 필수적 실천으로 확립되었다. 이것은 근대 도시에서 조경이 '생태문화정치'의 핵심으로 떠올랐다는 것을 뜻한다. 뉴욕의

뉴욕의 센트럴 파크

런던의 하이드 파크

센트럴 파크, 런던의 하이드 파크, 파리의 뤽상부르 파크 등은 이런 사실을 잘 보여준다. 조경은 시민을 위한 도시, 자연이 살아 있는 도시를 만들기 위한 핵심적 실천이다. 그런데 우리의 경우는 어떤가? 조경에 대한 관심이 갈수록 높아지고 있지만, 이에 대한 정치의 대응은 여전히 수단적 차원에 머물고 있지 않은가? 정치인들은 조경을 농락하고 조경 전문가들은 거기에 뇌동해서 도시를 계속 망가트리고 있지는 않은가?

조경과 생태 건축

건축에서 조경은 무엇보다 마당에 정원을 만드는 것으로 행해진다. 세계 각국의 전통 건축에서 건물과 정원은 문화적 일체를 이루게 되었다. 한옥에는 한국식 정원이, 일옥에는 일본식 정원이 있는 것이다. 한옥과 일옥은 건물의 모습이 확연히 다를 뿐만 아니라 정원의 전체적인 형태, 심어 기르는 풀과 나무의 종류, 배치되는 돌의 모양과 크기, 물의 흐름과 연못 등도 모두 크게 다르다. 전통 건축에서 건물과 조경이 일체라는 사실은 어디에서나 쉽게 확인할 수 있다. 그리고 그것은 단지 건물이라는 인공의 산물을 자연의 산물로 보완하는 차원을 넘어서 이 세상에 대한 인식의 총화라는 성격을 갖는다. 한국의 안압지와 소쇄원, 일본의 하마리큐와 요안지 등에서 우리는 단순히 정원이 아니라 한 시대를 대표하는 문화를 읽을 수 있다.

오늘날에도 조경은 중요하다. 주변에 물이 있고 풀과 나무가 자라는 건물과 그렇지 않은 건물은 느낌이 확연히 다를 뿐만 아니라 기능적인 면에서 차이도 크다. 당연히 전자가 훨씬 더 편안한 느낌을 주고 생태적인 활력을 제공할 수 있다. 이런 점에서 보자면 오늘날과 같은 생태위기 시대에 조경의 중요성은 더욱 더 크다는 것을 쉽게 알 수 있다. 생태위기 시대에 모든 건축은 생태건축을 지향해야 하고, 조경은 생태건축의 핵심이어야 한다. 그러나 현실은 별로 그렇지 않은 것 같다. 한국은 반생태적인 거대 시멘트 구조물인 아파트들이 확실한 우점종을 차지한 나라이고, 1990년대 중반 이후 지어진 아파트들은 그 이전에 지어진 아파트들에 비해 공지가 적고 높이는 높으며 정원은 초라하다. 1990년대 중반 이후 지어진 아파트들 중에는 정원은커녕 건물 외벽에 대나무들을 심어 놓은 것으로 조경을 마친 곳도 쉽게 찾아볼 수 있다.

사실 무서운 생태위기에 대한 대응이 아니라 그냥 인간적인 삶을 위해서 조경은 대단히 중요하다. 인간은 자연 속의 존재로서 자연이 살아 있는 곳에서 건강하게 살 수 있기 때문이다. 반생태적인 시멘트 건물들을 생태적으로 개선하고 보완하기 위한 노력으로서 조경의 중요성은 갈수록 커질 수밖에 없다. 그리고 이렇게 해서 생태 건축이 더욱 널리 확산되어야 한다. 이와 관련해서 비교적 널리 알려진 것으로 '하늘정원'을 들 수 있다. 현대의 '하늘정원'은 시멘트 건물의 옥상에 물과 흙이 있고 풀과 나무가 자라는 자연의 공간을 뜻한다. 한

아크로스 후쿠오카

국에서는 명동의 유네스코 건물에서 처음 시작되어 여러 곳으로 퍼져갔다. 한국은 건물의 옥상 이용이 대단히 비활성화되어 있어서 서울에서만 수백만 평의 옥상이 방치되어 있다고 한다. 이런 옥상에 햇빛발전기를 설치하거나 '하늘정원'을 조성하면 엄청난 생태적 경제적 문화적 개선 효과가 나타날 것이다.

사실 외국에서는 이런 정도를 넘어서서 건물의 외벽에서 풀과 나무가 자라게 하거나 건물의 안과 밖을 넘나들며 나무가 자라게 하는 생태적 건물을 시도하고 있다. 1992년에 착공되어 1995년에 완공된 일본 후쿠오카의 '아크로스 후쿠오카'는 외벽을 피라미드처럼 경사지게 하고 계단식 숲을 조성해서 14층 건물 전체가 거대한 숲을 이루게 했다. 이런 과감한 생태적 개혁은 그 자체로 과감한 시대적 투자의 의미를 갖는다. 이 건물은 후쿠오카의 대표적인 명물이 되었을 뿐만 아니라 후쿠오카 도심의 열섬 현상을 완화시켰다.

2008년 싱가폴 국립대학은 안과 밖을 넘나들며 나무가 자라고 햇빛발전으로 전기를 생산하며 중수로 상당한 양의 물을 자급하는 생

태적 건물의 건축 계획을 발표
했다. 26층인 이 건물의 이름은
EDITT(Ecological Design in the
Tropics **열대 지역의 생태학적 설계**)
이다. 2011년에는 이탈리아의 밀
라노에서 27층 높이의 '보스코 베
르티칼레'(**Bosco Verticale** 수직
숲)라는 건물의 건축 계획이 발표
되었다. 이 건물은 건물의 외벽 전
체에서 나무가 자랄 수 있도록 설
계되었으며, 햇빛발전과 바람발전
으로 전기를 모두 자체공급하고,
중수를 이용해서 나무를 기르는
생태적 건물이다.

　한국에서도 이런 건물들의 건축
이 적극 추진될 수 있을까? 그렇
게 되어야 할 것이다. 흔히 흡연실
로 사용되는 '하늘정원'도 정말로
자연이 살아 있는 생태적인 공간
으로 잘 가꾸어져야 할 것이다. 그
리고 나아가 한강에 놓인 20개가
넘는 거대한 콘크리트 다리들도
풀과 나무가 자랄 수 있도록 개조
되면 좋겠다. 그러나 한국에서 여
전히 큰 문제는 건물 자체보다는
건물 밖의 조경, 그리고 도시의 조

싱가폴의 EDITT 완성도

밀라노의 보스코 베르티칼레 완성도

경인 것 같다. '강 살리기'의 이름으로 강 죽이기를 강행하고, '생태 공원'의 이름으로 자연을 파괴하는 행위를 보노라면, 숨이 턱 막히는 위기감을 갖게 된다. 이런 심각한 상황에서 벗어나기 위해 청계천과 한강의 생태적 복원을 적극 추진할 필요가 있다.

사라진 청계천

청계천 복원사업은 한국의 조경사에서 새로운 장을 연 것으로 평가되고 있는지도 모르겠다. 분명히 그런 면을 가지고 있다. 일제 때부터 시작되어 박정희에 의해 완공된 청계천 고가도로를 뜯어내어 서울 도심의 면모를 일신했다는 점에서 청계천 복원사업은 확실히 한국의 조경사에서 새로운 장을 연 것으로 볼 만하다. 특히 도심 수변공간의 중요성을 크게 일깨웠다는 점에서 청계천 복원사업은 큰 의의를 갖는다. 매년 수많은 사람들이 청계천에서 휴식을 취하고 있다. 도심의 경관은 물론이고 생태적 상태도 크게 개선되었다. 그러나 과연 청계천은 복원되었는가? 청계천 복원사업은 정말로 모범적인 조경을 실현했는가? 청계천은 사실 복원된 것이 아니라 개발된 것이 아닌가?

여기서 우리는 '원칙'에 대해 깊이 생각해 볼 필요가 있다. 청계천이란 무엇인가? 이 점을 올바로 이해하지 않으면 조경은 '인공적 자연을 꾸미는 행위'라는 수단적 차원을 넘어서기 어려울 것이다. 청계천은 '600년 역사도시 서울'을 대표하는 자연유적이자 토목유적이다. 인왕산과 북악산의 계곡이 청계천의 발원지이다. 인왕산, 북악산, 목멱산에서 흘러오는 수십 개의 개울들을 받아들여 중랑천으로 흘러 들어가는 자연하천인 청계천을 커다란 배수로이자 하수구로 삼아서 서울이라는 도시가 건설되었던 것이다. 서울의 4대문 안에는 본래 개울과 다리가 많았다(박현욱, 2006). 청계천의 복원은 이런 자연유적이자 토목유적으로서 청계천을 되살리는 것이어야 했다. 그러나 이명박 서울시장과 양윤재 청계천추진단장은 그렇게 하지 않았다 (홍성태, 2005).

　역사적인 면에서 청계천에 대해 좀더 살펴 보자. 청계천으로 서울의 빗물과 하수를 모두 배수할 수는 없었다. 큰비만 오면 청계천은 넘쳐흘렀다. 그리고 조선 중기 이후 오랫동안 준설을 하지 않았기 때문에 청계천의 범람은 더욱 자주 일어나게 되었다. 이 문제를 해결하기 위해 영조는 즉위 36년인 1760년 3월에 청계천을 대대적으로 준설하고 청계천의 둑을 정비했다. 영조의 청계천 준설은 『준천사실』이라는 책과 '준천계첩'이라는 그림으로 기록되었다. 이때 퍼낸 모래를 쌓아 놓은 곳의 주변이 방산동이 되었고, 뒤에 이곳에는 '극동공병단'이라는 미군 부대가 들어서게 되었다. 그리고 영조는 준설을 하고 둑을 정비하고 둑 위에 버드나무들을 심었다. 그 아름다운 경관을 정조 때의 실학자인 유득공은 다음과 같은 한시로 노래했다(임종국, 1980: 69).

> 두 줄기 푸른 버들 가이 없는데 (兩行綠柳舊無邊)
> 저물어 돌아가니 아득만하다 (日暮人歸只暗然)

청계천 복원사업은 이런 역사와 자연을 전혀 존중하지 않았다. 이 때문에 청계천 복원사업은 사실상 '전형적인 신개발주의 조경'이 되고 말았다. '신개발주의'란 역사와 자연의 복원을 내세우고 실제로는 이윤과 이용을 중심으로 이루어지는 개발을 뜻한다(조명래 외, 2008). 청계천복원시민위원회에 주도적으로 참여했던 대부분의 시민위원들이 이 문제를 조금이라도 바로잡기 위해 애를 썼지만 역부족이었다. 이명박 서울시장과 양윤재 청계천복원단장은 올바른 복원을 사실상 거부했다. 역사와 자연의 '복원'을 내걸고 이명박식 '개발'이 강행되었다. 그리고 양윤재는 서울시 부시장이 되어 청계천 주변지역 재개

파괴되는 청계천

발과 관련해서 엄청난 비리와 부패를 저질러서 구속되고 대법원에서 중형을 받았다. 이렇게 해서 청계천은 완전히 사라지고 그 자리에는 새롭게 '명박천'이 들어섰다. 그 특징은 세가지로 살펴볼 수 있다.

첫째, 반역사성이다. 본래 청계천은 '600년 역사도시 서울'을 대표하는 역사유적이었다. 도성, 종묘사직, 경복궁과 함께 청계천 개수작업은 서울을 만든 4대 토목사업의 하나였다. 영조는 조선의 건국 366년만에 처음으로 대대적인 청계천의 준설을 하고, 382년만에 돌로 청계천의 둑을 쌓는 거대한 토목사업을 벌였다. 영조 때 석축을 쌓는 것으로 청계천의 개수가 실로 380년만에 완성되었다. 역사유적으로서 청계천은 바로 그 석축으로 개수된 청계천을 뜻한다. 그 석축이 일제 총독부와 박정희 독재의 파괴에도 불구하고 두 곳에서 모두 500m 이상이나 남아 있었다. 이명박은 이것을 완전히 없애 버렸다. 이 때문에 청계천복원시민위원회 역사문화분과장 김영주 선생을 비롯해서 몇몇 시민단체의 대표들은 이명박 서울시장과 양윤재 청계천

건설된 '명박천'
이명박은 역사유적 '청계천'을 완전히 파괴하고 새로운 '명박천'을 건설했다.

복원단장을 문화재 파괴혐의로 서울지검에 형사고발했다.

둘째, 반생태성이다. 생태적 차원에서 청계천 복원사업은 본래의 물줄기를 되살리는 것이어야 했다. 그러나 '명박천'은 오히려 그것을 더욱 더 확고히 차단하고 만들어졌다. 바닥에 차수막을 설치하고 그 위에 콘크리트를 바르고 다시 그 위에 흙을 깔았다. 지금의 청계천은 결코 하천이 아니라 '콘크리트 수로'인 것이다. 사실 지금은 청계천은 바닥만이 아니라 물가와 둔치와 둑이 모두 콘크리트로 뒤덮여 있다. 그리고 한강 물을 전기모터를 써서 거꾸로 끌어올려 흘려보내고 있다. 당시 연간 17억 1500만원을 내야 하는 물값은 안 내도 되는 '특혜'를 받았지만, 한강 물을 끌어올리는 전기세만도 연간 8억7천만원이 들게 되었다. 오늘날 조경은 '실제로 자연을 되살리는 것'으로 옮겨가고 있다. 이런 점에서 지금의 청계천, 즉 '명박천'은 한국 조경의 '착오성' 또는 '후진성'을 보여주는 대표적인 예라고 할 수 있다.

셋째, 반시민성이다. 이명박 시장은 '명박천 개발'을 하고 있으면서도 '청계천 복원'을 하고 있다고 시민들에게 선전했다. 시민들에게 사실을 제대로 알리지 않은 것이다. 시민위원회에서 거듭 공개적으로 문제를 지적하고 시정을 요구했으나 결국 '명박천 개발'은 서울시의 예정대로 진행되었다. 이렇게 해서 청계천은 사라지고 말았다. 이 과정에서 청계천 노점상이라는 시민들이 당한 고통에 대해서도 우리는 잊지 말아야 한다. 2003년 11월, 이명박 시장은 경찰을 대대적으로 동원해서 마치 군사작전을 벌이는 방식으로 노점상을 청계천 부근에서 내몰았다. 그리고 그 시간에 자신은 남산 실내테니스장에서 테니스를 즐겼다. 그런 사람이 '상인과 노점상들을 4200차례나 만나서 설득했다'고 선전했다. 거짓말이 거짓말을 낳았던 것이다. 이런 반시민적 거짓말을 위해 조경이 동원되었고 '명박천'이 개발되었다.

'명박천 개발'을 계기로 전국적으로 '하천 되살리기'라는 이름의 '신개발주의적 하천 개발 경쟁'이 벌어지게 되었다. 여기서 잠시 40여년 전을 되돌아보게 된다. 박정희가 청계천 복개를 마치자 전국적으로 하천 복개 붐이 일었다. 경주에서는 심지어 신라 때 성의 해자까지도 복개해 버렸다. 이제 복개된 하천을 복원하는 경쟁이 벌어지게 되었다. 언뜻 보기에 바람직한 변화인 것 같다. 그러나 '명박천 개발'의 문제에서 잘 알 수 있듯이 잘못된 복원은 예전의 복개와 마찬가지로 여러 문제를 안고 있다. 정치를 위한 복원이 아닌 복원을 위한 정치가 필요하다. 이런 '원칙'을 잊지 말아야 한다.

한강의 복원을 위해

청계천 복원사업의 여러 문제들에도 불구하고 정치적으로 이명박은 큰 성공을 거두었다. 사실 이명박은 청계천을 내세워서 대통령에 당선되었다고 할 수 있다. 청계천 복원사업을 통해 그만큼 서울의 생태적 여건이 좋지 않다는 사실이 다시금 확인되었다고 할 수 있다. 고가

도로가 사라지고 상대적으로 '텅 빈 공간'이 생겼다는 것만으로 시민들은 열광했던 것이다. 여러 지표들이 보여주듯이 서울의 생태문화적 여건은 대단히 좋지 않다. 그런 만큼 조경의 역할은 대단히 크다. 그러나 '올바른 조경'이어야 한다. 시민들이 열광한다고 해서 '명박천' 식으로 눈 가리고 아웅하는 것은 분명히 잘못된 것이다. 시민들에게 올바른 정보를 제공하고 올바른 정책을 추진해야 한다.

그런데 불행하게도 정치인들은 일단 시민들의 관심에 주목한다. 이것은 어떤 점에서 선출직의 운명이라고 할 수 있다. 사실 아무리 '옳은 것'을 하더라도 시민의 미움을 살 수도 있다. 여기서 흔히 '대의제의 역설'이라고 부르는 현상에 주의해야 한다. 교과서는 정치인들이 '옳은 것'을 해야 한다고 가르치지만, 현실에서 정치인들은 '옳은 것'보다는 시민들이 '관심을 가지고 있는 것'을 하기 위해 애쓴다. 주목을 끌어야 성공하는 '주목의 경제학'이 작동하는 것이다. '옳은 것'을 실천하는 것이 아니라 '관심을 끄는 것'이 정치적 성공의 중요한 원천이다. 그래서 많은 정치인들이 우선 시민들의 관심을 끌기 위해 무리한 공약을 하고, 그것을 추진하(거나 않)기 위해 시민들을 적극 속인다.

그러므로 청계천 복원사업과 같은 성공의 사례는 정치인들에게 아주 빠르게 모방의 대상이 된다. 너도나도 경쟁적으로 '명박천'을 모방하고자 한다. 심지어 없는 하천이라도 만들어서 비슷한 짓을 해야겠다는 생각까지 하게 된다. 따라서 한강이 이명박의 뒤를 이을 서울시장 후보자들에게 초미의 관심사로 떠올랐던 것은 당연한 일이었다. 다른 자치체들에서도 비슷한 상황이 벌어졌다. 이것은 일단 그 자체로는 대단히 중대한 긍정적 변화라고 할 수 있었다. 그러나 그 모범이 '명박천'이었기 때문에 사실은 대단히 우려할만한 변화였다. 언제 어디서고 '명박천'은 절대 모범이 될 수 없다. 역사성, 생태성,

시민성의 기준에 맞는 '올바른 복원'을 추진해야 한다. 한강은 어떻게 해야 할까?

한강은 북한산과 함께 서울을 대표하는 자연자원이다. 1970년대 초까지 한강은 시민들의 가장 커다란 휴식처였고, 살아 있는 자연을 느끼고 배울 수 있는 '서울의 젖줄'이었다. 그러나 1960년대 초부터 박정희 독재정권이 강행한 파괴적 근대화로 말미암아 1960년대 말부터 서울 한강은 급속히 원래의 모습을 잃고 심하게 오염된 강이 되고 말았다. 그리고 1982~86년의 3년 동안 강행된 전두환 독재정권의 '한강종합개발사업'으로 서울 한강의 형태와 자연적 특성은 완전히 파괴되어 버렸다. 그 결과에 대해 서울시의 공식사는 다음과 같이 기록하고 있다.

> 1970년 이후의 본격적인 서울의 도시개발과 유역의 도시형 토지이용 변형 등은 한강의 자연생태계를 크게 변화시키고 말았다. 특히 1988년 서울 올림픽을 대비해 실시된 한강종합개발사업과 하상정비사업은 홍수 예방과 수자원의 효율적인 이용, 친수공간의 확보 등에 긍정적인 효과를 주었으나, 하천의 고유 생태계를 어지럽히는 부작용을 낳고 말았다. … 한강은 본디 상류·중류·하류가 뚜렷이 구별되는 지형적인 영향으로 하천의 친수 기능을 위한 좋은 조건을 갖춘 곳이었다. 여가공간과 환경공간으로서의 한강의 가치는 상류 지역은 경관감상의 장소로서, 중류는 수상레저공간으로서, 하류는 강변 휴식공간으로서 크게 평가되었다. 그러나 이러한 한강의 공간적 가치는 하안과 하상의 인위적 공사로 인해 크게 저하되었다(서울특별시사편찬위원회, 2001: 61).

박정희 독재정권은 한강개발사업을 추진해서 서울 한강을 콘크리트 둑과 자동차 전용도로로 둘러싸 버렸다. 전두환 독재정권은 한강종합개발사업을 벌여서 서울 한강의 바닥을 일정한 깊이로 평탄하게 하고 잠실과 신곡에 수중보를 건설해서 서울 한강을 아예 콘크리트 운하로 만들어 버렸다. 박정희와 전두환의 독재정권이 만들어 놓은 서울 한강 강변은 회색 콘크리트 호안 블럭으로 차단된 불모의 인공 공간이다. '토목적 조경'의 눈으로 보더라도 서울의 한강은 참으로 불쌍한 모습이다. 한강이라는 천혜의 자연이 우리에게 줄 수 있는 여러 혜택을 생각해 보면, 이런 모습은 불쌍한 차원을 넘어서 참으로 아까운 것이라고 하지 않을 수 없다. 한강복원사업은 절실하다. 그러나 어떻게 할 것인가?

서울환경연합의 제안으로 2009년 8월부터 2010년 2월까지 서울 한강의 복원에 대한 연구가 이루어졌다. 1993년에 대한YMCA연맹이 주도해서 했던 연구로부터 16년만에 새로운 연구가 시민사회에서 이루어졌던 것이다. 그 결과는 2010년 3월의 심포지움을 통해 일차 발표되었고, 이어서 같은 해 8월에『한강의 기적』이라는 제목의 책으로 출판되었다(박창근 외, 2010). 이 연구에서는 서울 한강의 복원이 가능할 뿐더러 필요하다는 것을 밝히고, 그 방향과 방법에 대해서도 다양한 차원에서 검토하고 결과를 제시했다. 2011년 10월 이 연구를 근거로 박원순 서울시장은 한강의 복원을 공약했다. 나도 참여했던 이 연구의 성과를 전제로 나는 일단 두 가지 목표를 제시하고자 한다.

첫째, 생태적 복원이다. 서울 한강은 수질을 살리는 것뿐만 아니라 강변을 살려야 하는 과제를 안고 있다. 사실 지난 20여년 간 수질을 살리려는 노력을 계속 기울인 결과 서울 한강의 수질은 상당히 회복되었다. 앞으로 수질의 문제는 강 죽이기로 말미암은 상류

『한강의 기적』 표지 사진

의 수질 악화이다. 이포보, 여주보, 강천보를 하루빨리 철거하고 상류의 재자연화를 실행해야 한다(홍성태, 2010). 서울 한강의 강변은 전두환의 콘크리트 포장공사 이래로 계속 그 모습을 하고 있다. 지금 한강은 강변을 잃어버린 죽은 강의 모습이다. 콘크리트 포장을 뜯어내고 땅과 강을 이어주는 강변을 되살려야 한다. 그리고 한강은 본래 백사장과 섬들로 유명한 곳이었다. 그 모습을 되살려야 한강의 문화도 되살아날 수 있다. 이를 위해 아무런 필요도 없는 수중보들을 철거해야 한다. 불필요한 반생태적인 수중보의 철거와 콘크리트 호안의 철거가 서울 한강의 생태적 복원의 핵심이다.

둘째, 시민적 복원이다. 서울 한강은 매년 연인원 수천만 명의 찾는 곳이다. 그러나 박정희의 강변도로 건설로 시작해서 전두환의 올림픽도로 건설로 이어지는 자동차 전용도로의 건설로 말미암아 서울 한강은 40여 곳의 '토끼굴'을 통해서만 다가갈 수 있는 '격리된 공간'이 되고 말았다. 그리고 그 밖으로 널판형 아파트들이 들어서면서

콘크리트 사막이 된 여의도 한강변
우리는 모래와 자갈, 그리고 습지가 아름다운 자연의 한강을 되살려서 한강의 가치와 효용을 더 키울 수 있다. 그것은 과잉으로 설치된 콘크리트 제방과 불필요한 콘크리트 수중보를 철거하는 것으로 이루어질 수 있다.

한강 주변의 경관이 극히 흉칙해져 버렸다. 세계 어디서도 찾아볼 수 없는 경관의 파괴와 사유화가 한강에서 일어난 것이다. 이 상황을 조금이라도 개선하기 위해 접근성을 높일 수 있는 방안을 다각적으로 모색해야 한다. 자동차 전용도로를 여러 곳에서 부분적으로 지하화해서 사람들이 자유롭게 강변으로 갈 수 있도록 하는 것이 무엇보다 중요하다. 그러나 이와 함께 둔치의 콘크리트와 아스팔트를 가능한 한 줄이고 사람들이 훼손하지 못하게 해서 자연이 되살아날 수 있도록 해야 할 것이다.

박정희와 전두환의 독재정권이 서울 한강의 개발을 마치자 전국의 지자체에서 그것을 모방했다. 이명박 정권은 사상 최악의 비리와 부패를 저지르며 서울 한강의 파괴를 생명의 젖줄인 4대강으로 확대해서 강행하는 초유의 만행을 저질렀다. 그 핵심은 강변을 시멘트로 덮고, 둔치를 운동장이나 주차장으로 만들고, 둑을 자동차 도로나 자전거 도로로 만들고, 배후습지는 매립해서 아파트로 만드는 것이기 때문이다. 한강복원사업은 이런 체계적 파괴를 멈추고 전국의 하천을 살리기 위한 모범을 만드는 사업이 되어야 한다. 한강의 재자연화와 생태적 복원은 이 나라의 '진정한 선진화'를 향한 역사적인 과제이다.

전문가의 책임

생태위기의 현실을 배경으로 조경의 역할과 의미에 대한 관심이 더욱 커지고 있다. 서울처럼 1천만 명이 넘는 사람들이 모여 살고 있으며 아파트 숲과 자동차 홍수로 생태적 여건이 극히 척박한 곳에서는 조경에 대해 더욱 더 깊은 관심을 기울여야 한다. 서울의 올바른 변화를 통해 서울을 모범으로 여기고 있는 이 나라의 모든 도시들에게 올바른 모범을 보여줄 수 있어야 한다. 조경이 추구해야 하는 변화의 내용은 사실 단순하다. 조경은 실제로 자연을 살리는 실천으로, 그렇게 해서 자연을 살리는 사회를 만들기 위한 실천으로 나아가야 한다. 이를 위해 건축과 조경의 상호작용은 더욱 긴밀해져야 한다. 건축법과 주택법의 개정에도 함께 힘을 모아야 한다.

자연에 대한 관심이 높아질수록 조경의 구실이 커질 수밖에 없다. 다시 말해서 조경의 정치적 가치가 커진다. 그리고 '명박천 개발'에서 잘 볼 수 있듯이, 조경이 단순히 정치의 수단으로 이용당할 가능성도 크다. 시민의 의식과 시대의 요청에 걸맞은 조경의 변화가 있어야 한다. 사실 어디에서나 조경은 '공간 화장'의 성격을 갖는다. 이른바 '생태하천'이나 '생태공원'은 '신개발주의적 공간 화장'의 좋은 예이다. 그러나 이제 높아진 시민의 의식과 절박한 시대의 요청은 '공간 화장'이 아니라 진정한 '공간 개혁'을 요구한다. 역사와 자연을 파괴하는 것이 아니라 보호하는 조경이 절실하다. 생태위기에 비추어 보자면, 조경은 그 무엇보다 중요한 '공간 개혁'의 주체여야 한다.

여기서 이명박과 오세훈에 의해 파괴되어 사라진 서울 은평구의 통

아파트 단지의 울창한 느티나무 숲
탐욕을 적절히 통제하면 이렇게 숲이 울창한 아파트 단지를 만들 수도 있다. 조경이 그 생태문화적 능력을 제대로 발휘할 수 있는 사회가 좋은 사회이다.

일로 변에 있던 '한양주택'에 대해서 잠시 생각해 보자. '한양주택'은 1996년에 서울시에 의해 '서울시 아름다운 마을 제1호'로 지정되었던 곳이다. 이곳은 주민들이 가꾼 현대적인 생태문화 마을의 전형과 같은 곳이었다. '한양주택'은 그 자체로 편하고 안전한 단층 주택단지였을 뿐만 아니라 북한산과 잘 어울린 멋진 경관을 자랑하는 곳이기도 했다. 이명박과 오세훈은 '생태 리조트 아파트 단지'를 만들겠다며 이렇게 귀한 곳을 파괴해 없앴다. 이 문제에 대해 건축 쪽에서는 부분적이지만 심각한 대응이 이루어졌으나, 조경 쪽에서는 아무런 관심도 보이지 않았던 것 같다. '한양주택'은 조경에서도 대단히 중요한 사례였다.

조경의 정치적 가치가 커지는 것은 그만큼 우리가 자연의 훼손이 심각한 시대에 살고 있다는 것을 보여준다. 오늘날 조경은 루이 14세 때처럼 더욱 그럴 듯하게 보이기 위한 것이 아니라 도시 속에서 실제로 자연이 살아 있도록 하기 위해 최선을 다해야 한다. 토건국가와 투

여의도의 콘크리트 수변 공간
이 수변 공간은 오세훈 서울시장 때 만들어진 것으로 흙과 풀을 대대적으로 파내고 콘크리트로 뒤덮은 위로 물을 흐르게 해서 만든 것이다. 최근에 지어진 초고층 건물들과 함께 반생태적 콘크리트 유토피아의 모습을 연출하는 반생태적 조경의 좋은 예이다.

기사회의 구조적 조건 속에서 이것은 어려운 싸움의 과정일 것이다. 청계천 복원사업의 경우에서 잘 드러났듯이 다수의 정치인들이 조경의 정치적 가치를 최대한 이용하되 그 실제적 구실은 최대한 억제하려고 한다. 이런 상황을 그대로 묵인한다면, 조경은 계속 타락할 수밖에 없고, 사회도 계속 타락할 수밖에 없다. 시대의 흐름에 걸맞은 조경의 개혁이 절실한 것이다. 그것은 그 자체로 사회의 개혁과 동전의 양면을 이룬다.

오늘날 우리는 전문가의 시대를 살고 있다. 정치인의 권력도 전문가를 통해 정당화되지 않으면 안 된다. 그런 만큼 전문가의 책임도 커지고 있다. 조경도 예외가 아니다. 조경의 정치적 가치가 커질수록 조경가의 정치적 책임도 커진다. 올바른 조경을 위해 최선을 다하지 않는다면 조경 전문가는 냉소와 비난의 대상이 될 것이다. 조경의 정치적 가치가 커질수록 그런 위험도 커진다. 시대의 흐름에 올바로 부응하는 조경가의 적극적 실천이 절실하다. 생태건축의 면에서 보자면, 조경가가 건축가를 이끌고 나가야 한다. 그리고 건축가와 조경가가 함께 이 사회의 생태적 전환을 이끌고 나가야 한다.

【참고자료】

박창근(2010), 『한강의 기적』, 이매진
박현욱(2006), 『서울의 옛물길 옛다리』, 시월
서울특별시사편찬위원회(2001), 『한강의 어제와 오늘』
임종국, 『한국사회풍속야사』, 서문당, 1980
조명래(2008), 『신개발주의를 멈춰라』, 환경과생명사
최완수(2004), 『겸재의 한양진경』, 동아일보사
홍성태(2005), 『생태문화도시 서울을 찾아서』, 현실문화
______(2010), 『생명의 강을 위하여』, 현실문화

첼시 마켓

건축과 재건축

'아멜리에'를 보고

'아멜리에'(원제 Le fabuleux destin d'Amelie Poulain, 장-피에르 쥬네 감독, 2001)는 2001년 가을에 국내에서 개봉한 프랑스 영화다. 이 예쁜 영화는 파리를 무대로 하고 있다. 파리를 무대로 한 영화는 너무도 많다. '아멜리에'는 그런 영화들 중의 하나이고, 꼭 보라고 추천하고 싶은 영화는 아니다. 이 영화에서 아직도 내 기억에 남아 있는 것은 아멜리에 역을 맡은 오두리 토투의 귀엽고 예쁜 얼굴이 아니고, 나도 아주 좋아하는 멋진 몽마르트의 언덕도 아니다. 나는 그보다 아멜리에가 시골에서 파리로 와서 살게 되는 낡은 아파트를 자주 떠올린다.

'아멜리에'의 이야기는 아멜리에의 아파트에서 시작된다. 사실 이 아파트가 이 영화에서 가장 중요한 조연이다. 의사인 아버지를 혼자 살게 두고 혼자 살기 위해 파리로 온 아멜리에는 파리에서 낡고 작은 아파트를 얻는다. 이사한지 며칠 지나지 않아서 그녀는 한쪽 벽의 아래에서 작은 구멍을 발견하게 된다. 호기심어린 눈으로 그 안을 들여다 본 아멜리에는 그 안에 작은 상자가 있는 것을 발견하고 꺼낸다. 상자 안에는 아주 오래 전에 어린이들이 가지고 놀았던 장난감들이 가지런히 정리되어 있었다. 40년쯤 전에 이곳에 살던 어떤 아이가 자기의 '보물'을 이 상자에 담아서 이렇게 감춰뒀던 것이라고 아멜리에는 생각하고 이 '보물'을 원래의 주인에게 돌려줄 계획을 세운다. 이

영화 '아멜리에'의 포스터

계획은 훌륭하게 성공해서 보잘것 없게 늙고 인생에 지친 중년의 남자에게 큰 기쁨을 주게 된다.

이 만화같은 이야기는 내게 아주 사실적으로 다가왔다. 왜 그랬을까? 첫째, 아멜리에가 살게 된 아파트는 지은 지가 50년은 된 아파트이기 때문에 이런 이야기가 생겨날 수도 있겠다고 생각할 수 있었다. 파리에는 50년이 넘은 아파트도 많은 모양이다. 이런 아파트들이 없다면 아멜리에의 예쁜 이야기는 아예 구상조차 되지 못했을 것이다. 지은 지 20년만 지나면 어떻게 해서든지 부숴 없애려고 하는 한국에서는 만들어질 수 없는 영화이다. 둘째, 이제는 은퇴한 아파트의 관리인 부부도 근처에서 여전히 살고 있었고 더욱이 당시의 관리장부를 여전히 보관하고 있었기 때문에 40년 전에 그곳에 살던 아이를 찾을 수 있겠다고 생각할 수 있었다. 프랑스의 일상 자료에 대해서는 잘 알려져 있다. 사실 이런 자료들이 있었기에 페르랑 브로델이나 미셸 푸코와 같은 역사가들이 있을 수 있었다. 그런데 이 영화는 이런 자료들이 오랫동안 지역 사회가 파괴되지 않고 지역 주민들이 추방되지 않았기에 보존될 수 있는 것이라는 사실을 보여준다.

우리의 경우에 이 이야기를 적용하면 어떻게 될까? 결코 이루어질 수 없는 공상이 되고 말 것이다. 첫째, 한국에는 50년은커녕 25년을 버티는 아파트들도 거의 없기 때문이다. 많은 아파트 주민들이 10년만 지나면 벌써부터 언제 부수고 다시 지을까를 의논하고 계산기를 두드리는 것 같다. 박정희 독재정권의 개발주의에서 비롯된 토건국가와 투기사회의 문제가 온 나라를 지배하고 있다. 한국에서는 지역 사회도, 지역 주민도 언제나 쉽게 파괴되고 사라질 존재들이다. 둘째, 한국에는 '아파트 관리인'이라는 사람이 없다. '관리 사무소'에서 고용한 '경비 아저씨'들이 있기는 하지만, 이 사람들은 '아파트 관리인'이라는 전문직도 아니고 '지역 주민'도 아니다. 이명박 정권 아래서 '경비 아저씨'들은 그 처지가 더욱 나빠져서 적은 월급이 더욱 줄었고 불안한 신분도 더욱 불안해졌다. 한국에서는 아멜리에같은 꿈을 꾸는 아가씨가 있어도 결코 그 꿈을 이룰 수 없다. 한국에서 그런 꿈은 달나라에서 유리구두를 신고 춤을 추겠다는 꿈만큼 비현실적이다.

'아멜리에'를 보고 나는 나름대로 깊은 상념에 빠졌다. 그것은 아파트를 둘러싸고 분명히 드러나는 이곳과 그곳의 두가지 큰 차이 때문이었다. 첫째, 그곳은 아파트를 함부로 짓지 않고 함부로 부수지 않는다. 이곳은 정반대로 함부로 짓고 함부로 부순다. 이곳에서는 자연과 건물, 건물과 건물이 잘 어울린 경관을 볼 수 없다. 어디를 둘러봐도 '파괴의 경관'뿐이다. 아파트가 이러한 파괴를 주도하고 있다는 것은 다시 말할 필요가 없다. 둘째, 그곳은 아파트 지역에서도 오랫동안 유지되는 지역 사회를 가지고 있다. 아파트를 함부로 짓지 않고 함부로 부수지 않으니 지역 주민들이 갑작스레 이합집산할 일이 없다. 이곳에서 아파트는 지역 사회를 파괴하는 주범이다. 갑작스레 집들을 부수고 짓고, 사람들은 어디론가 떠나고 흩어진다.

재개발의 문제

한국만큼은 아니어도 미국에서도 재개발이 흔히 행해지고 막기 어려운 모양이다. 이 문제를 다룬 영화들이 꽤 있는데 내가 종종 예로 드는 것은 '8번가의 기적'(매튜 로빈스 감독, 1987), '죠의 아파트'(존 페

영화 '8번가의 기적'의 포스터

이스 감독, 1996), '투 윅스 노티스'(마크 로렌스 감독, 2002) 등의 세 편이다. '8번가의 기적'은 뉴욕의 어떤 낡은 저층 아파트가 무대로 헐려 없어지게 된 그 건물을 아주 귀여운 로봇 외계인들이 초능력을 발휘해서 구하고 쫓겨나게 된 착한 주민들을 돕는 내용이다. '죠의 아파트'는 헐려 없어지게 된 뉴욕의 낡은 아파트를 사람보다 더 뛰어난 능력을 가진 바퀴벌레들이 구해서 착한 주인공이 사랑을 이룰 수 있게 되는 내용이다. '투 윅스 노티스'는 뉴욕의 부동산 재벌(휴 그랜트)이 매력적인 인권 변호사(산드라 블록)를 사랑하게 되어 인권 변호사가 지키기 위해 애쓰는 재개발 대상 시민센터를 보존하게 되는 내용이다.

미국은 각종 부패, 비리, 폭력이 횡행하는 한국 식의 토건국가와 투기사회는 아니다. 그러나 미국에서도 초능력 외계인, 초능력 바퀴벌레, 초능력 재벌 등의 초능력 존재가 아니면 불의한 재개발을 막을 수 없는 모양이다. 재개발이 흔히 행해지는 미국에 대해 사르트르는 '움직이는 풍경'이라고 점잖게 지적했다고 한다.

"우리들(유럽인)에게 도시는 무엇보다도 과거다. 그러나 그들(미국인)에게 도시란 미래다. 그들이 도시에서 사랑하는 것은 도시에 아직 존재하지 않는 것이고, 앞으로 이루어질 그 모든 것"이라고 말한 것을 상기해 보자. 지속적으로 있는 것을 때려부수고 새 건물을 짓는 데 열중인 미국 풍경을 바라본 사르트르는 미국의 풍경을 '움직이는 풍경'이라고 표현하며 이렇게 말했다(정기용, 2008).

미국은 역사가 없어서 역사를 대단히 존중한다고 하는데 건물과 도시에 대해서는 별로 그렇지 않은 모양이다. 미국에서 가장 중요한 '역사 도시'라고 할 수 있는 필라델피아에서도 역사를 느끼기는 쉽지 않고 난개발의 문제를 알아차리기는 쉽다. 심지어 뉴욕은 세계의 모든 도시들 중에서 성장하기 위해 자신을 가장 많이 파괴한 도시로 제시되기도 한다(Sennett, 1999: 379)

그런데 미국에서 이런 재개발의 문제는 이미 오래 전부터 지적되었다. 이와 관련해서 가장 대표적인 책은 제인 제이콥스의 『미국 대도시의 죽음과 삶』(1961년)일 것이다. 제이콥스는 하워드의 전원도시(1898년)와 르 코르뷔지에의 빛나는 도시(1935년)를 모두 비판하고 도시의 기존 상태를 존중하는 재개발과 모든 시민의 참여를 강조했다. 그녀는 계획을 시민들에게 올바로 밝히지도 않고 막대한 세금을 들여 문화회관, 시민회관, 고속도로 등을 만드는 것은 도시의 재

브룩클린 다리 아래 덤보 지역

건이 아니라 도시의 약탈이라고 주장했다. 그녀는 이런 생각을 적극
실천해서 1960년대 초에 뉴욕을 대대적으로 개조하던 로버트 모제스
에 강력히 맞섰다. 그녀의 생각과 실천에서 '신도시주의'가 비롯되었
는데, 마샬 버만은 그녀가 도시정책의 차원을 넘어서 근대주의의 발
전에서 결정적 역할을 했다고 지적했고(Berman, 1982: 315), 데이빗
하비는 그녀의 책이 근대주의의 비판뿐만 아니라 도시 생활을 이해
하기 위한 전체적 접근법을 제시했다고 지적했다(Harvey, 1990: 71).

　뉴욕의 '덤보'와 '첼시 마켓'은 제이콥스 식의 재건축과 재개발이
갖는 힘을 잘 보여주는 좋은 예이다(김민수, 2009). '덤보'(DUMBO,
Down Under the Manhattan Bridge Overpass)는 브룩클린 다리와
맨하탄 다리 아래의 버려진 공장과 창고 지역이었으나 1970년대 후
반부터 소호의 비싼 집값을 견디지 못한 가난한 예술가들이 모여들
어 생활과 문화의 장소로 되살아난 곳이며, '첼시 마켓'(Chealsea
Market)은 19세기 말에 지어진 과자 공장 건물을 부분적으로 개조해
서 1997년에 문을 연 시장으로 훌륭한 식료품점과 식당들이 입주해

첼시 마켓

서 뉴욕의 명소가 된 곳이다. 첼시
마켓 근처에는 '하이 라인'(High
Line)이 있는데, 이것은 2009년에
폐선된 고가철도를 생태적인 산
책로로 만든 것으로서 도시의 오
아시스로 불리면서 뉴욕의 새로
운 명물이 되었다. 이런 예는 이윤
을 위한 파괴형 개발이 아니라 생
활을 위한 보존형 개발의 중요성
을 잘 보여준다. '생태문화도시'로
유명한 브라질의 꾸리찌바는 이에

306

관한 가장 중요한 예이다(박용남, 2000).

물론 제이콥스가 다 옳은 것은 아닐 것이다. 지역 사회와 지역 주민을 존중하는 것으로 모든 문제가 해결될 수는 없다. 1970년대 초부터 제이콥스와 비슷한 관점에서 뉴욕을 비롯한 도시들을 연구했던 리차드 세넷은 1970년대 초에 제이콥스의 방식으로 재생했던 뉴욕 그리니치 빌리지의 또 다른 퇴락에 대해 다음과 같이 지적했다.

> 그러나 사람의 눈은 종종 다양성에 대한 잘못된 사회적 정보를 받아들인다. 제이콥스는 마을 사람들을 서로 빈틈없이 모여 있어서 그들은 하나로 융합된다고 보았다. 하지만 맥도걸 가로에서 관광객 행동은 대부분 사람들이 서로를 바라보는 일이다. … 차이와 무관심은 마을의 생활 속에 공존한다. 다양성이라는 사실만으로는 사람들이 상호작용하지 않는다. 부분적으로 이것은 지난 20년 동안 마을의 다양함들이『대 미국 도시의 죽음과 삶』이 상상하지 못한 방향으로, 더 잔인하게 성장했기 때문이다. 워싱턴 광장은 일종의 약물 슈퍼마켓이 되었다. 북쪽 아이들 빈 공터의 그네는 떳떳한 헤로인 상점이고, 폴란드 애국자 동상 아래 벤치는 다양한 알약의 전시 판매대로 쓰인다. 반면 공원의 모든 구석은 코카인을 도매금으로 다룬다. 이제 공원에서 자는 젊은이는 없다(Sennett, 1994: 374~375).

이런 문제를 해결하기 위해 루돌프 줄리아니 뉴욕 시장(1993~2001년)은 '범죄와의 전쟁'을 선포해서 큰 성과를 거두기도 했다. 여기에는 이른바 '깨진 유리창 이론'이 영향을 미쳤다. 범죄학자 제임스 월슨과 조지 켈링이 1982년에 발표한 이 이론은 깨진 유리창을 방치하면 더 많은 유리창이 깨지고 동네 전체가 망가질 수 있듯이 작은 문제가 큰 문제로 확산될 수 있으니 작은 문제를 빨리 해결해야 한다는 것이다.

건물의 재건축보다 도시의 재개발은 훨씬 더 어렵다. 보통 재개발은 방대한 규모의 동시적 재건축을 통해 이루어진다. 따라서 재개발은 극히 신중하고 투명하게 이루어지지 않으면 안 된다. 이 점에서

이명박과 오세훈의 '뉴타운' 정책은 처음부터 잘못된 것이었다. 한국
의 재개발 정책은 박정희 독재정권에 의해 처음 시행되었는데, 사실
이 때부터 김현옥은 재개발 정책을 정치적으로 악용했다.

> 유럽의 경우 re-development라는 개념이 최초로 사용된 것은 영국이
> 었고 1946~49년경부터의 일이다. 독일 공군의 폭격으로 파괴된 런던시
> 의 중심부를 재건하면서 종전과 같은 저층 밀집 상태를 과감하게 바꿔버
> 리는 것을 구상한다. … 1945년에서 1970년대까지, 즉 초기에 실시된 도시
> 재개발 사례 중 가장 규모가 크고 성공한 예는 뉴욕 맨해튼 중앙부에 위
> 치한 록펠러센터였다. … 일본에 도시재개발이라는 개념이 최초로 도입
> 된 것은 1956년이었다. 1950~53년의 한국전쟁으로 경제회복기에 들어선
> 일본은, 1956년부터는 이른바 고도성장을 구가하고 있었다. 일본에서의
> 도심부 재개발은 바로 경제의 고도성장과 발맞추어 이루어졌다(손정목,
> 2003ㄴ: 103~104).
>
> 　한국에서 도시계획법이 처음으로 제정 공포된 것은 1962년 1월 20일
> 자 법률 제 983호였다. 물론 이 법에서는 '재개발'이라는 용어가 사용되
> 지 않았다. … 1965년 4월 20일자 대통령령 제2106호로 '도시계획법시행
> 령'이 개정되었다. 풍치지구·미관지구 등을 규정한 시행령 제14조에 제
> 2항 "불량지구 재개발사업을 촉진하기 위하여 재개발지구를 지정할 수
> 있다"라는 조문을 신설하여, 한국 도시계획법제에 재개발이라는 용어가
> 처음으로 등장한 것이다. … 오늘날의 세운상가 일대를 재개발지구로 지
> 정한 것은 1966년 10월 15일자 건설부고시 제2819호였다. 우리나라 도시
> 계획사에서 재개발지구로 지정된 제1호인 셈이다. 그러나 이 지정은 이
> 미 결정되어 있는 도시계획 가로 위에 건물을 짓겠다는 김현옥 시장의 행
> 위를 합법화해주는 방편이었을 뿐 결코 재개발사업은 아니었다(손정목,
> 2003ㄴ: 106~107).

재개발은 제대로 시행된다고 해도 해당 지역의 자연, 역사, 문화, 주
민에게 심각한 영향을 미칠 수 있다. '뉴타운' 정책처럼 정치적인 목
적으로 강행되는 대대적인 재개발 정책은 더욱 더 그렇다. 이명박과
오세훈은 서울에서 무려 1300여 곳의 '뉴타운' 재개발을 강행했다. 다

행히 박원순 시장이 당선되어 이 무모한 파괴 정책을 중단하고 개혁하게 되었으나, 실제로 해결해야 하는 과제가 너무나 크고 험란해서 결과를 예측하기 어려운 상태이다.

파괴의 문화

귀한 것일수록 '투기'가 일어날 가능성은 크다. 살아가는 데 꼭 필요하면서도 귀한 것이라면 더욱 더 그럴 것이다. 땅이 그 대표적인 예이다. 땅은 어디에나 있지만 사람들이 살아갈 수 있는 땅은 한정되어 있으며, 도시라는 곳에서는 땅의 이러한 절대적 한계가 인위적으로 더욱 더 커진다. 도시란 수많은 사람들이 땅을 둘러싸고 싸움을 벌이는 싸움터이다. 도시에서 우리는 다른 사람들에 대해 친근함을 느끼기보다 경계심을 갖게 되기 쉽다. 그 바탕에는 다른 사람들이 야기하는 공간적 과밀함의 문제가 있다.

> 과밀함을 구성하는 것은 무엇인가? 우리는 나무가 우거진 숲을, 그리고 자그마한 장신구들로 가득찬 방을 들먹일 수 있다. 그러나 주로 사람들이 과밀함을 일으킨다. 사물보다는 사람이 우리의 자유를 제한하고 우리에게서 공간을 빼앗는 것 같다(Tuan, 1977: 102).

그런데 이런 과밀함은 제인 제이콥스가 말하는 시민의 상호감시와 도시 안전의 확보를 위한 기초이기도 하다. 더 많은 지대와 이윤을 노리고 지역 주민을 추방하는 식으로 강행되는 파괴적 재개발은 이 점에서도 큰 문제를 안고 있다.

'선진사회'는 사람들이 땅을 놓고 짐승처럼 악다구니를 벌이지 않는 사회이다. '후진사회'는 절대적 한계가 명백한 땅이라는 재화를 누군가는 멋대로 이용하는 데, 다른 누군가는 생존에 필요한 최소한의 편익도 제대로 얻을 수 없는 사회이다. 곳곳에 들어선 화려한 고층 건물들의 뒤안에서 '지상의 방 한칸'을 마련하지 못해 종이상자를 뒤집어쓰고 추위와 싸우다가 결국 얼어죽는 사람들이 있는 사회는 '후진사회'도 아니고 아예 '야만사회'이다. 이런 점에서 땅을 둘러싸고 일상화된 '투기의 문화'는 결국 '파괴의 문화'라고 하지 않을 수 없다. 그것은 자연을 파괴하고, 사회를 파괴하고, 결국 우리 자신을 파괴하게 된다. 땅을 더 많은 돈벌이의 대상으로 타락시키고 어떻게 우리가 멀쩡하기를 바라겠는가?

한국에서 이런 파괴는 박정희 독재정권에서 시작되었다. 대표적인 예는 강경한 밀어붙이기 개발로 '불도저'라는 악명을 얻었던 육군소장 출신 김현옥 서울시장의 '세운상가' 건축이었다. 이 사업은 가난한 지역 주민들을 토벌하듯이 내쫓고 종묘에서 남산으로 이어지는 귀중한 공간을 거대한 시멘트 구조물로 메우는 엄청난 파괴적 재개발 사업이었다. 손정목은 이 사업을 '재개발사업이라는 이름의 도시파괴'로 규정했다.

> 김현옥 시장이 건축가 김수근을 부른 것은 1966년 7월 중순이었다. … 서울을 기막힌 이상도시로 만들어야 되겠다는 일념에 불타고 있던 김현옥의 당시 나이는 45세였고 한국건축을 크게 혁신하고자 했던 풍운아 김수근은 35세였다. … 김수근은 그 자리에서 세운상가의 설계를 의뢰받았으며 그 해 11월에는 서울시 도시계획위원으로 위촉되었다. (265~267)
>
> 대규모 국영용역업체를 설립한다는 결정을 내린 김종필은 우선 김수근을 불러 제일 먼저 상의했다. 워커힐 설계 이후부터 김종필과 김수근은 가히 친형제나 다름없을 정도로 절친한 사이가 되어 있었다. … '한국종합기술개발공사'라는 이름의 건설기술 종합용역업체가 설립된 것은 1965년 5월 25일이었고 … 이 회사의 초대사장은 군사정부 당시 경기도지사였고 육군소장으로 예편한 박창원이 맡았으나 실권자는 김수근 부사장이었다. 김수근은 1968년 4월에 이 회사의 제2대 사장이 되었고 1969년 7월까지 사장직에 있었다(269~270).
>
> 김 시장이 세운상가 건설에 바친 정열이 광적이었던 것처럼 이 건물군

> 의 기본설계를 담당했던 젊은 건축가들, 김수근·윤승중·유걸·김석
> 철 등이 이 설계에 쏟은 정열 또한 대단했다. 이 설계를 마친 후에 그들은
> 「서울시 불량지구 재개발의 일례: 종묘·남산 3~4가 지구」라는
> 글을 《공간》 1967년 9월호에 발표했다. … 그런데 나는 이 글을 읽으면
> 서 그들이 말하고자 하는 것이 무엇인가를 전혀 알 수가 없었다. 우리나
> 라 건축가들의 글이 대체로 어렵기는 하지만 이 글은 그 정도를 훨씬 넘
> 고 있다. 내가 이 글을 읽고 난 뒤에 느낀 것은 "김현옥 못지않게 설계자
> 들도 미치고 있었군"이었다(손정목, 2003ㄱ: 272)

김수근은 르 코르뷔지에의 '빛나는 도시'를 염두에 두고 이 사업을 추
진했던 것 같지만, 결국 확인된 것은 르 코르뷔지에가 틀렸다는 것이
었고, 김수근은 더 틀렸다는 것이었다.

'세운상가'는 그 자체로도 큰 문제였지만 재개발 제도를 악용할 수
있는 길을 열었다는 점에서 더 큰 문제였다. 서울, 인천, 부산, 대구,
광주, 대전 등의 대도시는 말할 것도 없고 전국의 모든 도시가 재개
발을 통해 '아파트 도시'로 변했다. 노태우 독재정권의 '주택 200만
호 건설사업'이 그 본격적인 계기였지만 그 시작은 박정희 독재정권
의 '세운상가' 건축과 '시민 아파트' 건축이었다. 이제는 이른바 '나
홀로 아파트'들도 흔하다. 교통이나 문화나 자연과 같은 요인들로는
더 많은 이윤을 향한 이 집요한 탐욕의 행군을 막을 수 없다. 고궁이
나 공원과 같은 한 지역의 훌륭한 사회적 자원은 더 많은 사적 이윤
의 원천으로 적극 활용되기 일쑤다. 군사적인 조건조차도 아파트를
향한 열망을 막기 어렵게 되었고, 토건국가와 투기사회의 병은 너무
깊어져서 폭발 직전에 이르렀다.

서울 강남에는 반포, 압구정동, 잠실 등 한국에서 가장 먼저 만들
어진 '아파트 신도시'들이 있다. 2000년대에 들어와서 이곳들은 거
의 모두 초고층 아파트 단지로 바뀌었다. 이곳들은 서울의 대표적인
저밀도 아파트단지로서 이제는 나무들이 아파트보다 높게 자라고 동

사라진 '세운상가'

일제 때 공습을 피하기 위한 소개공지로 조성되었다가 해방 후 불법 건물들이 난립했던 곳이나, 박정희 정권이 대대적인 개발을 결정해서 1967년 9월에 '세운상가'를 건립하기 시작했다. 준공되었을 당시에는 서울의 도심에 건설된 현대식 주상복합으로 큰 인기를 끌었으나 곧 퇴락했고, 이명박과 오세훈에 의해 초고층 재개발이 추진되어 2010년 12월에 북쪽 상가부터 철거되었다.

세운상가 재개발 계획 조감도

2009년 3월 19일에 '서울시 균형발전본부'가 발표한 '세운재정비촉진계획 결정'이라는 제목의 보도자료에 첨부된 '조감도'에서 잘 볼 수 있듯이, 이명박과 오세훈은 최고 32층의 건물을 짓는 계획을 강력히 추진했다. 그러나 이 무모한 세운상가 초고층 재개발 계획은 서울의 도심을 크게 훼손할 것이었다. 특히 세계문화유산 종묘의 경관이 크게 훼손될 것이 틀림없었다. 논란 끝에 2010년 5월 최고 21층의 건물들을 짓는 계획이 결정되었는데 이것도 기존의 15층보다 6층이 더 높은 것이기 때문에 상당한 문제이다. 2012년 10월 현재 서울시는 세운상가 재개발 계획을 중단하고 주민들과 협의해서 새로운 계획을 추진하기로 결정했다.

사이의 간격도 넓어서 아파트단지치고는 상당히 쾌적한 주거환경을 갖추고 있었다. 그러나 이 동네의 땅값으로 미루어 보자면, 저밀도 아파트는 자원을 마구 낭비하고 있는 셈이다. 어느 날 갑자기 5층에서 12층 정도의 아파트들이 모두 25층 이상의 아파트들로 바뀌면 어떻게 될까? 아니, 더 나아가 50층 이상의 아파트들로 바뀌면 어떻게 될까? 눈길이 막혀서 몹시 답답할 것이다. 더 큰 문제는 햇빛을 독식하고 바람길을 막게 되는 것이다. 서울의 대기환경이 갈수록 나빠지는 것은 서울의 고층화와 밀접한 연관을 맺고 있다. 그러므로 서울의 고층화를 통해 큰 이득을 취하는 사람들은 다른 사람들의 건강을 위협하고 그 이득을 취하는 셈이라고 할 수 있다.

이 '파괴의 문화'를 주도하는 것은 '있는 사람'들이다. 재벌을 대표로 하는 건설업자들과 개별적인 투기꾼들이 막대한 투기적 이윤을 위해 이 나라를 '파괴의 문화' 속으로 깊이 밀어 넣었다. '선진사회'의 눈으로 보자면, 이 황당한 짓은 아직도 끝날 기미를 보이지 않고 있다. 정부의 잘못된 정책은 이 황당한 짓의 끝차이다. 박정희 독재정권은 부동산 투기를 경제 활성화의 수단이자 정치자금의 원천으로 이용해 왔다(유현, 2004). 그 뒤의 민주 정권들도 박정희, 전두환, 노태우 독재정권이 확립해 놓은 토건국가와 투기사회의 문제를 해결하지 못하고 계속 악화시켰다. 이 때문에 이미 오래 전에 크게 축소되었어야 하는 토건업이 아직도 병적인 비만 상태에서 국토의 파괴와 경제의 왜곡을 야기하고 있다. 투기꾼은 '공공의 적'이다. 투기를 부추기는 정부는 더욱 더 큰 '공공의 적'이다. 정치개혁은 '파괴의 문화'를 바로잡는 데서도 핵심적인 과제이다.

투기의 문화

아파트는 크게 '저밀도 아파트'와 '고밀도 아파트'로 대별된다. 저밀도 아파트는 층수가 낮고 동 사이의 간격이 넓은 아파트를 가리킨다. 반대로 고밀도 아파트는 층수가 높고 동 사이의 간격이 좁은 아파트를 가리킨다. 1990년대 이후 재개발되었거나 재건축된 아파트는 모두 고밀도 아파트이다. 노태우 독재정권이 '200만호 주택 건설사업'을 하면서 대대적으로 건축법을 완화했기 때문이다. 1972년 10월 17일 박정희는 유신 쿠데타로 영구집권을 획책하고, 같은 해 12월 30일 '주택건설촉진법'이라는 '개발 위주 악법'을 제정했다(이규목, 2002: 114~115). 이어서 1985년에 전두환은 다세대주택을 만들었고, 1990년에 노태우는 다가구주택과 고밀도 아파트를 추진했다. 이 과정에서도 건축법도 계속 개악되었다. 오늘날 한국은 그냥 '아파트 공화국'이 아니라 '고밀도 아파트 공화국'이다. 더 많은 지대와 이윤을 노린 초고층 콘크리트 욕망탑들이 전국 곳곳에 어지럽게 들어서 있다.

어떤 건물이건 시간이 지날수록 낡고 값이 떨어지게 마련이다. 아파트도 마찬가지이다. 오래된 아파트는 싸고 새로 지은 아파트는 비싸다. 그런데 정말 이상한 일이 이 나라에서는 버젓이 일어난다. 거의 30년 전에 지은 13평짜리 아파트가 8억이라는 어마어마한 돈에 팔리는 것이다. 도대체 어떻게 해서 이런 있을 수 없는 일이 벌어지는가? 이런 돈을 주고 그런 집을 사는 사람이 과연 제정신인가? 건축적 가치를 따지자면, 이 나라에 지어진 수많은 아파트들 중에서 보존할만한 가치가 있는 것은 거의 없는 것으로 보인다. 문제의 '13평짜리 아파트'도 마찬가지다. 그런데 왜 그렇게 큰 돈을 주고 이런 아파트를 사는가? '원인은 한가지, 돈이 많아서'이며, 그 많은 돈을 더 늘리기 위해서다. 병적인 부동산 투기가 파괴의 동력이며, 재개발과 재건축을 왜곡하는 원천이다.

정도의 차이는 있겠지만, 이 나라의 모든 아파트는 투기와 관련을 맺고 있다. 대부분의 사람들에게 아파트를 고르는 첫번째 조건은 '투자가치'이다. 얼마나 잘 지었으며, 얼마나 조용하고, 얼마나 넓은 공간을 가지고 있으며, 얼마나 훌륭한 문화시설을 갖추고 있는가는 '투자가치'보다 큰 관심의 대상이 아니다. 아파트 값은 때로 하루가 다르게 변하기도 하기 때문에, 그리고 서울에서 아파트 값이 내려가는 경우란 거의 없기 때문에, 살게 될 아파트로 얼마나 많은 돈을 벌 수 있을까 하는 것이 아파트를 고르는 가장 중요한 조건이 된다. 그러나 이런 '합리적 투자'에는 흔히 투기적 관심의 그늘이 드리워져 있기도 하다. 그리고 결국 투기적 관심은 경제 위기로 폭발하게 된다. 일본의 '잃어버린 10년'이 그 생생한 예이며, 우리의 '하우스 푸어'도 그렇다(홍성태, 2011).

아파트가 생활공간과 생산수단의 성격을 동시에 가지게 된다면, 어떤 성격이 지배적인 성격이 될까? 당연히 생산수단일 것이다. 생산수단을 잘 이용해서 더 많은 이윤을 올릴 수 있다면, 더 좋은 생활공간을 구하는 것은 아주 쉬운 일이기 때문이다. 박정희 독재정권의 '조국 근대화' 이래 아파트를 통해 떼돈을 버는 일은 너무나 당연한 일이 되어 버렸다.

> ...투기문화의 원류는 바로 경부고속도로의 착공 이후 이른바 강남 개발•붐이 일면서부터였다. 강남 개발과정에서 일부 재벌과 특권층을 중심으로 한 토지 투기가 그 전반기의 특징이라면, 복부인을 중심으로 사회 전역으로 확산되어 간 아파트 투기가 후반기의 두드러진 특징이었다. 여기서 가장 중요한 사실은 바로 이러한 강남의 투기바람이 사회 전역으로 확대되면서 우리 사회에는 고칠 수 없는 하나의 만성병, 즉 부동산 투기병이 자리잡기 시작했다는 사실이다(신한종합경제연구소, 1991: 63).

이런 변화의 이면에 사람들이 아파트를 삶의 텃밭으로 생각하기보다 이윤을, 그것도 투기적 이윤을 거둘 수 있는 생산수단으로 생각하게 되었다는 사실이 자리잡고 있다. '얼마 주고 샀어요?'와 '얼마 올랐어요?'가 아파트를 보는 일차적인 관점으로 확고하게 자리잡았다. 이런 상황에서는 건축이 활발히 행해져도 건축은 중요하지 않다.

　요즘은 '떴다방'이라는 전문가들이 아파트 투기의 주범으로 지탄받고 있지만, 오랫동안 아파트 투기를 대표하는 존재는 '복부인'이었다. 사실 아파트 투기의 가장 큰 주체는 토지주택공사(LH공사)와 재벌 건설사들이다. '복부인'이 보여주는 진짜 문제는 '투기의 문화'가 사회 전체로 확산되었다는 것, 그것도 절대적으로 한정된 재화인 토지를 둘러싸고 그런 '투기의 문화'가 일상화되었다는 것이다.

> 주택의 사용가치보다는 교환가치가 훨씬 우월한 사회에서 공동체는 살아남을 수 없는 것은 아닌가? 모든 시민들이 살기 위해 아파트에 거주하는 것이 아니라 팔기 위해 아파트를 구입한다는 것은 늘 이사갈 준비를 하는 것을 의미하며, 이는 '이웃과 더불어 살' 시간과 공간을 포기하는 일이다. 그래서 이는 사는 것이 아니라 대기하는 것이다. 거주하는 집을 '대합실'처럼 활용하는 것이다. 거칠게 얘기하자면, 이 나라 사람들은 집 속에 살고 있는 것이 아니라 모두 대합실에서 '대기'하고 있는 것이나 다름없다(정기용, 2008: 22).

박정희 독재정권이 확립한 토건국가와 투기사회의 구조 속에서 주거는 본래의 가치를 잃어버리고 우리는 존재의 의미를 잃어버렸다. 우리는 우리의 존재 자체에까지 깊이 스며들어 있는 독재의 문제를 올바로 성찰해야 한다. 자신에 대한 성찰과 개혁은 진정한 주체의 핵심적인 요건이다. 이것은 투기의 위협이나 탐욕에서 비롯되는 대기 상태에서 벗어나 존재의 의미와 건축의 가치를 올바로 되살리기 위해서도 필수적인 과제이다.

【참고자료】

김민수(2009), 『한국 도시디자인 탐사』, 그린비
박용남(2000), 『꿈의 도시 꾸리찌바』, 이후

손정목(2003ㄱ), 『서울 도시계획 이야기1』, 한울

손정목(2003ㄴ), 『서울 도시계획 이야기2』, 한울

이규목(2002), 『한국의 도시경관』, 열화당

정기용(2008), 『사람 건축 도시』, 현실문화

홍성태(2011), 『토건국가를 개혁하라』, 한울

유현(2004), '투기의 뿌리, 강남공화국', 〈MBC- 제는 말할 수 있다〉, 2004년 4월 11일

Berman, Marshall(1982), All that is Solid Melts into Air, Penguin Books

Harvey, David(1990), The Condition of Post—Modernity, Blackwell

Sennett, Richard(1994), 임동근 외 옮김(1999), 『살과 돌 – 서구 문명에서 육체와 도시』, 문화과학사

Tuan, Yi-Fu(1977), 구동회 · 심승희 옮김(1995), 『공간과 장소』, 대운

가우디의 `카사 밀라'

좋은 건축을 위하여

좋은 건축을 찾아서

'건축'이나 'architecture'에 해당되는 우리 말은 '짓기'이다. 이 말은 '만들기'라는 뜻을 갖고 있으며 대단히 다양한 상황에 사용된다. 집을 짓다, 밥을 짓다, 옷을 짓다, 웃음을 짓다, 이야기를 짓다, 죄를 짓다 등 그 용례는 아주 다양하다. '짓다'는 말은 '살다'는 뜻을 담고 있지는 않지만 살기 위해 해야 하는 여러 행위들과 살면서 하게 되는 여러 행위들을 모두 포괄한다. 건물을 짓는 것은 안정적인 생존과 생활의 장소를 만드는 것이다. 건물 안에서 우리는 여러 행위들을 자유롭게 행할 수 있게 된다. 이런 점에서 건물을 짓는 것은 여러 행위들의 기반을 만드는 것이라고 할 수 있다.

그런데 좋은 건축이란 어떤 것일까? 좋은 건축은 여러 행위들의 좋은 기반을 만들고 좋은 거주를 이루는 것이라고 할 수 있다. 그러나 건축은 궁극적으로 그 결과인 건물에 의해 평가되니 좋은 건축도 역시 좋은 건물을 통해 평가될 수 있을 것이다. 좋은 건물은 여섯 가지 요건을 기준으로 생각해 볼 수 있을 것 같다. 안전성, 생태성, 편리성, 조화성, 역사성, 심미성이 그것이다. 물론 여기서 건축의 결정과 시행 과정이 모두 투명하게 이루어져야 한다는 것은 당연한 전제이다. 투명한 외형을 취하고는 몇몇 전문가들이 모여서 결정하고 시행하는 건축은 그 자체로 큰 문제이다.

첫째, 안전성. 건물은 사람을 보호하기 위해 짓는 것이다. 그러니 건물은 무엇보다 먼저 안전해야 한다. 안전하지 않은 건물은 존재할 가치가 없다. 우리는 삼풍백화점의 교훈을 결코 잊지 말아야 한다. 그 사고로 불과 몇 분만에 무려 502명이 죽었다. 삼풍백화점 붕괴사고라는 참사를 일으킨 것은 건축기술이 아니라 비리와 부패이다. 삼풍백화점 붕괴사고를 일으킨 부실 사회의 문제는 아직도 완전히 해결되지 않았다(홍성태, 2007). 안전한 건축기술도 비리와 부패에 휘둘리면 불안과 사고의 원천이 될 수 있다. 그리고 지진, 해일, 화재, 테러 등에 적극 대비해야 할 필요는 계속 커지고 있다. 건물을 안전하게 짓고 쓰기 위한 건축의 책임이 갈수록 커지고 있는 것이다.

둘째, 생태성. 생태위기의 악화에 따라 생태성이 갈수록 중요해지고 있다. 현대 건물은 건축과 유지의 모든 면에서 심각한 반생태성의 문제를 안고 있다. 현대 건물은 석유, 철강, 유리 등 엄청난 양의 자원을 소모한다. 한국을 비롯한 개발된 나라들에서 석유의 소비는 자동차가 1위, 건물이 2위를 차지하고 있다. 또한 우리는 자연 속의 존재이다. 자연의 위기는 우리 자신의 위기로 이어질 수밖에 없다. 자연을 교란시켜 발생하는 아토피를 비롯한 이른바 '환경병'은 그 단적인 예이다. 이런 점에서 생태성은 안전성과 동전의 양면을 이루고 있기도 하다. 다음과 같은 김원의 지적에 우리는 참으로 귀 기울여야 한다.

> 주거에 있어서 가능한 한 최대한의 자연을 회복한다는 일이 하나의 이상에 불과한 것이라고 포기되어서는 안 된다. 그렇게 말하는 것은 적어도 건축가에게서는 게으르고 무책임한 범죄행위라고 할 수 있다(김원, 1999: 16).

> 지금 현대 건축은 질의 향상이라는 미명 하에 인류문화 전반에 대한 안목이 없이 무한정한 탐욕으로 그릇된 방향을 설정하고 있고, 그것은 인류공동의 파멸의 길로 치닫고 있다고 보인다. 문제는 이 욕구에 한계를 설정하는 일이 아니라 오히려 지금까지의 맹목적 발전단계에 대한 반성과 그

후의 방향설정이라고 보아야겠다(김원, 1999: 21).

셋째, 편리성. 건물은 편리해야 한다. 그러나 그것이 경제적 혹은 공학적 편리성으로 획일화되어서는 안 된다. 안전성과 달리 편리성은 커다란 생리적, 문화적 차이를 내포하고 있는 기준이다. 젊은이에게 편리한 것이 노인에게는 불편하며, 남성에게 편리한 것이 여성에게는 불편하며, 서양에서 편리한 것이 한국에서는 불편하다. 편리성은 획일적으로 구현될 수 없다. 편리성이 올바로 구현되기 위해서는 생리적, 문화적 차이를 세밀히 검토하고 존중해야 한다. 편리성은 획일적인 최대 효과를 추구하는 경제적 효율성이나 효용성과는 크게 다른 것이다.

넷째, 조화성. 조화성은 대체로 두가지로 나누어 살펴볼 수 있는데, 하나는 주변의 다른 건물들과의 조화이고, 다른 하나는 주변의 자연과의 조화이다. 낮은 건물들이 많은 곳에서 불쑥 솟아오르는 고층건물은 명백한 폭력이며, 산을 부수고 가로막고 들어서는 고층건물은 명백한 파괴이다. 삼성의 '종로 타워'가 주변의 다른 건물들과의 조화를 무시한 대표적인 사례라면, '서울대학교 제2공학관'은 주변의 자연과의 조화를 무시한 대표적인 사례이다. 오세훈 서울시장 때 결정된 서울시 신청사가 잘 보여주듯이 주변과의 조화를 무시한 파격적인 건물은 파괴적인 건물이 되기 십상이다.

다섯째, 역사성. 어떤 장소의 역사는 그곳만의 유일무이한 자원이기도 하다. 이런 점에서 역사성은 단지 역사로서 존중해야 하기 때문에 지켜야 되는 것이 아니라 장소의 가치를 키우기 위해서도 지켜야 되는 것이다. 이와 관련해서 르 코르뷔지에의 건축에 의해 큰 영향을 받은 근대 건축은 대단히 큰 문제를 안고 있다. 르 코르뷔지에의 근대 건축은 몰역사와 비인간의 기계적 건축이다. 이에 대해 우리는 정기용의 비판에 귀 기울일 필요가 있다. 정기용의 비판은 르 코르뷔지에를 모방했던 김수근을 향한 것이기도 하다.

> 지우기보다는 있는 것으로부터 가치를 찾으려는 태도가 실종된 것은 모
> 더니즘의 기수들의 오해에서도 비롯된 것이다. 특히 르 코르뷔지에가 제
> 안한 파리를 대상으로 한 '빛나는 도시'는 지속되는 삶의 시간성을 배제
> 한 극단적인 제안이었다. 파리의 오래된 중심지인 마레 지역을 쓸어내고
> 220미터 높이의 고층 빌딩으로 가득 찬 업무지구로 전환시키려는 제안
> 은, 르 코르뷔지에 자신의 건축적 의지를 실현하려는 대가로 중세 이래로
> 축적된 도시의 흔적과 기억을 제물로 바치려는 것과 같다. 그것은 가상적
> 인 제안이 아니라 의도된 살인 행위다. 이는 비단 르 코르뷔지에에게만
> 국한된 이야기는 아니다(정기용, 2008: 47).

> 역사적 가치란 다시 생산될 수도 없고 대체할 수도 없는 가치를 말한
> 다. 따라서 삶의 연속선상에서 지속되어야 할 '시간의 가치'가 거주하는
> 공간이 바로 유적들이다. 유적에는 오래된 과거의 것만이 아니라 우리가
> 보편적으로 역사적 가치로 인식하는 가까운 과거들도 포함된다. 그것은
> 시간의 길이로 재는 것이 아니라 공유하는 기억의 무게로 결정하는 것이
> 다(정기용, 2008: 48).

여섯째, 심미성. 아름다운 건물은 아름다운 사회의 핵심적인 요건이
다. 그러므로 심미성은 중요한 사회적 의미를 지닌다. 추한 건물들이
늘어선 아름다운 사회란 있을 수 없다. 어떤 사회의 아름다움을 외적
으로 가장 명확하게 나타내는 것은 바로 건물이다. 그러나 심미성은
건축가의 개성이 가장 잘 드러나는 기준이다. 따라서 심미성이야말로
가장 주관적인 기준이라고 할 수 있다. 안전성, 생태성, 편리성, 조화
성, 역사성이 사회적 기준이라면, 심미성은 개인적 기준이라고 할 수
도 있다. 이 때문에 심미성을 무엇보다 앞세우는 건물은 사회적 기준
을 무시하는 문제를 안고 있기 십상이다.

난개발의 문제

건축에 대한 내 관심은 사실 도시에 대한 관심에서 비롯되었다. 그리고 그 바탕에는 자연과 공간에 대한 더 넓은 관심이 놓여 있다. 잘 알다시피 한국의 도시는 많은 문제들을 안고 있다. 물리적으로 오늘날 한국의 도시는 아파트, 자동차, 전봇대-전깃줄이라는 세가지 대상으로 대표되는 것 같다. 여기서 한 걸음 더 나아가 오늘날 한국의 도시는 이 모든 것들이 제멋대로 뒤섞여 있다. 도무지 '난개발 도시'가 아닌 도시를 찾아볼 수 없다. 어떻게 해서 이렇게 되었을까? 왜 한국의 도시는 모조리 '난개발 도시'인가? 법이 없는가? 행정이 없는가? 전문가가 없는가?

난개발이 만연한 한국에서 좋은 건축을 하기는 너무나 어려운 것 같다. 좋은 건축가와 좋은 건축가가 없기 때문이 아니라 좋은 건축이 이루어질 수 있는 사회적 여건이 제대로 마련되어 있지 않기 때문

폐허가 된 고층 아파트 단지
경기도 이천 부근의 폐허가 된 고층 아파트 단지이다. 토건국가와 투기사회의 구조 속에서 40년 이상 지속된 고층 아파트 건설은 이렇게 거대한 콘크리트 쓰레기를 곳곳에 남겨 놓으며 종말을 고하고 있는 것으로 보인다. 그러나 토건국가와 투기사회의 구조를 개혁하지 않는 한, 이렇듯 무모한 콘크리트 쓰레기 생산은 결코 종식되지 않을 것이다.

이다. 좋은 건물의 기준을 두루 지키며 건축을 하는 것이 한국에서는 여간 어려운 것이 아니다. 사실 한국만이 아니라 어디에서고 아마 그럴 것이다. 그러나 한국의 상황은 좀더 좋지 않은 것 같다. 전국을 뒤덮은 난개발의 광기에 질린 사람이라면 누구라도 그렇게 생각하지 않을 수 없을 것이다. 난개발을 당연한 것으로 여기는 강력한 토건국가와 투기사회의 구조를 개혁해야 한다.

한국에서는 좋은 건축을 적극적으로 추구하는 것이 아니라 난개발의 문제에 필사적으로 대처하는 것이 더 절실한 과제인 것 같다. 난개발은 무엇보다 조화성을 지키지 않는 건물들로 나타난다. 작은 주택들이 들어서 있는 곳에 갑자기 고층 아파트가 들어서고, 숲이 우거져 있던 산등성이가 박살나더니 갑자기 고층 아파트가 들어선다. 어느덧 아파트는 한국을 대표하는 건물이 되었다. 한국은 말 그대로 '아파트 공화국'이며, 아파트는 한국 건축문화의 상징이다. 그러나 아무 곳에나 들어선 아파트로 대변되는 난개발은 공간을 최대이윤의 도구로 여기는 토건국가와 투기사회의 구조적 산물이다. 아파트 공화국은 심하게 병든 나라이다.

조금 신랄하게 말해서, 아파트는 거대한 콘크리트 절벽을 세우고, 거기에 수십에서 수백개의 구멍을 뚫고, 다시 그 안을 이리저리 나누어서 방을 만든 것이다. 그것은 거대 콘크리트 구조물형 주택이다. 아파트가 우리의 주거문화를 대표하게 된 것은 건설업을 강력히 육성하고 투기를 맹렬히 부추겨서 급속한 경제성장을 이루고자 한 개발독재의 구조적 유산이라는 성격을 갖는다. 개발독재는 대량생산과 최대이윤이라는 근대의 이상을 실현하는 유력한 방식으로 아파트의 건설을 강력히 추진했다. 그 결과로 토건국가와 투기사회의 문제가 구조화되었고, 콘크리트 구조물에 의거한 주거의 획일화가 병적으로 강화되었다. 아파트 공화국의 개혁은 개발독재의 개혁과 직결되어 있다.

가우디의 '카사 밀라'

1984년에 유네스코 세계문화유산으로 등록된 '카사 밀라'는 스페인 바르셀로나에 있으며, 1905년에 설계되어 1906~1910년에 시공되었다.

아파트 공화국에서 좋은 건축이 이루어지기는 어렵다. 안토니오 가우디의 '카사 밀라'(1905)처럼 아파트도 중요한 건축의 대상이지만 대량생산 콘크리트 아파트는 그렇지 않다. 그것은 '건축'이 아니라 '건설'의 대상이다. 아파트 공화국은 건축 공화국이 아니라 건설 공화국이다. 아파트로 대표되는 난개발의 문제를 해결하는 것은 좋은 건축을 위한 사회를 형성하는 것이다. 그러므로 난개발은 단지 건축의 문제에 그치지 않는다. 그것은 대량생산과 최대이윤의 덫에 사로잡혀서 '상호가해적 개발'의 경쟁이 끝없이 펼쳐지는 한국 사회의 문제를 적나라하게 보여주는 생생한 증거이다. 따라서 난개발의 문제를 해결하는 것은 '진정한 선진화'의 길로 나아가는 것이다.

난개발은 주변과의 조화를 거부하는 고층 건물로 대변되지만, 고층 건물은 반생태성이라는 점에서 그 자체로 심각한 난개발의 문제를 안고 있다. 2007년 3월에 도곡동의 '타워 팰리스'와 분당의 '파크뷰'의 주민들은 전기세 누진제에 크게 반발해서 집단행동을 벌였다. 그러나 전기세 누진제는 전기라는 공공재를 모든 사회 구성원들이 공평하게 쓰기 위한 기본적인 제도이다. 잘못된 것은 누진제가 아니라 애초에 '전기 먹는 괴물'로 지어진 초고층 건물이다. '초고층 난개발'은 좋은 건축에 대한 거대한 위협일 뿐만 아니라 건축의 차원을 넘어선 커다란 사회적 위협으로 이어질 수 있다. 민주적 공공성은 공간의 공공성을 핵심으로 하며, 오늘날 그것은 무엇보다 초고층 난개발의 저지로 구현되어야 한다.

좋은 건축을 위해서 아파트만이 아니라 전봇대와 전깃줄에 대해서도 큰 관심을 기울여야 한다. 한전 경영 쪽에서는 전국에 수많은 전봇대와 전깃줄이 설치되어 있으니 그냥 참고 살아야 한다고 주장하고, 노동 쪽에서는 '신자유주의'를 극복해야 다른 문제들과 마찬가지로 이 문제도 해결될 수 있다고 주장한다. 한전뿐만 아니라 KT도 문제이다. 2010년 현재 전국의 전봇대는 한전 834만 개, KT 399만 개 등 무려 1,200만개를 훨씬 넘고, 여기에 가설된 전깃줄은 지구 40바퀴를 훨씬 넘을 것이다. 이 때문에 많은 곳에서 건물의 사진조차 온전히 찍기 어려운 실정이다. 진정한 선진화를 위해 전봇대를 뽑고 가로수를 심자.

난개발에 맞서서 좋은 건축을 이루기 위해서는 무엇보다 건축가와 건축주의 협력이 원활히 이루어져야 한다. 사적 부문은 토건국가와 투기사회의 구조 속에서 극심한 '상호가해적 개발'의 덫에 빠져 있기 때문에 난개발의 극복은 무엇보다 먼저 공적 부문에서 선도해야 한다. 이 점에서 정기용의 '기적의 도서관'과 '무주 건축'은 대단히 중요한 사례이다. 그런데 이 중요한 성과가 이루어질 수 있었던 것은 정기용의 헌신과 노력뿐만 아니라 해당 지자체의 적극적인 관심과 참여가 있었기 때문이다. 사실 준비된 건축가들은 적지 않다. 그러나 지자체가 좋은 건축을 올바로 추진하지 않으면 건축가들은 무력하게 되기 십상이다.

좋은 예가 바로 '쓰나미 괴건물'로 비난받고 있는 서울시 신청사이다. 화려한 파괴라고 해야 할 이 괴이한 형태의 유리 온실형 건물은 무려 3,000억원에 이르는 막대한 혈세를 탕진하고 지어졌다. 이 건물은 상당한 내부 공간을 과열 방지 공간으로 사용해야 하고 이 때문에 서울시 직원의 50%도 수용할 수 없다. 문화재인 구청사를 파괴하고 무려 3,000억원의 혈세를 퍼부어서 지은 신청사가 반생태와 반실용의 극치인 것이다. 서울시 신청사는 공적 부문에서 저지른 화려한 난개발의 대표적인 사례라고 할 수 있다. 이런 문제를 막기 위해 시민들의 적극적인 관심과 참여가 무엇보다 중요하다.

종속성의 문제

한국 건축을 짓누르고 있는 또 하나의 바위덩어리는 바로 종속성이다. 이 문제는 사실 건축을 떠나서 한국의 학계, 경제계, 정치계, 심지어 사회운동계에도 만연해 있는 것이라고 할 수 있다. 난개발과 달리 종속성은 때로 근사한 모습으로 나타나기도 한다. 그래서 종속성은 오히려 '선진성'으로 여겨지기도 한다. 종속성은 쉽게 말해서 주체성을 상실한 상태이다. 종속성에 물든 사람은 자신을 종속적 존재로 만든 세력과 동일시한다. 그리고 자신의 뿌리를 모욕하고 혐오한다. 따라서 종속성에 물든 사람은 강시와 같은 존재가 되고 만다. 그것은 살아 있으되 죽은 것이나 다름없다.

종속성은 한국을 올바로 이해하기 위한 핵심어이다. 그것은 비단 일제의 강점사에만 국한되지 않는다. 중국보다 더 중국적이고자 했던 조선에서 고상한 유교의 이념은 그 힘이 강하면 강할수록 더욱 더 강력한 종속성의 원천으로 작용했다. 조선의 많은 지식인들이 이 문제를 지적하고 한탄했다. '실학'이 등장하기 훨씬 전부터 그랬다. 예

컨대 조선의 문장가이자 정치가였던 장유는 『계곡만필』(1630년경)에
서 아예 "중국에는 학자가 있으나 우리나라에는 학자가 없다"(장유,
1630: 71)고 통탄했다. 모두 정자나 주자만 외울 뿐 우리의 현실을
탐구하거나 자기의 생각을 주장하는 학자를 거의 볼 수 없기 때문이
었다. 또한 조선의 정치가였던 김시양은 『부계기문』(1640년경)에서
"우리나라 사람은 비록 박습하고 통달하고 뚫어질 듯 관통하고 있는
사가라고 이름이 있는 자도 일찍이 동국의 역사는 읽지 않는다"(김시
양, 1640: 227)고 질책했다. 대부분의 사가가 오직 중국사만 달달 외
웠던 것이다.

이런 병적 상태는 지금도 별로 개선되지 않았다. 오늘날에는 아예
영어를 공용어로 함께 쓰자는 주장을 펴는 세력이 '보수'의 대표로
나서고 있으며, 사회과학 분야의 박사와 교수는 거의 대부분 미국 대
학의 학위자들이다. 식민지에서 해방되고 70년이 가까운 세월이 흘
렀고, 어느덧 세계 10위권의 경제대국이 되었어도, 종속성은 여전히
한국의 심각한 고질병이다. 건축에서도 그렇다. '외래 대 전통'의 대
립이라는 형태로 한국 건축의 독자성을 폄하하는 문제가 심각하다.
다음과 같은 김봉렬의 의견은 여전히 적실하다.

해방 이후 본격적으로 수입된 서구 건축과 문화의 수용문제, 그리
고 상대적인 전통문화의 보존과 계승의 문제는 꺼지지 않는 논쟁과
갈등의 불씨였다. 모더니즘이 본격적으로 수용된 60년대는 물론, 90
년대 세계화 정책에 맞추어 성행한 유럽 건축사조의 범람 속에서도
갈등은 그치지 않았다. '외래문화 대 전통'이라는 이분법적 사고의
틀을 극복하지 못하는 한, 세계건축의 첨단적 흐름에 편입하지도, 이
른바 한국적 건축의 독자성을 이룩하지도 못한 채 끝없는 방황과 소
모적 좌절에 빠질 것이다(김봉렬, 1999: 45).

1990년대 이후 외국의 유명 건축가들이 설계한 건물들이 크게 늘

어나면서 한국의 건축에서 종속성의 문제는 더욱 악화되고 있다. 오늘날 공학은 어떤 건물이든 지을 수 있다고 호언장담한다. 종속성의 문제를 악화시킨 외국의 유명 건축가들은 '최고의 예술'을 주장하고 있지만 사실은 '기술의 포로'에 가깝다. 이들이 설계한 희한한 건물에서 두드러지는 것은 사실 예술적 독창성이 아니라 어떤 형태이건 만들 수 있는 현대 기술의 능력이다. 이런 점에서 종속성을 악화시키는 외국의 유명 건축가들은 이 땅을 외국의 식민지이자 기술의 식민지로 만들고 있는 것 같다.

사실 건축에서 종속성의 문제는 이미 1980년대 초부터 크게 불거지기 시작했다. 광화문의 교보빌딩(1984년 준공)이 그 대표적인 예이다. 이 건물의 설계자는 미국의 건축가 시저 펠리이다. 그는 도쿄에 있는 주일 미국 대사관을 설계했다. 교보생명보험의 창업자인 신용호 회장이 이 건물을 보고 반해서 시저 펠리에게 같은 형태의 건물을 설계해 달라고 요청했다. 시저 펠리는 고종의 기념비전이 있기도 한 광화문 네거리의 역사성을 살린 새로운 건물을 설계했으나 신용호 회장이 완강히 거부했다. 그래서 광화문 네거리의 초입이라는 상징적인 장소에 외벽 형태가 일본의 다다미 바닥을 연상케 하는 거대한 판상형의 주일 미국 대사관 모방 건물이 들어서게 되었다. 여기서 나아가 신용호 회장은 전국 곳곳에 이 건물의 복제품을 지었다. 노원

광화문 교보빌딩

도쿄 주일 미국 대사관

의 교보생명과 강남의 교보타워는 그 중요한 예외이지만 이 건물들도 마리오 보타라는 외국 건축가가 설계한 것으로서 역시 종속성의 문제를 안고 있다.

라파엘 비뇰리가 설계한 삼성의 '종로 타워'(1999년 준공)도 종속성의 중요한 예이다. 이 흉칙한 건물은 전체적으로 사이버 룩 스타일 외관에 공룡의 등뼈를 떠올리게 하는 뒷면과 매스를 없애고 비워둔 상층부 등의 극히 도발적인 외모로 이목을 끈다. 그러나 그것은 엄청난 역사적 파괴의 상징이다. 그 자리에는 최초의 근대건축가인 박길룡의 '화신백화점'이 있었다. 그것은 '근대 서울'의 상징이었다. 나아가 보신각 앞의 그 자리는 '고도 서울'의 상징이기도 하다. 이 건물을 보노라면 라파엘 비뇰리라는 건축가의 자부심이 지나쳐서 자만심으로 비틀어졌다는 생각을 하게 된다. 렘 콜하스가 설계한 '서울대학교 미술관'(2005년 준공)도 비슷한 문제를 안고 있다. 생태 파괴 논란을 거치고 어렵게 들어선 이 건물은 미술관보다는 거대한 채유시설이나

서울대학교 미술관
'삼성 종로 타워'는 라파엘 비뇰리를 위한 건물이고, '서울대학교 미술관'은 렘 콜하스를 위한 건물이다. 건축주와 건축가의 자기 자랑이 두 건물의 가장 명료한 특징이다.

잘못 지어진 창고를 떠올리게 한다. 그 자리는 본래 숲이 우거진 동산이었다. 과연 이 건물이 우거졌던 숲을 파괴할 가치가 있는 것인지, 과연 이 건물이 서울대학교를 대표할 가치가 있는 것인지, 생각해 보지 않을 수 없다. 공교롭게도 이 건물은 삼성이 기부한 것이다. 삼성은 외국 유명 건축가들을 아주 좋아한다.

건축가의 책임

architecture는 '근본적인 기술'일 뿐만 아니라 '최고의 기술'을 뜻하기도 한다. 본래 그것은 단순히 건물만을 짓는 것이 아니라 오늘날 토목으로 분류되는 분야나 기계제작까지도 포괄했다. 그러나 근대에 들어와서 다른 모든 분야와 마찬가지로 '최고의 기술'도 전문화되어서 '건물의 설계'를 가리키는 것으로 좁혀졌다. 그렇기는 해도 좋은 건축은 여전히 '최고의 기술'을 지향하지 않으면 안 된다. 좋은 건물을 짓기 위해서는 자연, 사회, 인문을 오가는 여러 지식과 경험이 필요하기 때문이다. 이런 점에서 건축가의 가장 중요한 덕목은 민주성인 것 같다. 민주주의와 지식사회의 상황에서 이것은 더욱 더 분명하다. 그리고 건물은 결국 건축주와 건축가가 아니라 이용자를 위해 존재해야 하는 것이다. 비록 도시를 대상으로 한 것이기는 하지만, 다음과 같은 로저스의 주장은 건축을 위해서도 중요하다.

> 도시는 내부의 여러 사회들이 갖고 있는 가치관, 공감대, 결의들의 반영에 지나지 않는다. 그러므로 도시의 성공은 시민과 정부에 의해 결정되며, 시민과 정부가 '사람내음' 풍기는 도시 환경을 만들기 위해 우선순위를 두는 곳에 따라 좌우된다. ... 새로운 형태의 시민의식은 오늘날 도시의 요구에 부합하도록 개선되어야 한다. 시민참여에 더욱 비중을 두어야 하며, 진일보한 지도력이 시급하다. 의사결정 과정에 각 지역 사회를 동참시키려면 도시 환경이 교육의 필수 과정이 되어야 하고, 국가 인정 교

과들 가운데 하나가 되어야 한다. 아이들에게 일상적 도시 환경을 가르침으로써, 그들이 도시를 존중하고 나아가 개선하는 일에 참여하도록 북돋을 수 있다. 도시 자체가 하나의 거대한 교육장이자 살아 있는 실험실이 될 것이다(Rogers, 1997: 17).

난개발과 종속성은 건축의 밖에서 건축에 가해지는 문제의 성격을 크게 갖는다. 그러나 이 문제는 분명히 밖의 문제이자 안의 문제이다. 요컨대 건축의 주체로서 건축가의 책임이 여기에 깊이 연관되어 있는 것이다. 인터넷에서 자료를 찾다가 다음과 같은 구절을 보게 되었다. '건축의 미래를 준비하는 모임'이라는 곳에서 1993년 6월 23일에 발표한 ''93 건축가선언'이라는 것의 일부이다.

> "...건축가는 자기 철학을 가지고 사회와 환경을 개선하려는 의지가 충만하여야 하며 건축문화 창달의 진정한 주역으로서 이 시대의 역사와 경제 · 사회 · 문화를 건축으로 창조하는 사람이다. ..."

대단히 정확하고 바람직한 주장이 아닐 수 없다. 그러나 현실은 어떤가? 20년 가까운 시간이 지나면서 이 정확하고 바람직한 주장은 어느 정도나 실현되었는가? '이 시대의 역사와 경제 · 사회 · 문화를 건축으로 창조하는 사람'으로서 건축가는 이 사회의 어디에서 볼 수 있는가? 아니, 건축가의 사회적 가치와 책임을 올바로 알리는 일은 과연 어느 정도나 성과를 거두었는가?

좋은 건축을 이루는 것은 사회 구성원 모두의 책임이다. 그러나 그 중에서 건축가의 책임은 단연 크다. 건축가는 좋은 건축을 업으로 하는 사회적 존재이기 때문이다. 건축가는 나쁜 건축을 막고 좋은 건축을 확산시켜야 한다. 이를 위해 건축가와 좋은 건축에 관한 논의 자체가 활발히 이루어질 필요가 있다. 건축에 관한 많은 논의들이 이루어지고 있지만, 정작 건축가와 좋은 건축에 관해서는 그렇지 않은 것 같다. 건축은 건축가의 몫이라는 막연한 전제가 널리 퍼져 있을 뿐이다. 그 전제가 모래 위에 서 있는 것은 않은지, 또는 썩은 나무로 만들어진 것은 아닌지에 대해 꼼꼼히 살펴보아야 한다. 그리고 그 과정 자체가 건축가와 좋은 건축에 관한 사회적 소통을 활성화하는 것이 될 수 있도록 해야 한다. 몇몇 건축가를 중심으로 '신화'를 만드는 방식으로는 난개발과 종속성의 문제는 물론이고 건축 자체에 대한 불신과 불만을 결코 해결할 수 없을 것이다.

이런 변화에서 주체로서 건축가의 책임을 제대로 다하기 위해 건축교육에서 두 가지 큰 변화가 이루어져야 할 것 같다. 하나는 건축의 사회성과 소통에 관한 사회학적 교육이고, 다른 하나는 한국의 건축을 통사적으로 일관되게 파악하는 건축사 교육이다. 요컨대 건축의 사회성과 역사성에 관한 올바른 교육이 크게 강화되어야 하는 것이다. 특히 역사성의 경우에 전근대와 근대를 통합해서 '한국 건축'의 개념을 확립해서 건축사를 가르쳐야 할 것이다. 그렇게 하지 않는다면, 지금의 한국이 그렇듯이, 시간을 담는 그릇으로서 건축의 가치는 크게 왜곡될 수밖에 없다. 건축가는 이미 오래 전에 '최고의 기술자'라는 지위를 잃어버렸다. 그러나 건축은 여전히 중요하고, 따라서 건축가도 여전히 중요하다. 무엇보다 중요한 것은 건물은 단순히 건물이 아니라는 사실이다. 건축은 사람을 기르고 사회를 만드는 힘을 가질 수 있다.

지금으로부터 30년쯤 전인 1984년에 일본의 한 건축지에 건축가의 허상과 실상에 관한 의견을 제시하고 건축가의 자성을 촉구하는 글이 실렸다. 이 글은 일본의 대중문화에서 건축가를 1950년대 초에는 아주 매력적인 중년 남자로 묘사했으나 1980년대 초에는 좌절하고 살인까지 저지르는 남자로 묘사했다고 지적한다. 이런 변화의 이면에는 1960~70년대의 엄청난 개발 과정에서 사람들이 건축가의 허상

피렌체 고아원 (Ospedale degli Innocenti, 1421년 준공)
아픈 아기들을 붕대로 감싼 모습의 외벽 조각들로도 유명한 이 아름다운 건물은 이탈리아 르네상스 건축의
문을 활짝 연 피렌체의 건축가 필리포 브루넬레스키(1377~1446)의 작품으로서 또 다른 브루넬레스키의 걸
작인 피렌체 대성당의 뒷쪽에 자리잡고 있다.

을 깨닫게 된 역사적 경험이 자리잡고 있다. 건축가가 고상한 지식인
이나 문화인이 아니라 돈에 눈먼 개발업자의 하수인이 되거나 스스
로 그런 개발업자가 되어 자신의 전문적 지식을 적극 활용해서 공간
을 훼손하고 사람들을 괴롭히는 일도 일어났던 것이다.

이 글은 일본의 역사학자 하니 고로(羽仁五郎)가 제시한 이상적인
건축과 현실적인 건축에서 길을 찾는다. 하니 고로는 전자의 예로 브
루넬레스키(Filippo Brunelleschi)의 '피렌체 고아원'을 들었고, 후자의
예로 단게 겐조(丹下健三)의 가가와현 현청사와 현립 체육관을 들었
다. 전자는 피렌체 비단협회의 자선활동으로 이루어진 것으로 버려진
영유아를 돌보는 고아원이자 영유아병원인데 브루넬레스키는 시민의
편에서 이 공공시설을 가장 편리하고 아름다운 건물로 설계했으며,
후자는 가가와현의 지사가 '디자인 도시'를 내걸고 당대 일본 최고의
건축가에게 설계를 맡긴 거대한 공공시설들이지만 실상은 현민을 무
시한 정치적 과시성 건물들이다(山本正紀, 1984; 羽仁五郎, 1968).

어떤 건물은 꿈을 주지만, 어떤 건물은 고통을 준다. 어떤 건물은
그 자체로 초라하지만 주위와 멋진 조화를 이루고, 어떤 건물은 그
자체로 굉장하지만 주위를 무시한다. 브루넬레스키는 시민의 편에서
버려진 영유아들을 위한 최고의 건물을 설계했고, 단게 겐조는 지사

의 편에서 정치적 과시를 위한 거대한 건물들을 설계했다. 수많은 사람들이 사회를 이루고 산다. 사회는 복잡하고 위험하다. 건축은 사회 속에서 행해지며 사회에 큰 영향을 미친다. 좋은 건축은 약자의 편에서 다수를 고려하며, 또한 사회의 모태인 자연을 존중하는 건축이어야 할 것이다.

【참고자료】

김봉렬(1999), 『한국건축의 재발견1 – 시대를 담는 그릇』, 이상건축사

김시양(1640), 남성만 역(1981), 『부계기문』, 삼성문화문고

김원(1999), 『우리 시대 건축이야기』, 열화당

장유(1630), 장철희 역(1974), 『계곡만필』, 을유문고

정기용(2008), 『사람 건축 도시』, 현실문화

홍성태(2007), 『대한민국 위험사회』, 당대

Rogers, Richard(1997), 이병연 옮김(2005), 『도시 르네상스』, 이후

山本正紀(1984), '市民の中に潜む建築家の虛像と實像', 『建築知識』1984年 4月,
　　　　http://myjo.s90.xrea.com/arch/0412.htm

羽仁五郎(1968), 『都市の論理』, 勁草書房